U0938913

© Philip Taylor 2008.All rights reserved.
社会科学文献出版社拥有本书中文版的翻译、印刷、出版的专有权

趋向老龄化的劳动力：期待与愿景

〔英〕菲利普·泰勒（Philip Taylor）编著
于 戈 秦 龙 等译

全新的启示

杨　团

两个月前，我收到辽宁大学于戈女士关于《趋向老龄化的劳动力：期待与愿景》这本书的翻译稿，嘱我写一篇读后感。我这个人从来不为别人写读后感，有时甚至为这个得罪人。但是于戈不同，几年前她出国留学之前，曾经很认真地找我求教今后的研究方向，我尽其所能做了一点咨询工作，并答应在她回国后还会继续提供帮助。

当我点开 word 文本，开始阅读这本书时，一下子就被吸引住了。长期从事老龄化跨学科研究的菲利普·泰勒教授，将全球有关老年人就业的社会政策发展历程浓缩成一本书，揭示给世人看，全面挑战了就业与社会保障的传统政策。

其实，将 60 岁作为老年人界线的这个概念是工业社会的产物，尤其可以算作工业社会早中期大机器生产的产物。男性 60 岁必须退休，是因为届时体力会下降到不能适合高强度劳动的需要。接着，工业社会发明了社会保险制度，让年轻的劳动者在劳动时期缴保险费，养活已经退休的老一辈，如此循环往复，进行代际的交换。由此构成了一套工业社会的劳动力流转机制。人们到了 60 岁退休能领到过去的养老金，自然就离开工作岗位了。不过，还有些老年人不这么想，总想要发挥“余热”，只是胳膊拧不过大腿，他们顶多做个志愿者什么的，绝对进入不了社会的主流。

社会的加速老化还有产业结构自然演进的变革将新的挑战摆在人们面前。老龄化社会不再是年轻人占主要比例了。成为社会主体的老年人群体必然要求社会考虑他们的需要，这不仅是人道的需要，更是这个社会赖以支撑下去的需要。还有，这个需要不仅是年老员工社会安全网的需要，更是一个具有活力的社会经济体可持续发展的需要。

看来，在21世纪，在老年人与老龄化的这个综合性领域中，全球都需要改变传统的思考模式，重新认识和考量曾经被工业时代框定的老年人概念。年老的人将不再被视为是社会的包袱和问题，是单纯的消费者，他们将是老龄社会的创造者。未来的社会竞争力和公共部门的效率将越来越取决于老年劳动者的生产率和绩效。

不过，一种新思想、新理念、新概念、新方式的形成，从来就不会一蹴而就，它的产生和发展总是以一种渐进的、缓慢的方式静悄悄地走入人们的生活和工作。这本具有全新启示的好书，就在向我们描绘近几十年中八个发达国家正在发生的这种缓慢的变化，而且，以黄钟轰鸣之声警示世人：未来这种变化的趋势将会加快。任何现行的社会政策工具都必须在这种变化中接受检验、调整甚至改变方向。在可预见的未来，年老员工与全球社会成长甚至会被列入联合国的研究议程。

（作者系中国社会科学院社会政策研究中心副主任、研究员，中国社会学会社会政策专业委员会理事长）

译者序

2002年联合国第二次世界老龄大会通过《政治宣言》和《老龄化国际行动计划》，强调各国不应把老年人看做社会的负担，而应将其视为推动社会发展的重要力量。“建立不分年龄、人人共享社会”原则的一个重要方面就是要实现老年人的社会参与，而就业又是老年人社会参与的一个主要方面，并且直接影响老年人的经济状况。老年人在退休后尚有十几年的生命历程，对他们而言，继续就业或再就业无论对于满足自身的经济需要还是精神需求都是重要的事项。西方发达国家实行了几十年的提前退休政策，如今面临人口老龄化，以及随之而来的关于社会福利制度承受能力的可怕警告和劳动力供给短缺相关的问题，所有工业化国家政策的重心越来越倾向于延长劳动者的工作年限。澳大利亚、加拿大、法国、德国、日本、荷兰、英国和美国等一部分工业化国家已经是实施“延期退休”政策的先行者，它们的福利和就业政策经历了几十年的发展历程，在解决劳动力老龄化问题上出台了很多相关的政策并且经历了实践操作，其积极和消极的影响都值得我们借鉴。与国际比较而言，中国是一个人口大国，“未富先老”且人口老龄化程度不断加深。据预测，2035年中国将面临两名纳税人供养一名养老金领取者的情况，延迟退休政策正在研究中。另外，国内关于老龄人口的劳动供需关系、劳动报酬、福利待遇等方面的讨论并未完全展开。学术界对年长劳动者劳动参与问题的研究也尚处于起步阶段。在这样一个大背景下，译著《趋向老龄化的劳动力：期待与愿景》的问世起到了“抛砖引玉”的作用，来自欧洲、北美、日本和澳大利亚等国家和地区的研究老龄化问题的杰出专家为本书贡献大作，八个经济发达资本主义国家实施积极老龄化政策的发展历程以及推行延迟退休政策所遇到的障碍必将对我们今后的发展路径产生一定的启示。

泰勒教授是研究老年就业政策的国际知名专家，为本书的出版尽心尽力。他首先是协助社会科学文献出版社联系版权，其次是在翻译过程中通过无数次的电子邮件不厌其烦地解答我提出的问题。严谨的治学态度给我留下了深刻印象。

本书的翻译分工如下：于戈、秦龙负责翻译导论、结论和第一、四、九章，李珊翻译第二、六、七章，孙楠翻译第三、五、八章。于戈负责全书的审校与整理工作。另外，蔡泽浩、侯有英、隋荣涛、张天龙也参与了翻译。

在翻译过程中，我们在保证译文准确的前提下，力求文字通俗易懂。由于精力和能力有限，译文中难免存在一定的不妥与欠缺，恳请专家、学者、读者给予批评指正。

于　戈

2010 年 6 月于辽宁大学

目　录

图目录

表目录

导　论
老年劳动力的期待

Philip Taylor

引　言

从对经济改革的争论，到社会福利制度的调整，再到对老年人概念的重新定义，年老员工一直首当其冲地受到发达国家一系列政策的影响：首先是应对最近三十年的工业衰退与重组，然后是应对由人口老龄化带来的社会福利体系的潜在危机。本书探究延迟退休的观点，分析国家政策的演变和雇主行为的变化，提出关于年老劳动者是否期待延长工作寿命，同时拥有选择和保障，以及成功过渡到退休的问题。

政策制定者和一些评论专家的言论也许听起来让人乐观，他们认为，年老劳动者处于机会涌现的新时代和职位空缺、弹性退休的“黄金时代”的开端。本书通过对澳大利亚、加拿大、法国、德国、日本、荷兰、英国和美国等少部分工业化国家的重点探究，来检验这一观点的正确性。当前，经济发展的需要以及延长工作寿命给工业和老年人带来的价值都被认为是理所当然的，很少有反对的呼声。政策制定者、企业雇主、工会和社会评论家似乎已经很快对这一问题达成了明显的共识。本文深入地探究从提前退休到近年来积极老龄化观念转变的趋势，以期了解关键行为人的动机和表现，研究近年来年老劳动者参与工作的趋势并评估他们未来的就业形势。

在讨论相应政策改变之前，本章首先概述年老劳动者近年来的历史。

持续了数十年的提前退休

20 世纪最后的 25 年中，劳动力提前退休的现象逐渐增多。大多数工业化国家，特别是一些欧洲国家的年老员工的劳动参与率（定义为已经就业和正在寻找工作的人口占总劳动力人口的比率）已经下降，在一些国家，这一比率的下降很显著。表 I －1 显示了这一比率下降的程度，大多发生在欧洲国家，日本和美国则相对较小。这一下降发生在欧洲国家的范围之广令人惊讶，这种下降趋势一直持续到最近。但引人注目的是，最近这一比率的下降趋势开始减缓，甚至在一些国家显现逆转趋势。也许，年老员工正处在就业机会新时代的边缘，这也正是本书要讨论的主题。

表 I －1 经济合作与发展组织国家 55～64 岁劳动力参与率的趋势

单位：%

	男性					女性				
	1983	1990	1995	2000	2004	1983	1990	1995	2000	2004
澳大利亚	62.0	63.2	60.8	61.2	64.4	20.5	24.9	28.6	36.1	43.1
奥地利	—	—	42.6	44.5	38.6	—	—	18.8	18.9	19.3
比利时	50.6	35.4	35.9	36.3	41.0	12.3	9.9	13.3	15.8	21.8
加拿大	72.4	64.0	58.9	61.0	66.0	33.5	34.8	36.3	41.6	49.0
捷克共和国	—	—	52.0	54.5	60.1	—	—	21.3	23.7	31.3
丹麦	67.2	69.1	67.9	64.5	73.3	41.7	45.9	40.1	48.2	57.6
芬兰	54.1	47.1	44.6	48.1	55.7	47.4	40.8	41.9	45.2	54.3
法国	53.6	39.3	41.5	41.7	44.3	32.7	26.9	30.9	33.0	35.0
德国	63.1	55.9	54.5	52.4	54.8	26.3	24.7	31.3	33.5	33.8

续表

	男　性					女　性				
	1983	1990	1995	2000	2004	1983	1990	1995	2000	2004
希腊	70.8	59.5	61.1	57.3	58.7	25.7	24.3	24.5	25.5	25.3
匈牙利	—	35.3	28.6	34.1	39.7	—	15.1	9.7	13.3	25.8
冰岛	—	93.5	92.7	94.7	89.7	—	81.1	84.8	76.8	78.8
爱尔兰	78.0	65.0	63.9	64.7	66.6	20.2	19.9	21.2	27.8	27.8
意大利	56.2	53.0	44.1	42.7	44.0	15.0	15.5	13.8	16.1	20.4
日本	97.1	83.3	84.8	84.1	82.5	46.1	47.2	48.5	49.7	50.1
韩国	—	77.2	79.7	71.0	73.5	—	49.6	50.4	48.6	46.5
卢森堡	37.8	43.2	35.1	38.6	39.1	14.7	13.8	13.3	16.8	23.3
墨西哥	—	85.9	80.7	80.8	81.5	—	24.4	26.9	28.6	32.0
荷兰	54.1	45.8	42.3	50.8	58.7	13.4	16.8	18.6	26.4	33.6
新西兰	—	56.8	65.3	72.2	78.2	—	30.7	39.0	48.0	59.6
挪威	80.3	72.8	72.3	74.4	74.3	53.1	53.9	57.4	61.6	63.1
波兰	—	48.1	45.5	40.4	41.3	—	29.6	27.6	23.7	23.3
葡萄牙	70.7	66.5	61.9	64.5	62.8	32.6	32.3	34.5	41.9	44.8
斯洛伐克共和国	—	—	—	41.0	51.9	—	—	—	10.7	14.8
西班牙	71.5	62.5	54.9	60.5	62.7	20.3	19.4	19.9	22.6	27.2
瑞典	77.0	75.5	70.7	72.8	76.0	59.7	65.8	63.7	65.9	70.2
瑞士	—	86.4	82.3	79.3	79.1	—	43.8	58.7	51.3	55.7
土耳其	—	61.3	60.9	53.4	49.0	—	26.6	26.1	21.6	19.8
英国	70.0	68.1	62.4	63.3	68.0	36.1	38.7	40.8	42.6	48.3
欧盟 15 国	62.8	55.4	51.9	52.3	55.2	26.6	25.7	28.0	30.9	34.5
欧盟 19 国	—	54.3	—	51.1	54.0	—	25.8	—	29.5	33.1
欧盟（欧洲经合组织）	62.9	55.5	52.4	51.9	54.2	27.6	26.4	27.8	29.5	32.7
美国	69.4	67.8	66.0	67.3	68.7	41.5	45.2	49.2	51.9	56.3
全体经合发展组织	80.6	65.0	62.7	62.8	64.7	34.5	34.7	36.4	38.8	42.2

资料来源：经济合作与发展组织就业展望（各个年度）。

重要的是，我们要考虑他们不断变化的具体状况并以此作为当前争论的背景。他们参与率的下降在很大程度上归结于作为大多数主要国家特点的工业结构的大幅度调整。这种调整通常需要通过裁撤包含相当数量的年老员工的冗员来实现企业生产的重组与融资。

对于其他人，他们的工作随着其所在产业的整体一起消失。相对优厚的退休金或冗员安置金有时用来作为解雇这些工人的手段。在一些国家中，提前退休意味着获得更多国家政策的支持和优惠。在50岁时，“冗余的”年老员工一般就选择退休了，很多时候他们在不需要寻找工作的情况下就可以在小于一般意义上获取养老金的年龄时提前领取养老金。

我们可以把生命过程分为三个阶段：接受教育、工作和休息。“社会分工”意义上的经济无作为在某种程度上使得生命的最后阶段不可预见和不明朗（Guillemard and Argoud，2004：168）。吉尔马认为，随着“越来越多的人在工作与退休间犹豫徘徊”，从工作到退休的过渡已经发生了深刻的改变（Guillemard，1997：451）。虽然提前退休常被视为进入休闲和远离工作压力的生活以确保健康的体魄，但事实上老年人却常常很晚发现真相，而且其结果与预想恰恰相反。调查研究显示，尽管提前退休作为一种慰藉在一定程度上受到某些人的欢迎，但许多人还是喜欢继续留在岗位上，或至少自己可以选择退休的时间。许多人认为他们能轻松转入新的、通常为非全日制的工作，但事实告诉我们人一辈子的经验往往无足轻重。本应是平静和放松的一段时期可能变成焦虑的等待和不可避免的雄心的衰减。

但是，一些年老员工经常连最低限度的保障都无法获得。这些劳动力赶上了最近25年来工业巨大改革浪潮的洗礼。许多他们主宰的产业已经一去不复返。当这些产业消失后，许多年老员工处于甚至连微薄的收入都没有的困境。一旦远离了原来的岗位进入劳动力市场，许多人会发现他们的技能已经不能适应新经济的需要或者他们的年龄已经不符合要求。他们中的许多人不再工作。在到达有保障的退休年龄前，这通常意味着数年的失业。当然，他们的储蓄通常早已用尽，一个相对舒适的晚年生活看似已遥不可及。

是什么造成了年老员工所面临的问题？首先，是社会对年轻人的偏爱。我们常把年轻人看做我们的未来，而老年人被认为无法做出更多的新贡献。大量证据表明，年老员工在劳动力市场上面临相当大的歧视。他们不仅被视为冗员中的冗员，而且他们发现在劳动力市场上自己面临着相当大的年龄屏障。经合组织的研究发现，在九个欧盟国家中，年老员工在最近的工作聘用中所占的份额比所谓的“黄金年龄”的工人低近 13 个百分点（OECD，1998a）。例如，管理人员有时表达对培训投资回报的担忧，因为年老员工可能直到退休还在原地踏步。他们的主要工作的表现被认为比年轻劳动力差（例如，见 AAPR，2000；Taylor and Walker，1994）。因此，退休的年老员工可能会发现他们只能停留在劳动力市场低收入、低保障的边缘，很难再找到新的就业机会。年老员工在就业过程中，有时发现，仅仅是因为已经越过了某一年龄的门槛他们就无法获得培训和晋升的机会，这意味着他们在面临裁员的时候，变得很无力。

其次，重要的是直到最近，许多欧洲国家政府默许，甚至有些国家公开支持一些雇主裁撤年老员工的意愿。对于某些人来说，利用提前退休的方式可以减轻不切实际寻找工作的痛苦。这一年老员工最近历史的特殊部分被其他人广泛讨论，特别是 Kohli，Rein，Guillemard 和 van Gunsteren 在有影响力的期刊 *Time for Retirement*（1991）发表的文章以及 Casey 最近的观点（1998）。我们没有必要研究这段历史的细节，但我们应当注意用当今的政策背景来解释其来源、范围和面临的挑战。这特别适用于那些提前退休气氛浓厚的国家，如法国和德国。正如 Guillemard 和 Argoud（2004）指出，虽然早早的退休在法国很受欢迎，但仍产生了很多问题并导致年老员工普遍过早的贬值。公司、工会和雇员之间在 55 岁成为“决定人们必须离开劳动力市场的年龄”（p. 177）的永恒体制中达成一致。这种局面不仅对这些工人如何被上司和主管看待产生深刻的负面影响，而且与此同时，四十多岁的劳动力现已被视为“近于老年的劳动力”，他们发现自己的职业前景十分暗淡（p. 178）。

再次，证据表明，年老员工有时延续了年龄歧视的迷思。一些人认为培训对年老员工而言是不必要的，或者说他们太老了以至于无法接受培训。也有人认为，以他们的年龄，雇主无论如何都不会聘用他们。或者说，他们没有被录用就在于年龄障碍。因此，“年龄歧视”通常被年老员工内化了，给年轻劳动力让出职位成为他们提前退休的原因（Taylor and Walker，1996）。

当然，公共决策者经常喜欢强调对年老员工就业现状的改革，因为他们认为越来越多的案例违背了老年员工的雇用惯例而使他们提前退休，这一状况将延续到21世纪。一两个例子足以说明这一点。一是德国公司KSB（Taylor，2006），它是世界领先的水泵生产商和供私人及工业应用的阀门制造商。这家公司在2003年实施了“年老员工计划”，其中包括旨在整合和保留年老工人的一系列措施。但积极的劳动力老龄化政策将会对管理部门造成威胁，因为管理部门需要应对不断变化的业务环境。公司推出这一整合和重组方案一年后，推动了强制提前退休的浪潮。管理部门认为这是最可以让社会接受的解决公司问题的方法。

最近的另一个例子再次证明，竞争压力可能导致公司更为公开地实施年龄歧视举措。爱立信公司在2006年春宣布，为了给青年员工让出职位，该公司有多达1000名35~50岁的员工自愿离岗。电信设备制造商表示，20世纪90年代初主要部门的失业状况已经使其员工分布不平衡，这需要招聘年轻的工作人员，以确保竞争力。据指出，这项措施将包括一个丰厚的财政与再培训方案（*Financial Times*，2006）。

这些都是公司努力保持竞争优势再寻常不过的事例。反过来说，一些良好的支持吸纳年老员工的就业惯例和指导方针交织在一起的著作可以反驳这一观点（例如，Buck and Dworschak，2003；Buck，Kistler and Mendius，2002；Dennis，1988；Health Education Authority，1994；Ilmarinen，1999；Kuhn，1997；McNair and Flynn，2005；Naegele and Walker，2006；Pack et al.，1999；Taylor，2006；The Commonwealth Fund，1991；Walker and Taylor，1998；Worsley，1996）。为了提高企业竞争力和效率，大量技能和经验往往在不知不觉中被永远丢掉。一些雇主已经开始认识到年老员工是有价值

的，青年员工和年老员工相混合的模式是有商业利益的。有些人认识到年老员工积累的隐性知识可以成为企业竞争优势的重要来源，从而放弃了让他们提前退休的方案，转而采取强制的、以业绩为主的方案。因为行业中最棒的队伍，并不一定是最年轻的。企业不能不为年老员工的离开而为企业记忆的丧失遗憾。此外，一些雇主已开始寻求消除年龄障碍的其他方式。例如，有些企业在招聘广告中发表包括诸如“欢迎老年人应聘”的信息，有些企业为员工提供年龄认知培训，还有些企业则为50岁左右的员工提供职业规划讲习班。有些企业提供特别的假期给照顾老年亲属的员工，并鼓励已经正式退休的老年人回来担任顾问或执行企业的指导计划，因为年老员工可以把自身有益的经验传授给青年员工。一些先进的公司和政府部门正在实施使退休更灵活的政策。雇主已发现了在员工工作满意度、销售额增加和更好的客户关系等方面的商业利益。

在劳动力短缺和经济活跃的背景下，一些企业对年老员工产生兴趣是很正常的现象。年老员工被广泛认为面临持续的压力，正像Sennett（2006）所描述的“无用的幽灵”一样四处游荡。全球化逐渐侵蚀了年老员工在劳动力市场中的地位，公司可以另谋出路，所以不愿意投资可以提升其技术水平的培训来使他们稳定立足。Sennett的呼声是当前一种少见的警示之音。

面临老龄化社会的挑战：迈向积极老龄化

矛盾的是，我们目前退休的年龄越来越早，而我们的社会却已经老龄化。全球老龄化是一个不争的事实，而发达国家的老龄化程度最严重。据预测，到2050年，随着60岁及以上人口所占比例由20%增至35%，欧洲将是受人口老龄化影响最大的地区。1998年60岁及以上的人口所占比例为22%的南欧地区据预测在2050年这一比例将达到39%，成为世界上人口老龄化最严重的地区。1998年，意大利的人口是世界上老龄化程度最严重的，希腊、日本、西班牙和德国紧随其后。到2050年，西班牙将拥有世界上最老的人口，其次是意大利。除了欧洲和日本，其他受老龄化特别影响的地区依次是北美洲、大洋洲、亚洲、拉丁美洲和加勒比地区（Auer and Fortuny，2000）。

尽管很多国家把快速老龄化社会作为议事议程上的问题，但欧洲和日本已经越来越把它视为一个特殊的战略问题。我们的经济前景被认为取决于如何面对老龄化社会的挑战。经合组织在其出版的著作《在老龄化社会中保持繁荣》（OECD，1998b）中总结了很多当前争论中的论调，并且预测到了人口缩减和劳动力短缺。大多数评论家认为，这一点只能通过移民来部分抵消。在一个相对较短的时间里，对闲暇社会的讨论已经被以工作为中心的观点取代。

对年老员工需求的考虑已经不是什么新鲜事。例如，1980年国际劳工组织全员大会提出了至今仍然经得起考证的若干建议。近年来，工业化国家的大量官方报告、会议和研究方案已经对劳动力老龄化的问题进行了探讨。我们不可能对此一一评论，而且不管怎样它们都会很快过时。但它们都有一个相似的主题：如果社会福利制度能够持续维持并且拥有一个不断增长的足够的劳动力供给，那么工作寿命必须延长。许多评论家指出，关键在于提前退休并没有为年轻人创造工作机会（例如，World Bank，1994），而且关于人口老龄化的经济和社会方面的，旨在为延长工作寿命必要性提供争论依据的著作日渐增多（例如，Access Economics Pty Limited，2001；Bertelsmann Foundation，2006；Bundesministerium fur Bildung und Forschung，1999；Committee for Economic Development，1999；Confederation of German Employers' Associations，2003；Employment Observatory，1999；Eurolinkage，1997；European Foundation for the Improvement of Living and Working Conditions，1992；Johnson and Zimmerman，1993；Pearson，1996；Performance And Innovation Unit，2000；Productivity Commission and Melbourne Institute of Applied Economic and Social Research，1999；The Geneva Association and

GINA, 2002; The Victorian, South Australian and Western Australian Equal Opportunity Commissions and the Australian Employers' Convention, 2001)。

最近的一个主要分析是经合组织开展的对其成员国的年老员工及其相应就业政策的重要专题研究（OECD, 2005)。这表明致力于避免提前退休和延长工作寿命的国家级的一系列改革正在逐步实施，进展顺利（最近其他的评论分析见，ETUI, 2002, 2003; Frerichs and Taylor, 2005; Reday-Mulvey, 2003; Taylor, 2002)。这种分析建立在国际劳工组织和致力于改善年老员工进入劳动力市场环境的生活与工作条件、年龄、培训状况以及社会成员行为的欧洲基金会的早期观点上（例如，Frerichs, 1996; Guillemard, 1996; Oka, 1992; Sutter, 1989; Taylor and Walker, 1996; Thomas, Pearson and Meegan, 1992; de Vroom, 1996; Yocum, 1992)。

与此同时，许多媒体采取了一种近乎极端的语调来报道这一问题，如果全球人口老龄化是可以避免的危机，那么老年人就被其视作年轻人对工作之需求的负担之一。公平地说，许多关于人口老龄化的政策和学术著作采用的是批评和恐吓式的语言，而不是迎接挑战、利用机遇的态度。同样，也有一定数量的政策和著作提供了限定条件和批评性评论（例如，见 Working Group on the Implications of Demographic Change, 2002)。还应当指出的是，年老员工被迫给青年员工让出职位有助于上文所进行的讨论，因此无论怎么看，年老员工通常都被视为一个“问题”。

根据 Burniaux, Duwal 和 Jaumotte（2004）的论断，在许多经合组织国家，人口结构的变化将导致未来几十年劳动力增长（水平）及参与率的显著下降。计算表明，2000～2025 年经合组织国家的整体参与率可能平均下降 4～5 个百分点。同时，年老员工在劳动力市场中将占有越来越多的份额，劳动力市场对老年人的依赖比率也将明显增加。

他们和其他许多人认为，利用相应措施向老年员工、妇女提供额外工作奖励及提高年轻人结合工作和教育的倾向，将有可能减轻、抵消，甚至扭转人口结构的不利影响，至少在当前是这样的。对劳动参与具有巨大潜在影响的改革关注的是养老金体系，尤其针对力求达到养老金保险精算中立的体系。对妇女的额外工作激励也有影响，且在政治上可能更容易实现。

关注越来越少的年轻人抚养逐渐增加的不活跃老年人成本的不断上升意味着就业中年龄歧视和工作寿命延长已成为国家政府议程与企业发展面临的首要问题。有人认为，企业追求日益减少的年轻熟练劳动力将面临劳动力市场竞争中越来越大的工资给付。企业也将面临内部整体劳动力构成不均衡的风险，有可能忽视越来越多的年老客户群体的需求，这些人需要不同类型的服务和产品。因此，无论是对政府还是对企业，人口老龄化呈现的都是潜在的挑战。

各国政府的回应会在各章分别说明。首先，对欧洲国家相应政策的简要讨论将说明这些国家在结束早退的道路上走了多远，还有多远的路要走。早退的显著规模和欧洲国家政府面临的可感知的挑战可以解释欧洲国家的政策制定者为什么最近重新确定退休的概念。“积极的”就业政策对欧洲的未来愿景十分重要。2000 年，里斯本理事会设定了战略目标，在未来十年欧洲将会成为“世界上最有竞争力和活力的知识型国家，保持持续的经济增长，有更多更好的就业岗位和更强的社会凝聚力”（http：//www. europarl. europa. eu/summits/lis1_ en. htm）。

为达到这一愿景，关于年老员工的欧洲层面的协议已经达成，旨在影响国家层面的公共政策。这包括欧洲平等待遇指令以及巴塞罗那和斯德哥尔摩目标。2000 年，欧盟理事会第 2000/78/EC 号指令制定了劳动力就业和劳动力同等待遇的总体框架。该指令要求所有欧盟国家通过立法规定来禁止劳动力市场活动和职业培训领域内各年龄段直接和间接的歧视。该指令允许成员国在 2006 年底前执行有关务工人员年龄方面的规定，并对指令如何实施留有相当大的余地。最近审查的结论是，这一指令的转换并不平衡，一些国家进展缓慢，而另一些国家尽管还有更多的要完善，但已经实施得很专业。还有，该指令需要咨询一系列的利益相关者，而这一点一直没有落实（Baker，2004）。

此外，欧盟由 Wim Kok 领导的工作小组（European Union Task Force on Employment，2003）向欧洲理事会提交了一份报告，呼吁成员国采取三个重要措施以实现国家目标。

> 1. 激励员工延迟退休，激励雇主雇用并留用年老员工。
>
> 2. 促进所有人获得不分年龄的培训，发展终身学习的战略。
>
> 3. 在整个工作期限内提供具有吸引力的、安全的和舒适的工作环境，包括提供非全日制工作和职业暂休，以提高工作质量。

斯德哥尔摩欧洲理事会鉴于其在欧洲劳动力市场的地位，于 2001 年商定了一个非常雄心勃勃的目标：到 2010 年，年老员工的就业率要达到 50%。而 2001 年这一比率仅为 38.8%（European Council，2001）。巴塞罗那的欧洲理事会表示，人口老龄化所带来的负担将需要几代人共同承担："到 2010 年，欧盟应该切实把退休的平均年龄增加 5 年。"（European Council，2002）2001 年，欧盟的劳动力不论是否领取退休金，其平均退休年龄都为 59.9 岁。

尽管有一些积极的迹象，但总体进展不大，目前只有少数欧洲成员国已达到斯德哥尔摩欧洲理事会所设定的目标。欧洲联盟委员会（European Commission，2003）的结论是，年老员工的就业问题仍然是一项重大挑战。它在最近的斯德哥尔摩欧洲理事会的报告中说：

> "尽管成员国采取了对年老员工就业的各项激励措施（如国家行动方案中所报告的），但很少有证据表明这些措施促进了年老员工劳动力市场参与人数的增长。在很大程度上，这反映了提前退休文化的根深蒂固，反映了与旨在延长年老员工工作期限所共存的提前退休方案的持续性，还反映了不仅

存在于雇主而且存在于工会和政策制定者身上的消极态度。”（European Commission，2001：23）。

事实上，Burniaux，Duval 和 Jaumotte（2004）表示，尽管他们向欧盟提出的各种改革目标在 2010 年不能变成现实，但就如希望的一样这些目标是足以完成的。

表 I －2 显示了欧洲国家目前争论的焦点。它作为本文的一个案例研究显示了各国 55～64 岁年龄组的就业率。整体而言，欧洲

表 I －2 1979～2004 年 55～64 岁年龄组就业活跃比率的变化情况

地区＼年份	1979	1983	1990	1995	2000	2001	2002	2003	2004
男性									
澳大利亚	67.4	59.6	59.2	55.3	58.5	56.6	58.1	60.7	61.7
加拿大	72.9	66.4	60.0	54.0	57.7	57.3	58.9	60.8	62.0
欧盟 15 国	—	—	52.3	47.2	48.5	48.6	49.8	51.3	50.4
法国	67.0	50.4	37.0	38.4	38.5	34.9	38.1	39.7	41.9
德国*	63.2	57.4	52.0	48.8	46.4	46.4	47.2	47.1	48.8
日本	81.5	80.5	80.4	80.8	78.4	77.5	76.8	77.4	78.1
荷兰	63.2	44.2	44.5	31.5	50.0	50.5	54.9	57.4	56.4
英国	—	62.4	62.4	56.1	59.8	61.6	62.1	65.0	65.4
美国	70.8	65.2	65.2	63.6	65.7	66.0	66.3	65.6	66.0
女性									
澳大利亚	19.8	19.9	24.2	27.4	35.4	35.7	38.0	39.4	41.7
加拿大	32.3	30.9	32.8	33.4	39.4	39.4	41.4	45.3	46.2
欧盟 15 国	—	—	24.3	25.6	28.5	29.0	30.3	32.0	30.9
法国	37.0	30.4	25.0	28.9	30.3	26.7	29.6	32.7	32.5
德国*	26.8	24.0	22.4	27.0	29.0	29.4	30.0	30.9	29.8
日本	44.8	45.1	46.5	47.5	47.9	47.3	47.1	47.5	48.6
荷兰	14.0	13.2	15.8	14.0	25.8	28.0	29.0	32.2	32.5
英国	—	—	36.7	39.3	41.4	43.2	44.7	46.4	47.3
美国	54.8	40.4	44.0	47.5	50.6	51.7	53.2	54.5	54.3

*1989 年统一。

资料来源：经济合作与发展组织就业展望（各个年度）。

显然远远落后于日本、美国和其他一些工业化国家，如澳大利亚和加拿大。尽管如此，我们可以证明改革在这些国家也正在进行。日本像欧洲的一部分国家一样由于其人口迅速老龄化而面临迫在眉睫的问题。尽管提前退休从来就不是它的劳动力市场的特征之一，但移民——这个在一定程度上可以抵消早退所带来的影响——还没有作为一种政策途径得到社会的广泛接受。为保持其经济活力，养老金和劳动力市场改革正在进行（Kano，2002）。对美国而言，问题并不是那么迫切，由于其社会与日本社会相比相对年轻，其劳动力市场年老员工的参与率并没有像欧洲国家一样恶化。澳大利亚国家老龄化战略（Department of Health and Ageing，2002）认为："随着年轻员工供给的下降，更好地利用熟练的中老年员工的需求将增加。中老年员工就业的增加对实现持续的经济增长十分重要。"（p. x）

据 Robert Butler 所说，加上员工延迟退休对经济显而易见的好处，有大量证据表明，雇用年老员工可以促进其对更加健康、更加富裕、更加快乐的晚年生活的向往；在给予他们这样一个晚年的同时，这一做法还使年老员工继续在社会中工作，使他们感到自己对社会的意义与价值，驾驭充实自己的晚年生活。更为重要的是，老年员工还会因此获得一份不薄的薪水（www. cenekreport. com/storage/npr% 20interview _ dr% 20robert% 20butler _ health% 20benefits% 20of% 20working% 20. pdf）。

实际情况显然更加复杂。简单地回到提前退休的国际比较的讨论上，Gruber 和 Wise（1999a）表示，许多国家的社会保障金对提前退休有巨大的推动作用，这对老年男性经济活动比率的长期下降负有重要责任。欧洲大陆的残障和失业方案已经提供了人们在官方退休年龄到达前提前退休的相应福利。研究显示，美国和日本 55 ~ 59 岁年龄段内的人口退休率很低，并且对年老员工收取很高的隐性税。加拿大与德国列在其后（Gruber and Wise，1999b）。另一方面，日本和美国年老员工的失业很可能同较差的心理健康有关（Taylor，2003）。此外，虽然年老员工的就业率近期有所增加，但一些观察家认为，他们的工作风险越来越大，比如，面临身体健康受到伤害的危险，以及由于他们的企业不好、培训不充分、抵御风险和管理自己的知识不足所引起的伤害（Quinlan et al.，2001；Quinlan and Bohle，2003；McGovern et al.，2004）。由于精简了生产流程，起到缓冲和桥梁连接作用的工作逐渐消失，年老员工的工作安全也受到工作强度加大的威胁（Tros，2004）。研究同时还指出，与退休倾向相关的工作满意水平正在下降（Green，2002）。劳动力市场中低质量工作领域内年老员工的退休率比高质量工作领域高4倍，比低质量工作领域内青年员工的退休率高2倍有余（Taylor，2006）。

因此，虽然"积极就业政策"似乎存在一些问题，但早退的批评家似乎忽略了一些潜在的好处。尽管延长工作寿命可能会更好，但或许这也不能涵盖所有工作，除了在狭隘的经济方面，从什么意义上讲失业会比早退更好呢？

然而近段时间，在一些国家的政策术语中"积极的老龄化"在很大程度上取代了"提前退休"（Prager and Schoof，2006），诸如世界卫生组织（WHO，2002）和欧洲联盟委员会（European Commission，1999）这样的组织一直忙于提倡这一概念。世界卫生组织已经建起了积极老龄化的政策框架。这一概念被定义为："为健康、参与和安全提供最优机会，以提高人们老后生活质量的过程。"（WHO，2002：12）

积极是指：

> 不仅能够做到身体上的积极或者身体力行成为劳动者中的一员，而且要能够持续参与社会、经济、文化、精神和公民事务。积极老龄化的目标是为包括体弱、残疾和需要照顾的所有老年人延长健康寿命及提高生活质量。

但是，"积极老龄化"是一个比"产出性老龄化"涵盖更广的概念。“产出性老龄化”一词被用以指“老年人提供产品及服务的任何活动，或是培养生产产品和提供服务能力的任何活动，不考虑是否有报酬”（Bass，Caro and Chen，1993：6），但在现实中以积极途径为背景所发生的许多事情已经具有了强烈的经济色彩。特别是欧洲的一些评论员和决策者已经开始落实积极的做法，以解决与工作寿命延长有关的具体问题。据 Naegele（1999）所说，这一做法旨在避免失业和重新吸纳失业员工。它包括解决劳动力市场的年龄歧视问题，调整学习途径以适合老年员工所处环境，以及改善工作条件。首要目标应该是防止非自愿的提前退休。

欧盟委员会已经定下实现更大程度吸纳年老员工的发展路向，具体要求如下。

- 提高年老员工的技能、积极性和流动性；
- 推广和传播终身学习的良好做法；
- 创造适应老龄化劳动力的工作环境以减少其对工作能力的侵蚀，延长工作寿命；
- 促进获得更为合适和灵活工作方式的途径；
- 根除年龄歧视的态度和做法。

除此，它还提到需要采取如下行动。

1. 联合政府和自发延长工龄的社会合作组织：
- 进行企业培训；
- 改善工作条件和提高工作组织的质量；
- 改变对提前退休价值的看法。

2. 对增强工作积极性的税收/福利制度的针对性评论：
- 取消鼓励个人和企业提前退休的激励措施；
- 提倡部分/逐步地过渡到退休；
- 结合年老员工的积极参与情况反思现行政策的影响。

3. 旨在使保障制度更加适应年老员工所需要的改革。(European Commission 2002：5，12 - 13)

欧盟委员会（European Commission，1999）指出，“成功的积极老龄化政策涉及各代人。所有行动者（政府、企业和工人）需要采取生命周期战略，让各年龄段的工人就业期限更长”（p. 5）。在欧盟委员会针对积极老龄化会议的主导报告中，Alan Walker（1999）确定了这些关键主题。

- 积极老龄化对社会和经济的主要影响是潜在的，通过发展新的，更加积极的就业/活动参与途径，在养老金、就业、健康和社会照料与公民权方面实现。
- 如果不想让“积极老龄化”成为一个空洞的口号，汇集政策的不同要素是不可或缺的。一个多层面的战略将整合个人和集体行动，集中精力于所有年龄段的人口，而不只是老年人。
- 实现所有年龄段人口的积极老龄化需要政策制定者采取宏观和“协同”的办法。

同样，经合组织（OECD，1998b）已制定了实现积极老龄化的如下改革措施。

- 更加重视预防：进行成本较低的干预，如在早期阶段提供公共信息以减少后来的补救行动。
- 运用连贯的补救干预措施，集中到生命历程中的某些关键转折点，提早明确问题，运用案例管理方法，协调各个不同部门，评估结果。
- 在个体层面提供少强迫多义务的规划，更好地平衡整个工作期限内的成本和收益，比如更好地连接工作贡献与相应退休金收益的关系。

- 没有一个改革的共同战略框架，一个领域的改革可以抵消另一领域的改革；改革必须跨越传统的程序障碍。
- 共同的框架也会提高服务供给质量，有利于许多机构间的合作，有机会分享跨学科课程，互换资料和研究成果。

澳大利亚老龄化理事会（Sheen，2001，亦参见 Sheen，2000）则更进一步为年老员工制订了五点战略计划，其中包括劳动力的需求问题和充分的社会安全网问题。概括如下：

- 结合有效的劳动力管理，保持产生足够就业机会的经济增长；
- 处理年龄歧视问题；
- 提供充足的学习和培训机会；
- 主张灵活就业，提供相应的社会保障；
- 为无法工作的人提供充分的安全网。

由此，这种“积极”的取向提供了与过去截然不同的年老员工的景象。Walker（2002：137）认为：“积极老龄化是一项具有良好经济意义的战略，它回应了老龄化的挑战，扩大了就业，同时改善了年老员工的生活质量。”最近一项报告得出结论说：“针对人口老龄化最有效和最具可行性的社会和政策性回应就是提高 50 岁以上人口的就业率。”（Working Group on the Implications of Demographic Change，2002）因此，在思索这些问题方面，本书是适时的。不过，提前退休的途径似乎是对积极老龄化做法的诅咒，但 Naegele 建议为防止积极老龄化政策被破坏，还应该谨慎检查和衡量老年劳动力的社会保障的功能。他认为，用早退代替长期失业的做法会是一种失败。世界卫生组织也注意到，积极老龄化并不是不可逆转的。

> 它使人们在整个工作过程中能保持身体、社会和精神的健康，并让人们根据需要、愿望和能力来参与社会生活，同时它还能在人们需要援助的时候提供足够的保护、安全和保障。(p. 12)

Naegele 还补充说：

> 工业化国家提前退休的趋势很大程度上是鼓励劳动力提前退休的公共政策导致的结果。(p. 17)

虽然从某种意义上说这种观点是正确的，但它混淆了因果，忽略了提前退休现象增加的背后的一个关键因素，这就是对年老员工需求的下降和年老员工占支配性地位行业的缺失。因此，从劳动力市场的角度对积极老龄化的考虑都必须同时涉及劳动力的供给和需求。使年老员工有竞争力是一方面，但要让老龄化政策取得真正成功，似乎还需要考虑向年老员工提供机会和选择。

Naegele 和其他人的这些谨慎的做法巩固了本书的论证。虽然积极老龄化的支持者似乎有有力的理由，但这需要进行验证。虽然提前退休的维护者很少，但它在使年老员工避开劳动力市场波动方面具有重要的保护作用。本书的各章节由工作在欧洲、北美、日本和澳大利亚等国家老龄化领域的杰出专家所提供，这些专家对比了积极老龄化的期望和年老员工经历的现实情况，形成了各国综述，组合成本书各章节。这些专家探讨了老龄化劳动力的状况、年老员工不断改变的地位，思考了退休收入体制改革，制定了积极劳动力市场政策，并阐述了当前政策的理论基础。他们质疑积极老龄化政策是否取得了真正的进展，并阐明延长工作寿命的关键障碍。

第一章 澳大利亚：期待延长工作寿命

Sol Encel

从 1990 年开始，老年劳动力问题已经成为官方、半官方以及学术报告中几乎不可或缺的课题，尽管在很久以前其影响便引起人们关注。1958 年，一个关于心理健康的研讨会在墨尔本召开，这个研讨会由维多利亚雇主联合会行政长官 S. M. Gilmour 主持，他宣称不论男性还是女性，只要有能力并且愿意，就应该受到鼓励并被允许参加兼职或全职工作。他的这一建议得到工会理事会秘书的赞同和支持。工会理事会秘书提倡出台一项国民政策以延长劳动者的工作时间，这将意味着年龄不再是考虑何时退休的依据，而更成为劳动者选择工作或退休的权利和意愿（Stoller，1960：55，64）。几年后，经济学家 Ronald Henderson 在一份关于贫困的国民报告中提倡取消强制退休制。他注意到了年龄、贫困和失业之间的关系（Henderson，1976）。第二年，新南威尔士州政府试图制定一项视年龄歧视为非法行为的法案，但最终被国会上议院否决。然而，在整个 20 世纪 90 年代，在澳大利亚首都管辖区和北部地区的所有州中，年龄歧视和强制退休被规定为不合法行为（Encel，2001，2004）。从 1992 年起，年龄歧视、长期失业和强制退休一直是一系列相关报道中的主要话题。近来，人们转而关注老年劳动力的延期留用问题，尤其是鉴于低出生率导致的进入劳动力市场的学校毕业生数量持续减少的前景预测（2005 年，总和生育率为 1.77）。澳大利亚财政部估算，尽管目前劳动人口每年会新增大约 17 万人，但在 2020 ~ 2030 年的十年间，总体劳动力预期增长仅为 12.5 万人。最近，产能委员会的一份报告已经全面验证了老龄化人口对劳动力市场的冲击（该委员会是负责调查经济和社会问题的法定代理结构，并向澳大利亚政府提供微观经济政策和管理方面的建议）。产能委员会的报告在劳动力参与率方面提出如下几点。

- 在接下来的 40 年，总体劳动力参与率预计下降约 8 个百分点，到 2045 年从目前的 63.5% 下降至 55.4%。
- 雇员周平均工作时间减少 10%，反映出非全日制工作参与率，以及老年劳动者劳动力市场占有率的增长趋势。与年轻人相比，老年劳动者更倾向于从事非全日制工作。
- 老龄化对于劳动参与率和平均工作时间的消极影响要甚于减少失业带来的积极影响。
- 2004 ~ 2006 年两年间，劳动者人数增长预计 32 万人，但这几乎等于 2025 ~ 2045 年二十年中全部劳动力数量增长的总和。
- 与过去不同，在接下来的 40 年里，劳动力供给的有效增长速度将低于人口增长速度。

在接下来的 40 年中，从业者的平均预期年龄会提高：男性提高 2.5 岁，女性提高 3 岁（Productivity Commission，2005）。2005 年，在 63.5% 的总体劳动参与率中，男性和女性，以及不同年龄群体之间存在实质性差异。OECD 的一项报告以 50 岁作为老年劳动者的基准衡量点，显示了就业状态上的这种差异。

老年女性的总体就业率为全体女性的 19.5%，而男性的相应比例为22%。然而，老年女性在电力、煤气、用水等公共事业领域，以及财政保险、零售等行业中所占比率低于就业者上述指标。尽管零售业中女性占绝大多数，这一行业亦仅雇佣了所有老年女性12%的成员。老年女性在教育（总体女性的15%）、卫生和社区服务（22%）等领域占据优势。老年男性在服务行业如酒店餐饮、零售、文化以及娱乐服务等领域的数量一般较少，而在教育、公共管理、交通运输等领域占据多数。大量雇用老年劳动者的部门一般为制造业（14%）、资产和商业服务业（12.5%），以及建筑业（10.5%）。OECD报告指出，老年劳动者总体就业比重有所增长，从1990年的15%上升到2003年的21%。老年劳动力的增长在各个行业中分布不均。在扩张性行业中，如资产和商业服务、卫生保健和社区服务等，老年劳动者的劳动力参与率增长明显高于平均水平；相比之下，在衰退性行业中，如制造业和农业，老年劳动力比重呈下降趋势。这表明："老年劳动者在应对劳动力需求的变化方面做了很好的调整，他们并未被禁锢于衰退性行业。"（OECD，2005：48）但这个论述中反映出的乐观主义与老年人中较高的长期失业率有些矛盾。下文将详细讨论老年劳动者劳动力市场的某些特色（见表1－1）。

表1－1　不同年龄和性别的就业状况，2003年（占总体就业的比率）

单位：%

不同年龄群体	非临时工	临时工	自主就业者
男　性			
15～24	51.3	43.4	5.3
25～49	65.7	10.5	23.8
50～54	60.1	7.6	32.3
55～59	52.5	8.3	39.2
60～64	42.6	14.1	43.3
65＋	18.9	18.0	63.1
合　计	59.8	15.7	24.5

续表

不同年龄群体	非临时工	临时工	自主就业者
女　性			
15～24	47.2	51.1	1.7
25～49	64.6	20.9	14.5
50～54	61.3	18.2	20.5
55～59	56.4	18.2	25.4
60～64	47.0	24.9	28.1
65+	31.7	26.4	41.9
合　计	59.6	26.3	14.1

资料来源：OECD，2005，老龄化与就业政策：澳大利亚，第45页。

同辈效应

产能委员会的报告证实了源于同辈效应的劳动力市场行为的广泛变化。这种变化对女性尤为明显。20世纪50年代以来，越来越多的女性接受中等教育和高等教育，导致更低的青年女性劳动参与率。与之相反，女性由于抚养孩子而导致参与率下降的说法越来越肤浅和狭隘。女性劳动参与率高峰目前发生在40～44岁，与1914～1918年“一战”前的情形形成鲜明对比。该委员会得出结论，这种长期影响将会提高50多岁女性的劳动参与率。相比之下，男性劳动者参与率会随着年龄的增长迅速下降。因此，1896～1900年出生的男性在60～64岁时参与率大约为80%，但1936～1940年出生的男性在60～64岁时参与率已经低于50%。使用同辈效应分析，该委员会预测了直到2041年的劳动参与率变化。表1－2为对男性与女性劳动参与率的不同预期。

教育影响

教育在改善就业前景方面的作用已经众所周知。澳大利亚最近

表 1-2　预期劳动参与率，2005～2041 年

单位：%

年龄段＼年份	2005	2041	年龄段＼年份	2005	2041
男　性			女　性		
50～54	85	80	50～54	70	81
55～59	74	72	55～59	48	72
60～64	50	51	60～64	30	40
65～69	20	32	65～69	18	32
70 +	6	8	70 +	2	3

资料来源：Productivity Commission，2005：3.25。

一则关于职业教育和培训的评论，对该地区进行了系统分析，并进行了很多更加深入的研究。他们的结论是，以提高就业率或工资而进行的技能开发能为年长员工改善劳动力市场，这对女性劳动力和待业人员尤为明显。具有高级资质的劳动者从劳动力市场中将得到更多收益。他们推断称，讽刺的是，这对资质较低或资质不足的劳动者可能具有负面影响。这项研究同时确定了影响老年人技能发展的三项主要因素。

- 雇主和雇员对老年劳动力就业以及他们获取工作可能的态度和行为。
- 老年人的个人条件和对学习的态度。
- 相关领域如退休收入等方面的公共政策，因为这些同老年人拥有的用以实现他们在培训上的投资的时间有关。

这项报告强调公共政策关注以上几个因素的必要性，包括突出强调职业教育和职业培训，同时也关注扫除不利于经济发展的因素、发展技能以创造适合特殊老年劳动者群体的环境、改变雇主态度的措施等（NCVER，2005：5-7）。表 1-3 显示了教育水平与就业水平之间的关系。

表 1－3 就业率与教育、性别和年龄，2002 年

单位：%

年龄段	教育		
	低水平	中等水平	高水平
男性			
25～49	87	95	96
50～64	65	79	85
女性			
25～49	62	61	80
50～64	40	66	70

注：低水平＝中等教育水平以下；中等水平＝中等教育水平；高水平＝高等教育。
资料来源：OECD 2005，Ageing and Employment Polices，Australia，p. 49 N. B。

失业悖论

尽管总体上老年人失业率有所下降，劳动参与率有所上升，但他们仍不同程度地继续受到失业的极大困扰。OECD 报告指出，再就业机会随年龄增长而下降。以 2003 年为例，失业男性中 25～40 岁的 20% 重新找到工作，而 60～64 岁的只有 15%。在女性中，相应的数据为 13% 和 9.4%。大多数女性通过兼职等方式找到工作，而大多数男性（60～64 岁组除外）都找到了全职工作。OECD 的报告也分析了老年男性和老年女性的高“经济不活跃”率。2003 年，在 25～49 岁年龄段中，男性不活跃率为 8.5%，女性为 26.4%。50～54 岁男性中，该比率上升为 13.6%，在 55～59 岁，该比率急剧上升为 26.4%，60～64 岁达到 51%；对于女性，50～54 岁为 29.9%，55～59 岁上升至 49.7%，60～64 岁上升至 75%（OECD, 2005：55－56）。（见表 1－4）

从 20 世纪 70 年代开始，或许年长员工失业率最让人困扰的特征就是其持续性，尽管会有些波动，但仍呈现稳定增长的趋势。1987 年，55 岁及以上劳动者平均失业持续时间（从失业到再就业

表 1-4　失业率与教育、性别和年龄，2002 年

单位：%

年龄段	教育		
	低水平	中等水平	高水平
男性			
25~49	9.1	3.9	3.2
50~64	7.1	4.2	3.0
女性			
25~49	7.1	3.9	3.2
50~64	3.5	3.5	1.9

资料来源：OECD 2005，Ageing and Employment Polices：Australia，p. 49。

之间持续的时间）为 36 周，1999 年为 104 周，2004 年为 130 周，这个数据大约是总体人口长期失业率的两倍。特长期失业率［即失业持续时间超过两年（104 周）］的构成中，55 岁以上男性占据绝大多数。OECD 报告指出，2002 年 55~59 岁的失业人口中，长期失业者占 53%，而 50 岁以下的该比率为 23%（OECD，2005：55）。2003 年，澳大利亚统计局给出的数据与此相同。在 2003 年 11 月的澳大利亚统计局的劳动力调查中，总体失业人口中 23% 为长期失业者；45~64 岁失业人口中，长期失业者所占比例为 40%；而在 55~64 岁失业人口中，长期失业者所占比例为 49%。澳大利亚统计局的报告继续观察到，45~64 岁的长期失业者问题的严重性意味着他们可能丧失信心并退出劳动力大军。2002 年 9 月，被归为“丧失信心的求职者”中有 53% 处于 45~64 岁（ABS，2004：117）。从现实看，55 岁及以上的大多数长期失业者在达到领取退休金年龄前不太可能再次找到连续受雇的工作，不论是全职还是兼职。

政策回应

劳动力的变化对社会保障体系具有重要影响，尤其是兼职和临

时就业增长产生的影响。这种增长尤其与妇女大规模进入有偿劳动力市场有关。这一进入趋势在 20 世纪 60 年代开始变得明显，从那以后，就一直呈加速态势。1980 ~ 2000 年，女性劳动力参与率从 47% 增至 61%（ABS, 2001）。女性劳动者在有偿劳动力市场的增长在已婚女性中尤为明显，其从 1954 年占全部就业女性的 30%，增至目前的 60% 以上。已婚女性在兼职工作中几乎占据 80%。这使女性满怀期待：如果没有配偶可以依赖，她们拥有通过工作供养自己的能力，而不是通过领取养老保险和社会福利维持生计。反过来，它促使对这种期望的再审视，从而巩固了社会保障体系。也就是说，领取养老金的资格不再取决于之前是否参加劳动（Cass 1994）。"养老金危机"的被广泛谈论，反映了人们对人口中老年比攀升的越来越热切的关注（Clare and Tulpule, 1994; World Bank, 1994）。政府经济计划和咨询委员会的一项报告回应了世界银行 1994 年一项报告中对此的关注。事实上，政府对不断增长的养老金支出的关注已经促使引入强制性国家退休金制度，下面我们将要谈到这一点。尽管 1983 年当选的工党政府致力于社会民主政策，但同时也伴随着实行被称为"经济理性主义"的新自由主义经济管理办法。这包括减少和控制政府社会福利支出方面的政策，新自由主义经济管理产生的主要原因是解决不断增加的老年人、退休人员（即所谓的老年抚养比）所导致的支出增加的问题。首选策略是通过鼓励某些具有可替代性的养老储蓄，减缓养老金支出不断增长的态势。这些可选形式可以补充甚至取代现行的 1909 年提出的从税收中支付的标准年龄养老金政策。

国家养老金

1992 年立法提供了一种强制性的需受益人付钱的国家退休收入保障体系，这意味着尽管有税收支出的补贴，但退休收入中很大一部分资金将由公共支出转向个人提供。其目标是将大量资金用于私人部门投资。其结果是在生产性工作（即有偿雇用）和劳动力以外的经济福祉之间建立一个明确的关系（Rosenman and Warburton，1997）。1992年立法引入了养老金保障费（SGC），这种保障费要求雇主为每一位雇员支付一项完全既定的、简便的养老金计划。雇主初定提供相当于雇员工资3%的额度，但到2000年应累进增加至9%；同时，从1997年起雇员个人提供3%并分期增加，至2002年将达到9%的水平。该项计划覆盖90%以上雇员，并且已经筹集到超过6000亿澳元的养老基金。然而这项养老金计划仍需以15%的税率缴纳税款，因此该政策并没有受到特别欢迎。该养老金保障制度具有以下特征。

> ●该项计划完全是通过一系列核准的基金筹集资金，其受托人既包括雇主代表，也包括雇员代表，投资政策几乎不受限制。
>
> ●福利为固定缴费的形式，完全是既定的并十分简便，累积至55岁，到2025年预期升至60岁，不得提前提取。最终受益将以一次性支付退休金或养老金的形式返还，同时附带税收/转移激励资金。
>
> ●该项计划覆盖面扩大至月薪450澳元以上的年龄在18~65岁的所有雇员，不包括个体经营者。
>
> ●雇主缴费享受税收减免优惠，基金收益（筹集和利润）则以15%的优惠税率缴纳税款（直到2007年）。
>
> ●这项计划的管理通常被看做一个复杂的过程，并且在整个实施期间都会有很多调整。
>
> ●该项国家养老金仍旧作为一个“安全网”，适用于所有65岁及以上的澳大利亚居民，它以收入和资产评测为前提，并编入周平均收入索引目录。（Bateman and Piggott，1997，1999）

国家养老金计划作为国家退休收入体系的第三支柱建立起来，其余组成部分是非捐助性的国家养老金和私人运营的养老金计划。

世界银行 1994 年的一份报告对澳大利亚建立三支柱结构表示赞同。国家退休金计划的引入，带来一个重要的期望：它可能很大程度上取代国家养老金，以此减轻由于人口老龄化及长寿人口不断增长带来的财政负担。但这种期望现在不大可能实现。退休金产业专家相信，养老金保障费不可能为大多数老年澳大利亚人提供充足的退休收入。然而政府已经滞后于任何建议其效仿其他国家的做法并把法定领取退休金资格的年龄从 65 岁相应提高。由于男性和女性劳动力市场行情存在差异，所以国家退休金计划在提供福利时在男女之间有所差别。妇女在劳动力市场中的劣势概述如下。

- 女性劳动者的工作模式和终身收入容易因有偿工作被打断而受到影响，如生育、哺育孩子以及其他家庭事务。工作缺勤导致女性较低的养老金缴纳和退休储蓄。
- 女性的寿命要长于男性（目前女性平均寿命为 82 岁，男性为 78 岁）。随着预期寿命的不断提高，越来越多的女性不得不在更长的时间里依靠自己的财政来源维持生计。平均寿命的增长使女性面对的问题更加严峻。
- 离婚率的不断上升及离婚女性再婚率的下降使女性企图依靠配偶养老金及其他退休储蓄的财政安全期望难以实现。
- 退休金中各项费用及收费使得退休储蓄减少，女性受其影响尤其严重，因为她们可能有很小的余额和多种账户。
- 这项退休金系统十分复杂，并且不易被公众和处于弱势的女性接受，因为这种投资选择是基于男性的赚钱模式，这种模式不适用于从事兼职或临时工的女性。

《代际报告》标志着政府关注点的转移，它作为一项国民预算在 2002 年由财务大臣皮特·卡斯特罗提出。该项报告的主题是财政持续的必要性。在 2004 年初，这一主题在卡斯特罗先生和总理约翰·霍华德等人的一系列演讲中被提出，预示着向旨在解决劳动力老龄化和老年人医疗保健费用持续增长的政策方向转移。卡斯特罗提出变革国家退休金计划以提供税收刺激，这将鼓励劳动者在从业期间就可以动用退休金，并将其中一部分进行增值性投资。兼职工作与部分养老金相结合，使人们工作的时间更长。他同时也预示出台一项严格的规程以管理伤残抚恤金。他指出，3%的人口正在领取伤残抚恤金，而上代人只有1%能够领取该抚恤金。卡斯特罗同时预示全职退休将逐步消失，取而代之的是部分工作退休。针对劳动力参与和领取养老金间的关系，他提议做出如下几点变动。

- 对养老金的缴纳放宽限制，这样无论全职或兼职劳动者都能继续缴纳，直到65岁（现实情况并非如此）。
- 对65~74岁的在职劳动者缴纳养老保险放宽现行的限制条件。
- 养老基金应该用于为所有75岁及以上的老年人支付福利，而不是留作投资地产。
- 减少富人缴纳养老保险的免税优惠。

这些在2004~2005年实施的改变，与2000年人权与平等机会委员会的建议相一致，紧接着的是对年龄歧视的审查。

国家老龄化战略

2002年3月，老龄部部长凯文·安德鲁斯发起了一场国家老龄化战略，它基于1999~2001年政府签发的一系列讨论文件。这一战略紧随OECD的一系列报告界定的范围，包含养老金和税务体系的改革，以消除激励早退和阻碍晚退的财政政策。这将涉及税收/转移体系、基金体系、个人储蓄及收益的组合使用，以此达到代际责任分担更优的平衡，以及在退休决定上更具弹性。这个报告同时也沿承了OECD对老年劳动者就业能力及培训、再培训必要性的关注。该报告主要讨论以下四方面问题。

- 晚年通过就业、终身学习和财政保障而得到的自立。
- 高品质卫生保健的提供。
- 公众对老年人态度的改善以及在身体安全、住房、城区规划、交通、娱乐、旅游、新的通信系统和互联网技术方面给予适当供应的必要性。
- 对“健康老龄化”的鼓励。

“战略”是一种政治语言，表达了对指向某个明确结果的协调方法的印象。在一次与公共政策相关的“战略”概念进行的批评性讨论中，布雷布鲁克和林德布罗姆得出结论认为，政策抉择更倾向于呈现为“分立渐进式”（Braybrooke and Lindblom，1963）。这项国家老龄化战略实际上并未将政府置于任何特殊项目中，并且规避与政府支出和财政政策相关的问题。它可以被看做是前老龄部部长在1999年国际老人年期间做出的承诺的实现。这项国家战略很大程度上被《代际报告》取代，该报告由澳大利亚财政部部长皮特·卡斯特罗作为2002年5月国家预算的附加文件之一提出。这项报告致力于财政政策问题和人口变化对澳大利亚政府财政的影响。为保证财政的可持续性，该报告确定以下七项优先事宜。

- 实现预算平衡并确保政府较低的负债。
- 维持有效的卫生保健体系，并在私人健康保险方面提供广泛补贴。
- 抑制药品福利计划的增长。
- 建立一个负担得起并且行之有效的安老院制度，安置不断增加的老人。
- 建立一套社会保障体系，鼓励处于劳动年龄的人求职并持续就业。

- 鼓励年长员工参与劳动力市场。
- 出台一项退休收入政策，鼓励应对退休的个人储蓄，减少未来对国家养老金的需求。

这项报告规避了“危机”“负担”等词汇（这些字眼表达了公众对人口老龄化影响的探讨），但同时也避开了关于需要额外财政收入满足老年人医疗保险费用增长的任何建议，该项费用预计从2000年占GDP的0.7%上升至2041年的1.8%。它十分强调个人储蓄和“使用者付费”政策。该报告重申对退休收入依赖的增长将会减轻养老金支出的压力，这种观点正如我们之前注意到的那样，并未被普遍接受。尽管存在养老金支出的压力，但这份报告仍然假定在其涉及的2000～2041年税收将保持稳定，即不会增加税收。《代际报告》的基本假设在两位学院派经济学家详细的分析中受到批评，主要有以下三个方面。

- 报告中预测的失业率下降的影响在接下来的10～20年中将处于4%的水平，这被低估了。
- 未来老年人劳动参与率增长潜力被严重低估。
- 对未来的健康保健和老年人医疗费用的预测过于确定。

正如他们所说，这份报告假定预期寿命会进一步增长，但是谨慎地避开了这将导致费用增加和额外税收收入必要性的问题，同时也避开了能够增加工作刺激的政策讨论。这同阻碍早退或是鼓励女性在生育后重返工作形成对照。报告中所做的规划假定女性劳动力参与率在40年后将升至大约与男性持平，但它忽略了这需要政策措施支持，如儿童保育补贴和产假补贴。同样的批评质疑依靠退休收入作为解决退休后的财政安全问题途径的可行性。在充分就业和工作安全的环境中，退休金似乎更具有说服性。事实上，兼职和临时性工作的增长，以及劳工费的持续缩减，意味着劳动力市场中很大一部分劳动者不太可能通过缴纳养老金筹集到足够的退休收入，最终他们将加入领取养老金的队伍（Dowrick and McDonald，2002）。

积极的老龄化这一主题及其同义词——健康的老龄化、产生性老龄化、活跃的老龄化及成功的老龄化，仅仅最近才在澳大利亚的政策议程中成为一个重要议题。人们越来越接受这样一个事实：老年人的疾病和残疾并非是不可避免的，人为的干预可以延迟、减少以至预防这些与老龄化相联系的问题。所以，很多提倡和支持这种人为干预的政策表达在近 15 年开始出现，它们既有国家政府制定的，也有州政府制定的，尽管仍缺少具体行动。一般来说，这些政策声明往往关注于维持从有偿劳动力市场中退出的退休老年人的健康和幸福（Browning and Kendig，2003）。就业在积极的老龄化中所具有的作用只引起了很小的关注，尽管它涉及一项在国家老龄化战略准备阶段制定的讨论文件（Bishop，1999）。

国家老龄化战略和代际报告都是针对提前退出劳动力市场的影响，以及强调保持老年劳动者的技术和经验的必要性，尤其是在一些明显缺乏技术的工业部门。尽管强制早退（有时被误导为自然退休）是更为重要的因素，但自愿早退仍旧是现实。无论是强制早退（往往以裁员的形式）还是自愿早退，都是 20 世纪 80 年代至 90 年代劳动力参与率下降的原因。澳大利亚统计局 1977 年的一项针对退休的调查发现，1960 ~ 1995 年，人们离开工作场所的平均年龄男性下降了 4 岁，而女性下降了 5 岁。这项调查同时发现，71% 的男性在 45 ~ 64 岁离业，53% 在 55 ~ 64 岁离业。而女性的相应数据为 43% 和 21%（ABS，1997）。

一项更新的退休调查表明，早退的趋势有所下降，尤其是 60 岁以上的男性，其劳动参与率已经回到 20 世纪 80 年代的水平（ABS，2006）。有几个因素促成了这种转变，包括劳动力市场的紧张，以及为最终退休做储蓄而延长工作时间的意识的增长。然而正如 OECD 报告的建议，这些变化不足以改变澳大利亚老年人劳动参与率相对低于国际标准的事实。

直到最近，养老金和退休金政策才开始鼓励工人提前退休。政府经济学家 David Ingles 指出，多年来公众就对早退持豁达的支持态度。反过来，这种态度也反映在国家为退休金和社会保障金提供管理途径，同时也体现在雇主的行为和工人的期望上。养老金体系的一个作用已经是鼓励人们早退，并在退休年龄前花光用于养老的资产，这样就可以通过养老金经济状况调查（即两处受薪）（Ingles，1999）。针对这个争论的一个评论指出，两处受薪仅适用于拥有重大资产和累积养老保险支付的人。然而作者辩称，从长远看，将老年人离业包含在内的政策是有害的。退休收入政策应该辅以鼓励延长就业的策略，并且政府应该采取综合性措施重塑更长工作寿命的文化（Perry，2001）。

就业和社会保障

从 1990 年开始，政府政策有了明显的转变，这种转变将逐渐重塑就业、退休和社会保障之间的关系。以国家为主提供退休金只是这个方向上的第一步。下一步计划是将女性领取养老金的年龄从 60 岁提至 65 岁，60 岁退休制从 1995 年开始实施至今已有十年。这是提高 60 ~65 岁女性劳动力参与率的一个重要因素。另一项养老金政策的修正案是 1998 年引入的养老金奖励计划，该计划为 65 岁以上仍然参加工作的劳动者额外支付高于标准养老金 9% 的收入。2002 年，该项补贴取代养老金累积增长。到目前为止，这项计划效果并不明显，最可能的原因是财政刺激不足以驱使更多的人加入。就业与社会保障体系间的关系受到参照群体的检验，参照群体这一概念是联邦政府在 1999 年提出的。其结论性观点，即参与率有助于建立一个更加公平的社会，于 2000 年发表，这也就是人们所熟知的 McClure Report after the Chairman Of the Reference Group。这份报告的主题是“参与率”被视为福利依赖的答案。政府在 2001 ~2002 年的预算中给予回应，宣布了一个由澳大利亚联合工作委员会负责的项目。这个项目的参与者包括专门处理老年人养老金的部门。就业和劳资关系部部长凯文·安德鲁斯（前老龄部部长）的一份声明指出该计划中福利的适用性。

> 向工作过渡建立起自尊并解决年长员工的自信问题。通过评估、技能培训、进入劳动力市场方面的支持和建议等改善劳动参与者对劳动所得的预期……这项跨越四年的策略将为年长求职者和已经在职但考虑退休的人提供额外补贴与重点援助。(Andrews，2004)

这个向工作过渡项目有三方面要素，即工作范围扩展、年长员工产业策略和年长员工工作场所策略。除了改善老年失业者求职的技巧，该项目还致力于在已经存在就业机会的产业领域增加工作机会，包括零售业、商业服务及医疗护理领域。该项目同时致力于鼓励雇主认识到可靠的以及有经验的老年员工的价值。尽管政府在这个项目中倾注了大量心血，但实际上可用资金依然十分有限，在2004～2005预算年总计1210万澳元。政府同时也竭力使雇主提高意识，认识到老年劳动力的价值。除了以上措施，在此方向上的一个正向运动是年长雇主冠军奖机制的引入，它于2005年第一次授予Coates Hire公司。该公司主要负责在道路和建筑施工期间指挥交通，并清除道路障碍。该奖的授予方称Coates Hire公司的员工有18%在50岁以上。改变雇主态度的必要性在2003年澳大利亚商业理事会（BCA）发表的两份报告中也有所研究（BCA代表澳大利亚100家最大的公司）。第一份被称作老年人工作能力的报告，审查了澳大利亚和其他一些国家的政策，提议公众对老年劳动力参与率的态度问题应该得到解决，并建议出台一项对雇主及其协会有效的政策，通过有利于家庭的政策、雇主对再培训的支持、改善服务及支持老年人等措施，提高老年劳动者的在业率。第二份报告同样被称作老年人工作能力报告，讨论的主题是“文化变迁的必要性”。它要求转变那些低估了年长员工作用的根深蒂固的态度和组织文化。这份报告强调劳动力多样性的价值以及在商业公司和政府中协同工作的必要性（BCA/ACTU，2003）。我们应该注意到，老年人工作能力报告是由BCA和澳大利亚工会理事会（ACTU）共同签发的。澳大利亚工会理事会的代表会议2003年首次采取政策，关注老年劳动者，反对年龄歧视，支持老年人在正常退休年龄后继续工作的权利。其他雇主群体也发表了同样的声明。作为中小型企业代表的澳大利亚工商业联合会提议政府支付雇主“培训津贴”，鼓励老年劳动者接受正规培训以提高技能。主要代表制造业的澳大利亚工业集团行政首长提议基于税收的激励措施，如2004年初政府发布的退休金改革（*Sydney Morning Herald*，2004. 10. 28）。其他一些就业和培训措施也已经被引入，直接或间接地针对帮助老年人改善劳动力市场的预期，包括培训账户：帮助求职者获得技术性工作、职业教育和培训优先项目、基础IT技能项目和培训学分（提供给已经满足一定最低要求的求职者）。2005年，政府也同时引入了一项税收刺激计划，即年长员工税收扣除制，适用于55岁及以上、年收入58000澳元以下的年老员工。这项减税政策预计有75万员工申请，并在四年内花费10亿澳元。该项计划的主要目的是鼓励年老员工继续在职工作。发布这项计划的总理约翰·霍华德称，这项计划将有效克服早退趋势，他一直以来对早退持批评态度。紧随2004年的大选，霍华德又发布了一项新的关于劳动力参与率的部长级文件，并亲自负责该项税收扣除项目。

基于州政府的项目

尽管联邦政府对劳动力市场政策承担主要责任，但州政府也必须在本区内有所行动。在所有层级的政府中，第一个引入针对年老员工的劳动力市场项目的是新南威尔士州政府，它在1989年出台了年老员工项目。这项年老员工项目的主要目标是最大限度地延长劳动力市场中中老年员工的在职时间，并促使老年人进入劳动力市场。在该项目的整个实施期间，超过3万老年人实现就业，并且保持了较高的老年人继续在职的比率（Perry，2002）。2004年，由于预算紧张，老年员工项目被废止，尽管这受到了广泛的抗议。在维多利亚州，2000年制定的社区商业就业计划自实施以来已经为数以千计45岁及以上的求职者提供了工作。紧随2002年关于人口老龄化影响的报告，州政府宣布一个项目，在公共部门中实施最佳的实践计划，并且倡导年龄意识雇主奖。基于州政府的最大的劳动力市场项目是1998年在昆士兰州建立的，其目标是在六年时间里创造5.6万个工作机会。该项目的最初目标并非针对老年劳动力，但在2001年决定将更多地关注老年人群体。南澳大利亚州和西澳大利亚州还实施了一系列规模较小的项目。除了激励雇主，南澳大利亚州政府还成立了社区组织“不要忽略年老者的专长”，为老年人提供特殊工作。在西澳大利亚州，政府在1999年发起了一项“从经验中获益”的项目。经过三年试用期后，该项目并入了州政府更为广泛的就业政策。

结　论

随着劳动力年龄的增长，政府在引入活跃的劳动力市场策略以延留和再培训老年劳动力方面的压力持续增加。其中一个重要因素就是婴儿潮时期出生的劳动力逐渐退出劳动力市场，其影响已经开始显现。如上所述，劳动力老龄化加之较低的人口出生率，其影响将在2020年全面展现。随着时间的迫近，政府被迫采取更加协同一致的行动，而不是目前在这个领域实施的“分立渐进模式”。

第二章
日本：延长老年劳动者就业年限

Masato Oka

本章评述了近年来日本为促进老年劳动者就业所进行的政策改进。第一部分介绍了全国劳动力市场中老年劳动者的概况。第二部分总结了针对老年劳动者的公共政策，特别是对 2004 年出台的《稳定老年人就业的修正案》进行了总结。第三部分分析了应对公共政策的企业行为。最后提出新型的日本人事管理体系，以期提供实现无年龄限制的就业方法。

老年劳动力概况

人口变迁和劳动力的老龄化

日本经历了世界上最快的人口老龄化过程。65 岁及以上的老年人占总人口的比重在 1970 年达到 7%，1994 年达到 14%，预计到 2014 年将达到 25%（国际人口和社会保障研究机构，以下略记为 NIPSSR，2002）。其原因为不断下降的自然出生率和延长的寿命。1950～2003 年，自然出生率从 3.65‰剧降到 1.29‰，而且有更进一步降低的趋势。另一方面，预期寿命在 1950～2000 年的 50

年间增加了将近 20 年（Statistics Bureau，Abridged Life Table）。预计到 2025 年，男性平均寿命将达到 79.8 岁，女性平均寿命将达到 87.5 岁。最新的统计结果显示，日本人口规模的峰值是 2005 年的 1.3 亿，之后预计将逐年减少（NIPSSR，2006）。

图 2－1 显示了 1980～2004 年的劳动力年龄结构（Statistics Bureau，不同年份）和 2015～2025 年的预估结果（Cabinet Office，2005）。本图指出了在不久的将来日本快速的劳动力老龄化和劳动力短缺的状况。“2007 年问题”指出，该年是 1947～1949 年出生的“二战”后婴儿潮世代面临退休的开始之年。这个庞大的世代所拥有的熟练技能和经验的缺失问题正引起各界的广泛关注（Higuchi et al.，2004）。

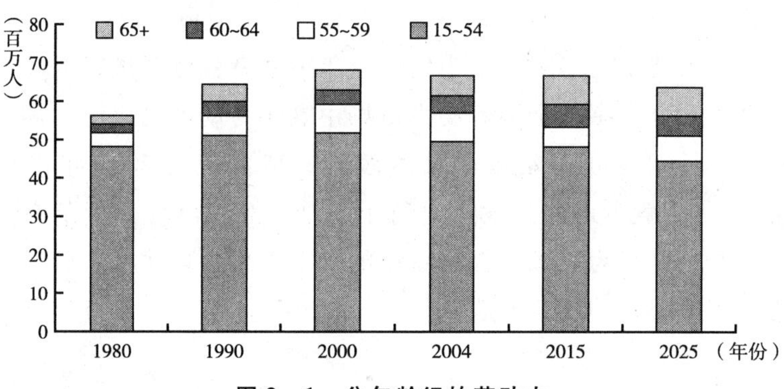

图 2－1 分年龄组的劳动力

资料来源：Statistics Bureau，various. MHLW for 2015，2025。

劳动力市场状况和老年劳动者的工作状况

在 50～59 岁的男性中，劳动力参与率高达 90%，60～64 岁男性的参与率骤减至 70%，65 岁以上则变为 30%（表 2－1）。而对于妇女来说，50～59 岁的劳动参与率比其他任何年龄段高出 15%，60 岁以后大幅下降（表 2－2）。60～64 岁的失业率比任何年龄段的平均失业率都高，这个差别在 20 世纪 90 年代不断扩大，但是，到了 21 世纪初开始缩小（图 2－2）。

表 2-1 不同年龄段的男性劳动力参与率

单位：%

年龄段＼年份	1990	1995	2000	2004
50～54	96.3	97.3	96.7	95.7
55～59	92.1	94.1	94.2	93.2
60～64	72.9	74.9	72.6	70.7
65+	36.5	37.3	34.1	29.2
合　计	77.2	77.6	76.4	73.4

资料来源：Statistics Bureau，不同年份。

表 2-2 不同年龄段的女性劳动力参与率

单位：%

年龄段＼年份	1990	1995	2000	2004
50～54	65.5	67.1	68.2	68.4
55～59	53.9	57	58.7	59.6
60～64	39.5	39.7	39.5	39.7
65+	16.2	15.6	14.4	12.9
合　计	50.1	50	49.3	48.3

资料来源：Statistics Bureau，不同年份。

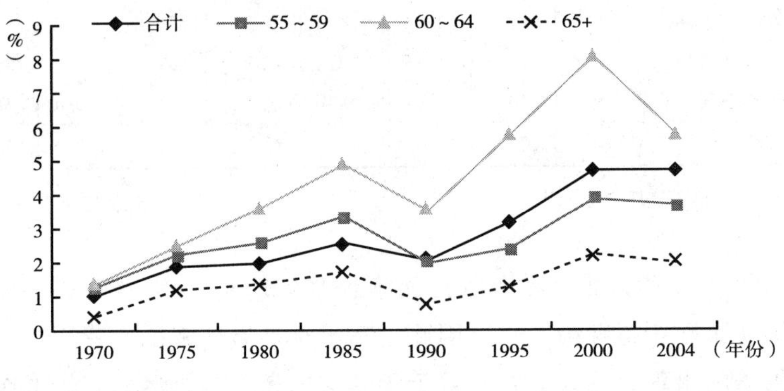

图 2-2 失业率

资料来源：Statistics Bureau，不同年份。

60岁左右的个体的工作状况的变化有以下几个特点：①从大企业流动到中小企业（以劳动力规模计）；②从制造业流动到服务业；③从全日制就业转换为非全日制就业或者自营业。随着劳动者的年龄增大，一个明显的趋势是其从事的工作类型存在显著的多元化（表2-3）。

表2-3 2000年老年劳动力的劳动状况

单位：%

年龄段	55~59	60~64	65~69	年龄段	55~59	60~64	65~69
男性				女性			
全体劳动者	89.9	66.5	51.6	全体劳动者	59.7	41.5	28.7
全日制就业	61	25.7	12.5	全日制就业	24.7	8.9	3.4
非全日制就业	1.6	9.4	8	非全日制就业	13.2	10.2	5.3
就业状况不详	0.3	0.3	0.2	就业状况不详	0.3	0.2	0
管理者	10.6	9.1	7.1	管理者	2.4	2.6	1.8
自营业	14.1	17	17.6	自营业	8.1	7.7	7.1
家务劳动	0.7	1.4	2.4	家务劳动	6.6	7.8	5.9
志愿劳动	1	3	3.2	志愿劳动	2.2	2.2	2.9
计件工作	0.2	0.4	0.3	计件工作	0.4	0.3	0.1
劳动状况不详	0.4	0.2	0.3	劳动状况不详	0.4	0.3	0.1
全体非劳动者	10.1	33.5	48.4	全体非劳动者	40.3	58.5	71.3
有工作意愿	6.7	18.4	18.1	有工作意愿	14.1	20.2	15
无工作意愿	3.4	14.9	29.9	无工作意愿	26	37.9	55.3
工作意愿不详	0	0.2	0.4	工作意愿不详	0.2	0.4	1
合计	100	100	100	合计	100	100	100

资料来源：MHLW，2000。

60岁以后，非劳动者所占比率提高。但是，60~64岁的男性有超过半数希望继续工作。因此，对于年老男性来说，劳动力市场的供需间出现了巨大差距。对于年老女性来说，虽然她们的工作需求相对小一些但也值得考虑。同时，还有报告指出，55岁以上的大多数在职男性（75.9%）和女性（65.6%）希望最少持续工作到 65 岁（MHLW，2000）。这些数据表明日本的老年人的工作意愿是很强的。

强制退休体系

造成上述模式的原因部分来自日本的退休体系，尤其是“定年”（Teinen）中强制性要素和公共退休金的组分。定年指的是劳动合同自动终止的生物年龄（Kimura and Oka，2001）。目前，对绝大多数劳动者来说，这个年龄设置为 60 岁。日本的大公司几乎都应用这个政策，即所谓的终身就业合同和年资导向的薪酬与晋升体系。后者在 19 世纪末引入，其目的是延长雇员的服务期，以缓解现代工业中熟练劳动力紧缺问题（Hagiwara，1988）。

这种做法，和公司福利以及额外补贴一起对保持员工的企业忠诚度非常有效。但同时也有其固有的问题，即随着服务年限的增加，企业不得不负担大额的工资（Oka and Kimura，2003）。为了解决这个问题，定年制度被引入，同时，企业的组织结构也得到更新。在 20 世纪初，定年的年龄为 50 岁或者 55 岁。

在两次世界大战期间，这个制度被广泛引入大企业，从 1970 年代开始普及中小企业。定年实施后，老年劳动者的生活变得多种多样。虽然有人选择从劳动力市场退休，但也有人自己寻找工作，有人被同一家公司返聘。因此，“定年”并非必然意味着劳动人生的结束。不管怎样，对于完全退休来说，这是一个重要的人生事件。

公共退休金制度

公共退休金制度是另一个决定年长劳动力退休行为的主要因素。日本的员工退休金体系包括两部分：基础退休金（它的总额是固定的），以及与收入挂钩的部分。

基础退休金是支付给受保人及其配偶的福利，仅仅依据工作年限发生改变。在 2004 年，一对普通夫妇的标准退休金福利为每月 23.3 万日元。其中包括 10.1 万日元的收入挂钩部分和 13.2 万日元的全部基础退休金部分，而基础退休金必须是缴纳40年以上的夫妇才能够享有。

图2-3显示了有65岁及以上老年劳动者和18岁以下未婚子女的家庭户的收入结构。在2003年，公共退休金的总额达到一个家庭户总收入的72%，大大超出劳动所得的18%。相比较而言，1980年的公共退休金和劳动所得几乎相同。很明显，公共退休金对于老年人家庭来说，起到越来越重要的作用。老年人家庭中的人均收入几乎和所有家庭户的平均收入相同（Cabinet Office，2000）。

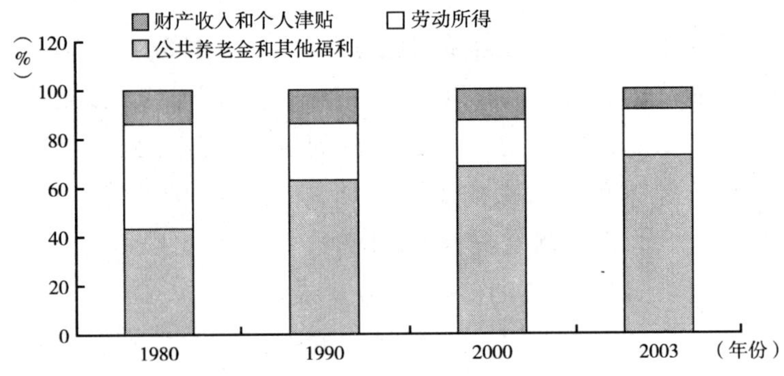

图2-3 老年人家庭的收入结构

资料来源：Cabinet Office，各个年份。

为了解决人口的快速老龄化所导致的支付危机，日本从20世纪80年代中期开始进行连续的退休金制度改革。改革的主要内容包括：增加保险费用，提高退休金支付年龄以及降低福利水平。对于后者来说，2004年的《职工退休金修正案》的目的就是到2023年，逐步将投保人的平均可支配收入的替换率从60%降低到50%。针对退休金的支付年龄，1994年的《职工退休金修正案》的目的就是将男性的退休年龄从2001年的60岁逐步提高到2025年的65岁，而女性的退休年龄从2006年的60岁提高到2030年的65岁（MHLW，不同年份）。

图2－4概括了两个阶段的改革。第一阶段是从2001年到2013年逐步取消针对60～64岁年龄段的基础退休金。第二阶段是从2013年到2025年，和收入挂钩的退休金部分也将逐步取消。简单地讲，针对60岁出头的人来说，他们的退休金到2013年将会减半，到2025年彻底取消。这个目的在于用其他收入主要是就业劳动所得的收入来替代降低的退休金收入。此项改革的主要目的之一就是将劳动年龄延长到65岁。

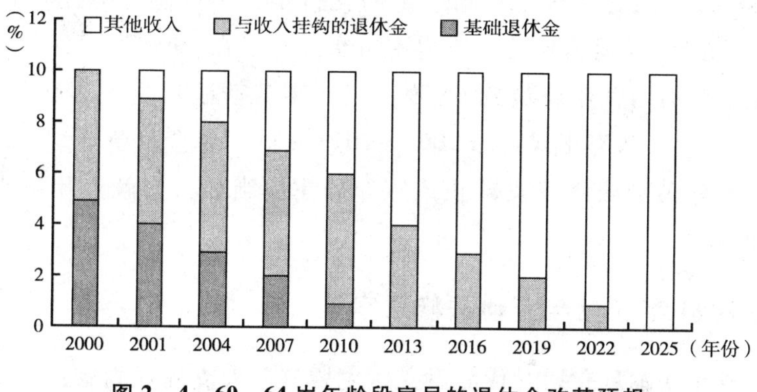

图2－4　60～64岁年龄段雇员的退休金改革预想

针对老年劳动者的公共就业政策

简要历史

自20世纪70年代以来，日本政府始终坚持发展对老年群体的积极雇用政策。此过程可分为两个阶段。

第一个阶段是1971～1986年，将退休年龄从55岁延长到60岁。1971年颁布的《关于稳定老年人就业的法案》（后来被称为《老年劳动法》）旨在促进45岁以上劳动者的就业。从20世纪70年代中期开始，政策的焦点是通过企业补贴，将退休年龄从55岁提高到60岁，1976年的政策要求企业尽可能将55岁及以上人员的就业率提高到6%或以上（Campbell，1992：162）。1986年的《老年劳动法修正案》被称为"60岁定年法案"，旨在完成当初的政策目标，尽管其对雇主的责任要求仅仅是尽力。到1998年，低于60岁的退休年龄在法律上被禁止，此项规则也从对企业的惯例转变为法定程序。

第二个阶段始于20世纪80年代中期，旨在将就业年龄提高到65岁。对1985年的退休金制度改革的争议引发了这一阶段的改革。为了适应在不久之后退休金的支付年龄不可避免地提高到65岁，"定年"（退休年龄）不得不再次延长。在1990年，为了鼓励雇主继续雇用就业雇员到65岁，《老年劳动法》再次得到修订。在1994年，政府正式宣布2001～2013年的退休金改革计划。2000年《老年劳动法修正案》正式宣布雇主应当尽力将就业年龄提升到65岁。

2004年《老年劳动法修正案》

这个法案具有划时代的意义，主要有三大支柱性内容：①将法定就业保障提升至65岁；②制定了辅助老年人再就业的条款；③保证老年人享有多元就业机会的条款。

针对第一点内容，雇主有义务尽力做到以下几点：①提高"定年"年龄；②在"定年"后，引入或改善持续的就业体系，直至工人年龄到达65岁；③彻底废除"定年"制度。强制性就业年龄从2006年4月到2007年3月为62岁，从2007年4月到2010年3月为63岁，从2010年4月到2013年3月为64岁，2013年4月以后为65岁。这个计划是和提高退休金的支付年龄同步进行的。上述就业保障措施原则上适用于所有希望继续工作的"定年"退休者。

法案中还有很多有争议的内容，或许可以将其描述为漏洞，它是利益相关者之间妥协的结果。首先，如果管理层和工会在特例上达成共识并能确认其正当，企业就可以免于执行聘请所有申请者的原则。

其次，当管理层和劳工无法就继续雇佣方案的标准达成一致时，雇主可以强制实施，但需遵守劳动法案。这一措施对大企业来说，有效期为三年，截止到 2009 年 3 月；对中小企业来说，有效期为五年，到 2011 年 3 月。

最后，此法案缺乏惩罚条例。政府应当为不合作的雇主提供协助、建议和指导。如果雇主拒绝采取任何积极行动，政府应当采取行政处罚，包括公布违法企业的名称。这表明，此项法案的成败取决于企业的社会责任感。

第二大支柱的内容是，2004 年的修正案促进了老年人的再就业。据报道，老年求职者往往受到严重的年龄歧视。最近的一份调查显示，大约有过半的失业者年龄在 45～65 岁，他们找不到工作的原因是他们的年龄不符合招聘广告中的要求（MHLW，2003）。

作为回应，《就业对策法》得到修正，并且自 2001 年 10 月起，企业被要求在招聘时不得参考年龄。这项举措还附有指导性意见，意在消除年龄歧视，但也规定了一些可在招工时限制年龄的情况。同样，此法案也没有对违规作出任何惩罚规定（Taylor et al.，2002）。

尽管如此，政府在 2004 年的《老年劳动法修正案》中迈出了一大步。它要求雇主陈述在招聘广告中设置年龄限制的理由，尽管这不适用于 65 岁以上的人群。法律同样规定，如果 45～65 岁的人是由于被解雇而丢掉工作，而当事人希望再就业时，他们的雇主应当随时尽力采取有效措施帮助上述老年人实现再就业。

第三大支柱是保障老年人多元化就业机会的条款。此项措施强化了银色人力资源中心（SHRC）的功能。自 20 世纪 70 年代中期开始，银色人力资源中心的目的是为 60 岁及以上的老年人提供临时的或者短期的工作。SHRC 成员的原初形象是一些在他们的社区内从事有益活动的有酬志愿者，比如，打扫公园等（Bass and Oka，1995）。它现在的成员在全国大概有 75 万人（来自 SHRC 的网站)。SHRC 的活动和传统劳动力市场的性质有严格区分，尽管其分界线越来越模糊。在经历了 20 世纪 90 年代早期开始的长期萧条后，SHRC 也承担起了提供工作的角色。就 2004 年的修正案而言，SHRC 的功能得到了进一步扩张（包括作为一个临时的劳动中介所），以帮助老年劳动者参与法定的特殊工作。这表明 SHRC 在未来将成为服务于老年人的综合性职业介绍中心。

促进老年人就业的政策措施

为了促进老年人的就业，政府已经发展出各种政策措施。这些措施包括对雇主及老年劳动者提供补助和奖励（MHLW，website；OECD，2004：118－119）。

第一，鼓励雇主继续雇用他们的老员工。“促进和建设持续就业的补助”被提供给那些提高“定年”年龄或实施 65 岁及以上老年人持续就业方案的雇主，以及创设新兴产业从而大规模促进老年人就业的雇主。它同时为那些给 55 岁以上工人提供新职业培训的雇主提供补助。

第二，向那些协助按计划被裁减但需要寻找其他职业的员工的雇主提供奖励。为年龄在 45～64 岁的雇员提供带薪假期（主要是为了寻找工作或者进行职业培训）的雇主可以获得“帮助老年人寻找工作的补助金”。那些通过就业机构成功帮助其冗余雇员找到新工作的雇主也可以获得补助。同时，安排措施支持老年人重新就业的中小企业协会也可以获得这种补助。

第三，鼓励雇主雇用老年劳动者。那些通过公共劳动市场或私人职业介绍中心雇用年龄在 60～64 岁的劳动者的雇主，可以获得“特殊求职者职业发展补助金”。它可以为劳动者提供前六个月工作薪金的四分之一（中小企业的这个数字是三分之一）。那些为年龄在 45～59 岁求职者提供受雇试用期的雇主，可以在某个规定的时间段内获得“中老年人群急需职业发展补助金”。每次雇用的补助金数额是每个月 10 万日元，最长三个月。

第四，改善老年人的工作场所。那些通过改善工作场所而增加年龄在60～64岁雇员数量的雇主，可以获得“改善老年劳工者就业环境补助金”。那些通过全面努力引进各种措施以达致无障碍工作场所的雇主，可以获得“老年劳动者无障碍工作场所补助金”。雇用五名或更多年龄在60岁及以上全职工人的雇主，可以因改善工作场所而通过日本公共政策投资银行获得低息贷款，该贷款的名目是“改善老年劳动者工作场所贷款”。

补助的额度依企业的规模和实施计划的内容而不同。日本老年人和残障人士就业组织（JEED）致力于与上述资助以及其他活动比如咨询顾问和指导等相关的服务。JEED是一个独立的行政机构，它成立于2003年，其职能由政府、日本残障人士就业协会（JEAD，成立于1971年，1986年更名）和老年人就业发展协会（AEDSC，成立于1978年）转化而来。2006年JEED的老年劳动者方面的预算为560亿日元。这是一个相当大的数额；但详细的政策评估信息却无法得到。

政府实施了一系列直接针对老年劳动者的措施。“老年人的持续就业拨款”的对象是60～64岁、收入下降到一定水平的劳动者。在2003年修正之前的政策为，如果新工资少于退休前工资的85%，退休后所获得的奖励金的最高额度可达到新工资的25%。由于这项措施的成本过高，2003年修正后，补助额度分别调整为15%和75%，因此福利价值发生相当幅度的减少。“在职员工退休金”可被视为是一种补充第二职业的低工资的政策措施。它是为那些一直工作到60岁及以上而工资待遇少于固定数额的部分员工提供退休金的福利制度。

“老年人创业奖励制度”奖励由三名或更多45岁以上的人开创事业。他们联合起来开展新的事业，为老年劳动者创造工作机会。这是一个新的尝试。

尽管政府坚持老年人具有积极的作用，这些针对老年劳动力参与的措施还是有争议的。其作用还需要系统地加以评价。

企业的雇用政策和对老年劳动者的实践

当前状况简述

1990 年《老年劳动法修正案》表明政府考虑将劳动年龄扩大到 65 岁的意图。日本经济团体联合会（日经联）强烈反对这项政策并于 1995 年出版了一份题为《新时代日本式管理》的报告。报告中提及有必要重审传统的终身就业的管理制度，将论资排辈式的薪酬和奖励制度转变为更加灵活、多元、以绩效为主的就业制度。这种新的战略没有明确规定老年劳动者的角色。报告认为，大多数退休人员不应当作为企业的核心劳动力，而应当作为临时劳动力实现再就业。这看起来是始于 1992 年的严重的泡沫经济和快速的经济全球化的影响，而预期在 21 世纪初期发生的婴儿潮世代的退休也是一个重要原因。

图 2－5 说明一个拥有 30 人以上雇员的企业在持续就业中的实践。1992～2004 年，导入持续就业的公司数量从 52% 增加到 67%。65 岁之前的申请者在 20 世纪 90 年代保持停滞状态的占

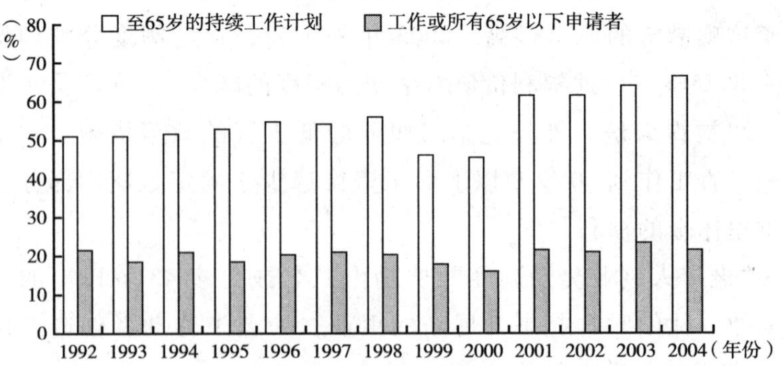

图 2－5 持续到 65 岁的就业计划

资料来源：MHLW, Employment Management Survey, each year。

20%，这也反映出企业的态度。2000～2004年发生了改进，或许是由于2000年《老年劳动法修正案》的作用和2001年开始的领取退休金年龄的提高。

2004年的修正案实施以来，卫生劳动和福利部在2006年1月进行了一项针对延长退休年龄至65岁的调查。样本是从拥有300人以上员工的企业中抽取。根据调查报告的结果，23.7%的企业已经针对所有适龄者导入65岁持续就业体系。另外的74.2%表示将要采取适当的措施。因此，总计有97.9%的企业对法律要求作出积极的回应。这个结果可以解释为大多数（93.6%）企业实施了65岁的再就业计划，5.9%的企业把退休年龄延长到65岁。废除定年退休计划的只有0.5%。在日本经济联合会实施的调查中，11.9%的企业表示，它们已经满足了法律的新要求，而80.4%回答说它们将接受或延长持续就业体系（JIL，2006）。

这些研究表明在2006年初，企业已经完成了对2004年《老年劳动法修正案》实施的准备。但必须注意的是，政府的调查仅限于对大中型企业的抽样。有报告指出，到2006年6月1日为止，规模在300人以下的小企业中有18%仍然没有做好实施新法条例的准备。到2011年3月为止的5年时间对于实质性的进步来说并不充分。

还有一些具体问题需要考虑：薪酬和工作条件、劳动质量等。接下来通过有选择性的个案研究和更广泛的研究来回答这些问题。作为第一步，先从两个案例研究入手。第一个个案是个大规模的地方性市政（以下称为Y市），代表了典型的、充满争议的陈腐地配合2004年《老年劳动法修正案》的做法。第二个是丰田公司（以下简称丰田），展示了走向无年龄限制的就业之路的新方法。

Y市个案

Y市有典型的公共部门组织结构。尽管近些年来在导入绩效薪酬和鼓励制度上做出了很多努力，但从根本上说传统的论资排辈

（年功序列）始终居支配地位。图 2－6 的年龄—工资概况很明显地说明了这个问题。

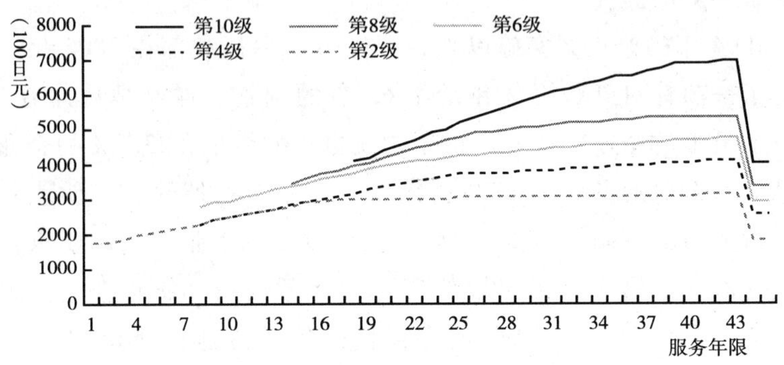

图 2－6　Y 市的年龄—工资概况

资料来源：Y 市人事部门。

大多数从事行政管理的人能够晋升到第 4 级，第 4 级是级别和档案设定的目标。如果能够通过晋级考试，他们将进入可达到 10 级的晋级梯子，而 10 级就是部级的最高级别。退休的年龄是 60 岁，可获得有利的总支付（an advantageous lump-sum payment）。

传统上的做法是，大多数的高龄行政人员在退休前会被安排到相关组织中的新的报酬高的工作职位。这种做法被称为“金降落伞”（Amakudari）。对于在级别中的雇用人员，50% 在退休前将会在公共及民间部门接受新的工作。对于那些新的、级别外的人来说，Y 市为他们提供小时工的工作。他们的薪酬和工作环境相对来说比较差。

在 2001 年，Y 市针对退休人员导入了一项新的措施——“连任计划”，旨在调适全额退休金年龄的增长和退休人员的快速增长。由于 1992 年开始的经济衰退，可供“金降落伞”用的职位发生紧缺，同时纳税人对公共部门特权的批判也是导致这项措施实施的重要因素。

连任计划适用于 60 岁和全额退休金年龄之间的人群，其年龄标准在 2006 年为 62 岁，逐步提升到 65 岁。

图 2－7 说明各级别人事的年收入的变化。连任人员每周工作 31 小时（为周平均劳动时间的 80%）的年收入是 325 万日元，或者是退休前工资的 40%。可是，当加上公务员退休金中的收入相关的福利后，总计收入为 490 万日元，或者是退休前工资的 60%。从这个职位上退休后，人们可得到 280 万日元的全额退休金福利，或者退休前工资的 35%。

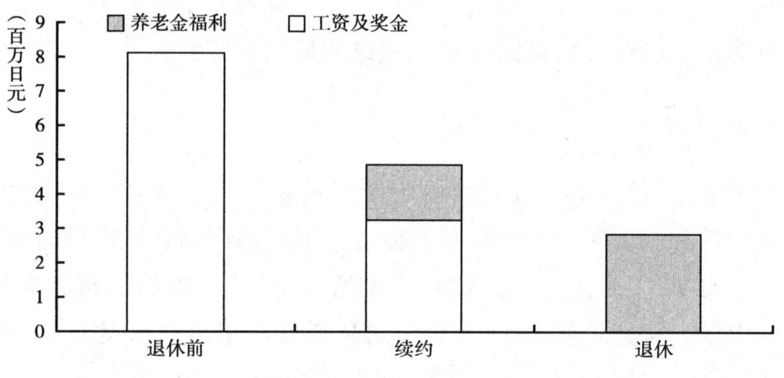

图 2－7　Y 市退休后收入变化

资料来源：Y 市人事部门。

在 2004～2005 年，Y 市 60% 的退休者接受了连任的签约。剩下的 40% 包括那些在其他相关团体找到工作的人、选择彻底退休的人和那些退休前工作评价过差的人。值得注意的是，甚至是市政部门都没有接受中央政府的要求，保证所有 65 岁之前的定年退休者、适龄者的工作。

据一位人事官员称，在不久的将来，怎样对待正式的年长官员将成为一个严重的问题。以前，他们很容易获得金降落伞。但是现今，越来越多的人找不到合适的职位。人事部门开始考虑这个问题。

连任计划中的薪酬和工作时间可以比得上民间部门。可是，连任工作的质量似乎差一些。人事部门将 Y 市中的各种部门拼凑起来，为连任劳动者提供工作。

连任职工调查显示出这种做法开始成为连任职工和定年前职工

之间分化的原因。前者被后者视为外人。同时，也有报告指出，大多数的连任职工转移到不同工作环境中的不同职位，浪费了技能和经验。一些人抱怨这种转职充满压力，人事管理部门开始反思这种做法。

连任计划在提供辅助性收入和由于退休而导致的福利减少上是有效的。但是，它对于实现年龄自由的就业制度来说没有实质性的进步。现存的退休制度和论资排辈的人事管理体系阻碍了老年劳动者的就业。这种行为也同样可以在民间部门观察到。

丰田的案例

20 世纪 80 年代，丰田针对老年劳动者的人事管理政策的特点是“排斥和保留”。55 岁左右的劳动者根据他们的管理职位进行分化，直到 60 岁退休之前被作为“半退休职工”。他们的报酬降低，角色模糊。这是之前的 55 岁定年退休制度所遗留的状况（cf. Oka and Kimura，2003）。

丰田公司从 20 世纪 90 年代开始不断致力于人事管理体系的改革。其改革的背景是，20 世纪 60 年代招聘的大量雇员，90 年代的时候接近 50 岁。大量的问题需要得到解决。公司的年功序列薪酬体系导致财务上产生严重的负担。退休金制度和退休相关高额（lump-sum）的支付制度映射出公司的破产危机。另一个挑战是，在公司的管理职位不断减少，而员工年龄不断增长的情况下，人事管理策略不能够满足雇员们对晋升的期望。公司中职业角色含糊不清的结果是，丰田公司的年长员工缺乏士气。

根据 2003 年开展的一项对人力资源官员的访问，丰田公司在不断改善其精益制造体系的同时，在它所创造的稳定的劳资关系的氛围中优先考虑长期就业制度。丰田公司相信，它的商业模式依赖员工的高水平的技术和经验，而这种技术和经验是可以通过持续的在岗培训和诸如“质量管理圈”（Quality Control Circles）等脱产活动进行积累的。在面临支付工资负担和员工中降低的士气这种挑战时，丰田为了提高生产力，导入了一种被称为“挑战规划”（1996）和“专业人力资源发展规划”（1999）的新的人事战略。后者是针对年轻员工在他们工作的最初10～15年的职业发展规划，其目的是使其员工具备高水平的专业技能和广阔的视野。这种被称为培养人力资源的时间，保证了所有员工都有丰富的培训机会和准年龄取向的工资与晋升机会。

这个阶段后，成功的员工将晋升到更高级的“基干职”（Kikan-shoku）或者骨干职位，成为组织的管理核心。“挑战规划”就是为这样的员工准备的。在这个规划中，年功序列（论资排辈）的薪酬和晋升体系完全消失。职业能力的评估是决定晋升、工资水平和其他问题的唯一基础。

在骨干职位中有两种类型或者分类：即“管理职”和“专家职”。前者指的是担任管理角色的雇员，比如，销售部的部长。后者指的是一种职员角色，例如，研究员、咨询员，或者其他专业领域职员。

对这两种类型的能力评估要根据不同的原则和重心。对于“管理职”来说，评估包括：针对一个新的挑战性提案的创造性思维能力（20%）、完成业务指标的能力（30%）、组织管理的技术（20%）、利用人力资源的技巧（20%）和在其团队中的受欢迎程度（10%）。对于“专家职”来说，他的专业领域的知识和技能的分享（比如会计、市场调查等）占50%，剩下的50%评价指标则和“管理职”相同，只是每个影响因素的权重平均减少到10%。这个评价是决定每个老资格管理者的薪酬和晋升的唯一基础。

这种新人事体系发出的信息是，公司的目的是防止非管理者中的士气下降，也宣告在骨干职位上的传统的论资排辈的人事管理制度的终结。作为其合理的结果，在1998年，丰田公司废止了57岁从管理岗位辞职的规定，这实质上是废除了员工的年龄障碍。这个可以评价为实现无年龄限制的就业体系的一个进步。

在实施“挑战计划”的同时，丰田公司导入了一种新的人事体系，即给那些工作了15年及以上的中层管理者提供加入“挑战职业规划”的机会。这看起来像是有利的提前退休计划，其福利包括再培训、被解雇后的新职介绍和一个高额的总支付（generous lump-sum payment）（Taylor et al.，2002）。最近的一个调查表明，每年平均有大约300名管理者加入这个规划，其中30人接受了该规划提供的第二职业。

丰田公司花费了相当长的时间致力于将退休年龄提高到65岁。在1991年，丰田发动了一项针对有经验的定年退休者的再就业计划。其目的是应对泡沫经济潮所引发的劳动力短缺，也是为了给健康有能力的退休人员提供一年一签的体力工作。不管怎样，丰田并没像政府期待的那样延长退休年龄。其人事官员给出的解释为，60岁以后劳动者的能力发生很大变化。实际上，大部分申请者在1991年得到再就业。待遇虽然低，但是保证了60岁员工获得公司退休金和公共在职退休金在内的大概占离职前薪酬60%的收入。

在20世纪90年代中期，由于日本的严重大萧条所带来的劳动需求的下降，再就业计划被临时中止。2000年的老年劳动力法案要求企业连续雇用员工到65岁。丰田在2001年也就是当全体支付退休金年龄增长到61岁的时候，重新启动了再就业计划。

丰田没有接纳政府要求的持续雇用所有适合条件的人到65岁。其计划只限于63岁以下的体力劳动者。选拔过程将考虑申请者的前主管及同事的推荐、健康状况和申请者是否“具有合作精神且有强烈的工作意愿”。

在2002年，大概有1000名定年退休者。大约有300人申请再就业，丰田选择了100人。这些数字表明再就业计划对定年退休者并没有吸引力，而对那些申请者来说找到工作是比较困难的。再就业的劳动者可以选择全日制或非全日制工作。全日制劳动者大概可以得到每年300万日元，或者在定年退休的时候得到薪酬的三分之一。这几乎和新毕业大学生的薪酬处于同等水平。不管怎样，总收入，包括在职退休金和企业退休金，大概是退休前收入的60%。

他们还可以得到大部分丰田公司的附加福利。对再就业的劳动者来说，其职责和工作环境通常与退休前一样。

丰田对2004年《老年劳动法修正案》的回应一开始是比较僵硬的。由于2007~2009年退休员工的数量将达到每年2000人，丰田考虑到这些员工的再就业会破坏企业的竞争力。2004年法案允许企业决定再就业计划的具体实施，丰田继续和贸易联合会进行协商。

在2006年3月，丰田做出了一个引人注目的决策，将再就业计划逐步提升到65岁，原则上保留所有申请者，包括白领员工(《朝日新闻》2006年3月20日报道)。这是领军企业对2004年修正案的最积极的对应，同时也是丰田对贸易联合会的最支持性的回应。公司从2002年开始的突出商务表现影响到其对政策的回应。由于丰田在日本经济团体联合会（Nippon Keidanren）中的地位较高，新计划为政府战略决策的实现推进了一大步。

其他著名案例

大公司的再就业计划里有最糟糕的案例。希望在60岁以后继续工作的雇员不得不在57岁的时候从母公司退休。他们必须放弃直到60岁的工作保障的权利，然后才被允许在母公司集团下的子公司里申请直到65岁的新的工作。再就业职位的年基本工资大概是57岁工资的三分之一。年终奖金根据业绩和表现支付（Yomiuri Shin Bun, March 15, 2006)。这个计划的目的是，通过缩减退休前员工的工资以及将剩余员工分布到再就业期间，从而减少57~65岁员工的工资总量。这个计划是具有年龄歧视的，尽管从长期来看为员工提供了略微的工作保障。只有一小部分案例是将退休延长到65岁。近年来，为了适应2007~2009年的大规模定年退休所产生的劳动力短缺问题，重工业企业将退休从60岁延长到63岁。尽管在60岁之后工资减半，但由于就业地位不是临时工而是正式员工，这些人仍然可以享受公司所有的附加福利和劳动保障。据报道，有大约80%的定年退休者加入这个计划。这个案例为政府的战略提供了很好的支持，虽然看起来不大可能在其他地方被快速采纳（Asahi Shin Bun，Mach 13，2006）。

考虑到再就业工作的质量，一个大型燃气公司很成功地克服了这个问题。它有很长的历史，从20世纪70年代开始实施再就业计划。近来，大约有一半的定年退休者申请加入目前的计划，90%得到再就业。老年劳动者所担负的角色是年轻员工的导师和教练。很明显，他们都很乐于从事此项有意义的活动。

结　语

2006年是政府提倡将就业保障提升到65岁策略的半决赛的开始年。这场半决赛将在2013年结束，也就是当60～64岁的人丧失雇员退休金的基础福利的时候。到这个时候，决赛将开始，直到2025年，到时60～64岁年龄段的人将完全享受不到与收入相关的员工退休金的福利。

目前的目标是2011年3月，届时，所有企业都将在原则上，对所有65岁之内的定年退休者实施继续就业计划。对于雇主来说，可能有些艰难，去应对1947～1949年出生的婴儿潮世代的大规模定年退休问题。同样的，将退休年龄延长到65岁对一些企业来说将依旧困难。

对于无年龄限制的雇用，雇主的态度极端地分化为反对和支持。一般来说，雇主们希望保留他们选择再就业工人的权利，即便是从2004年《老年劳动法修正案》的法律规定来说这种方法几乎是非法的。导入有效的惩罚措施以防止类似的负面行为非常重要。同时，贸易联盟也应当扮演合适的角色，因为当雇主和联盟达成一致时，老年劳动法案允许产生特例。总体来说，这些计划的工资和工资条件看起来不是很理想。最近的一份特别政府组织报告发现，在很多案例中，劳动者的工资减半，地位降低，但劳动时间与任务几乎和定年前相同（JEED，2005，website）。

退休者的工作质量也经常表现得不尽如人意。这似乎是大多数退休后计划不能够满足老年劳动者的需求所导致的。在大多数情况下，他们的角色含糊且不受重视。

在丰田的个案中我们可以观察到无年龄限制的就业的进步。尽管在此时，还没有明确地承诺延长或者废除退休制度，公司针对老资历的员工引入了真正的业绩导向的人事管理体系，由此消除了先前的论资排辈（年功序列）支付体系中当劳动力老龄化时有可能产生的工资支付负担。起码从理论角度上，它还能够消除就业中的年龄障碍，使那些具有高度劳动能力的人继续就业而不必考虑他们的年龄。

同时，丰田高度评价了所谓的终身就业制度，因为长期的雇员发展规划，在维持稳固的劳资关系的同时，能够提供创造高技术劳动者团队的机会。丰田的特点是日本式长期就业体系和西方式业绩导向体系的混合。这可以作为将来新的日本人事管理体系。尽管60岁退休这个制度存在很久，但对于丰田来说将其提升到65岁是相对简单的，或者甚至在将来劳动力短缺的时代，完全废除退休制度。

建设一个积极的老龄化社会的基础是保障各年龄层的就业。这将成为日本在今后几十年所面临的主要挑战之一。像丰田这样的案例为日本的工业指明了方向。

第三章
加拿大：工作和退休的政策与愿景

Julie McMullin，Martin Cooke 和 Terri Tomchick

引　言

和其他西方国家一样，加拿大的人口老龄化是公共政策辩论中的一个关键议题，人们普遍认为通过审慎的政策制定可以应对这一挑战（McMullin and Cooke，2004；PRI，2004）。为此，加拿大联邦政府已派专人积极地投身于调研和推广活动（例如，圆桌会议和研讨会），学术界和政府官员也应邀对尚未实施的工作计划进行评论。通过这些举措，"生命历程灵活性"和"积极老龄化"的概念已经形成，并被政策制定者应用于实践中，以更有效地应对人口老龄化的挑战。

关于劳动力老龄化的细节，"生命历程灵活性"和"积极老龄化"的政策讨论主要集中于是否延长加拿大人从事有薪工作的时间（PRI，2004）。然而，延长加拿大人工作寿命的政策调整目标是否已经实现以及新政能否有效地解决问题的多样性尚不得而知。这份文件本身阐述了三个问题：第一，鉴于国内和国际对"积极老龄化"和"生命历程灵活性"的重要性的声明（OECD，2000；PRI，2004），加拿大所制定的政策能在多大程度上有效提升老年人的劳动力参与率呢？第二，这样的政策在多大程度上能够使那些失业和重新进入劳动力市场存在困难的老年人受益呢？第三，这些政策注意到加拿大人在社会与经济特征、持续工作的选择权和能力方面的差异性了吗？

这些问题之所以重要，是因为伴随着人口老龄化及由此所致的劳动力短缺，加拿大已面临来自国际贸易和全球化的抵制所带来的压力。同美国的竞争和贸易是加拿大的重要经济力量，这导致加拿大雇主为利用更低廉的劳动力而将产业转移至美国。1994 年由墨西哥、加拿大和美国联合签署的《北美自由贸易协定》（NAFTA）导致加拿大大量的工厂关闭和工人失业，特别是对制造业影响最大（CLC，2004）。经济全球化可能已经对加拿大的老年人产生了更大的影响（Cook et al.，2006），他们当中的许多人被辞退或者提前退休。值得注意的是，随着一些工作机会由美国转移回加拿大，加拿大也经历了工作机会的增长。但问题是，在微观层面，由于技能不匹配，个人经常在获得工作和失去工作之间徘徊，因此，他们仍处于不确定的劳动力市场环境中。

此外，为了使不利于经济发展的因素最小化，与其他西方国家相比，加拿大提供了一个普遍较低水平的就业保障。根据埃斯平·安德森的说法，加拿大、美国和英国都属于“自由主义”社会福利国家，它们仅有相对较少的就业保护，而且雇主只需提前两周告知即可自由解雇员工。尽管相对庞大的国家部门使加拿大人加入工会的比例高于美国，但在 1980～1990 年，这一比例已有所下降（Lipset and Meltz，2004）。加拿大的集体协议是在公司层面谈判，而不是在行业或部门层面进行的。最后，加拿大的政府或其他组织在劳动力谈判中很少直接介入，而在其他欧洲国家中，“社会伙伴”扮演了重要的角色（de Vroom，2004；Teipen and Kohli，2004）。

为检验加拿大是否已经制定了能有效提升老年人劳动参与率的政策，以及这些政策是否已将多样性考虑其中，这一章描述并严密评估了加拿大已采取的改变年老员工劳动力市场经历的主要手段。

在转向这些政策的细节之前，我们提供了加拿大年老员工的概描，并回顾了一些已凸现出来的关于劳动力老龄化潜在影响的特别关注点。接下来，我们分三部分对这些关注点进行回答，其中包含援引“生命历程灵活性”和“积极老龄化”的概念，修改了真正推动年老员工退出劳动力市场的公共政策，并制定了鼓励年老员工持续就业的政策。我们探讨了加拿大公共政策框架的悖论：一方面，它在提升高技能年老员工的劳动参与率方面是有效的；另一方面，它在重新整合年老的、被解雇的员工重回劳动力市场方面却不起作用。

年老员工概描

劳动力参与率

自 20 世纪 70 年代以来，加拿大的劳动力由于女性劳动者的加入和“婴儿潮”世代大举进入有偿工作领域而增长。假设年龄差别的劳动力参与率或移民率不发生显著变化，这种增长预期会放缓，然后转向负增长。据估计，至 2025 年，总体劳动力参与率将由现在的 67% 下降至 57%（Statistics Canada，2004a）。这在很大程度上要归因于婴儿潮世代年老员工的退休。

如表 3－1 所示，在 1976～2001 年，45～59 岁员工的劳动力参与率增长，而 60 岁以上员工的劳动力参与率下降。1976 年，有 72.3% 的 45～49 岁加拿大人口参与到劳动力市场中，但到 2001 年，该参与率已升至 85.4%。相似的增长还发生在 50～54 岁年龄组中，其劳动力参与率由 1976 年的 67.6% 增长至 2001 年的 79.6%。而同期，55～59 岁的劳动力参与率的增长率要小得多（由 1976 年的 60.5% 增至 2001 年的 62.7%）。但是，对于 60～64 岁和 65 岁及以上的员工来说，其劳动力参与率的发展却呈相反态势。60～64 岁的劳动力参与率由 1976 年的 44.8% 降至 2001 年的

37%，65 岁及以上员工的劳动力参与率则由 1976 年的 9.1% 降至 2001 年的 6.0%。

表 3－1　按年龄和性别区分的劳动力参与率

单位：%

年龄组＼年份	1976	1981	1991	2001
全　体				
45～49	72.3	76.5	83.6	85.4
50～54	67.6	71.0	76.1	79.6
55～59	60.5	59.7	61.0	62.7
60～64	44.8	43.4	35.6	37.0
65 岁及以上	9.1	7.9	6.7	6.0
男　性				
45～49	93.8	94.1	92.8	91.2
50～54	90.6	90.9	87.9	86.6
55～59	84.1	82.3	76.0	72.4
60～64	66.5	64.0	47.8	47.0
65 岁及以上	15.2	12.9	11.1	9.4
女　性				
45～49	50.8	58.6	74.3	79.7
50～54	45.5	51.0	64.2	72.5
55～59	38.3	38.8	46.0	53.2
60～64	24.7	25.0	24.1	27.4
65 岁及以上	4.2	4.1	3.4	3.4

资料来源：劳动力参与率调研表 282～0002，Statistic Canada。

劳动力参与率的整体趋势掩饰了老年男性和女性在这一比率上的显著差异。从 20 世纪 70 年代中期开始，老年男性的劳动力参与率显著下降；1976 年，有 84.1% 的 55～59 岁的男性劳动者参与到劳动力市场中，然而到 2001 年，这一比率下降至 72.4%；同期，60～64 岁男性劳动力参与率甚至从 66.5% 下降至 47%；65 岁及以上男性劳动者的参与率由 1976 年的 15.2% 下降至 2001 年的 9.4%。最近一项针对 55 岁以上男性的劳动力闲置研究发现：无论什么原因的退休都是劳动力参与率下降的主要原因（Habtu，2002）。

与男性不同，老年女性的劳动力参与率呈增长趋势。1976 年，50.8% 的 45～49 岁女性和 45.5% 的 50～54 岁女性处于劳动力市场中。到 2001 年，该比率分别增长至 79.7% 和 72.5%。同样，1976 年，仅有 38.3% 的 55～59 岁加拿大女性参与到劳动力市场中，但 2001 年，该参与率已经上升至 53.2%。有趣的是，60～64 岁女性的劳动力参与率在 1976～2001 年没有显著变化（分别是 24.7% 和 27.4%）。尽管相对于老龄男性而言，老龄女性的劳动力参与率有所增长，但是，老年女性始终不如老年男性容易被雇用（Statistics Canada，2003a）。

图 3－1 表示加拿大和 OECD 各成员国 55～64 岁年龄组的劳动力参与率。如图 3－1 所示，加拿大老年男性劳动力参与率的下降幅度比 OECD 各国的整体水平要高得多。与其他国家一样，加拿大男性的提前退休已或多或少被女性加入劳动力市场抵消（参见图3－1）。近年来，加拿大年老员工较低的劳动力参与率与提前退休的趋势似乎已有所转变（Qinn，2003），同样，其他国家也呈现相同的趋势。然而这种变化背后的原因以及这是否标志着长期趋势的真正逆转还无法确定（Maltby，de Vroom，Mirabile and Øverbye，2004：3）。

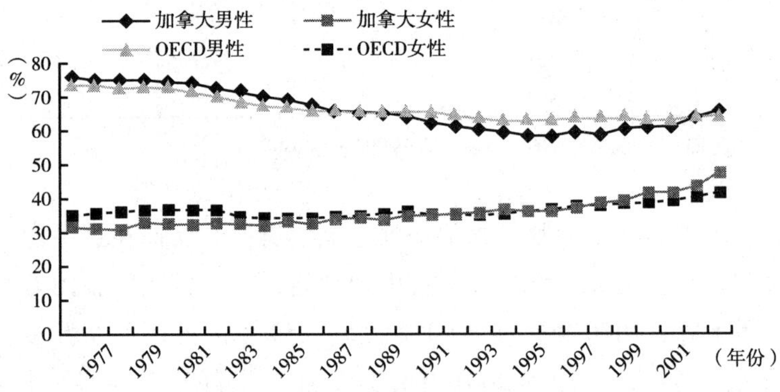

图 3－1　55～64 岁年龄组的劳动力参与率，加拿大和 OECD 国家，1976～2001 年

资料来源：OECD，劳动力调研。

提前退休

虽然加拿大没有一个法定的退休年龄，但65岁却是一个最普遍的退休年龄（Kieran，2001）。其原因有两个：第一，加拿大的退休收入体系规定个人在65岁有资格享受全额福利金；第二，加拿大的公司政策或集体协议经常强制规定员工必须在65岁退休。尽管65岁仍然是加拿大人最普遍的退休年龄，但退休年龄的中位数已经由1976年的65岁下降至2004年的接近62岁（男性）和61岁（女性）（Kieran，2001；Statistics Canada，2005），而且因职业或行业不同而差别较大（MacKenzie and Dryburgh，2003）。这种提前退休的趋势在很大程度上是由20世纪90年代中期政府部门的精简导致的，该项精简措施是鼓励许多年老员工提前退休的一揽子计划。这样做的结果是总体的提前退休比率（即提前退休的人数占最近退休人数的比例）升至1997年的46%。然而，提前退休的趋势似乎正在逆转，因为至2000年，提前退休比率已降至40%（Kieran，2001）。诚然，在加拿大关于退休和提前退休似乎有太多的矛盾和不确定性（Macgregor，2006）。例如，最近的综合社会调查显示：三分之一正处于工作年龄的加拿大人要么不计划退休，要么不知道何时退休，他们都打算工作到65岁以后。

在讨论提前退休时，有一点需要注意，许多被归类为“退休的”加拿大人可能是被解雇或失业的年老员工。他们已放弃寻找工作，或者因被耻辱地贴上了“失业”的标签遂将自己定义为退休者。加拿大一项最近的研究显示，事实上，只有51%的男性和30%的女性把他们在65岁的离职定义为退休（Rowe and Nguyen，2003）。其他人停止工作后会承担新的职位，正像罗伊和阮建议的那样：“在许多案例中，完全结束职业生涯的离岗必定是解雇、疾病、残疾或者与家庭相关的事件。”（Rowe and Nguyen，2003：56）LeBlance和McMullin（1997：291）指出：劳动力提前退休的原因是多方面的，包括“更多地从思想上接受提前退休、因恶劣的经济环境而导致的公司重组（例如精简）以及雇主更多地使用提前退休的一揽子计划”等。

失　业

在2003年，加拿大全国性的失业率是7.6%，25岁及以上人口的失业率是6.4%（见表3-2）。正如表3-2所示，加拿大的失业率因年龄不同而有所差异。

表3-2　分年龄组的失业率，2003年

单位：%

年龄组	失业率	年龄组	失业率
25岁以上	6.4	45~54岁	5.7
25~34岁	7.3	55~64岁	6.3
35~44岁	6.6	总　计	7.6

资料来源：劳动力调研，CANSIM，表282~0002，加拿大统计局。

25~34岁年龄组的失业率是7.3%，35~44岁年龄组的失业率是6.6%。有趣的是，与所有其他年龄组相比，加拿大45~54岁年龄组的失业率最低，仅为5.7%，而55~64岁年龄组的自报告失业率略增至6.3%。

尽管年老员工的失业率有低于平均水平的趋向，然而最近一项关于长期失业的研究显示：当劳动力重组时，年老员工将比年轻员工经历更大的困难。2003年，年老员工（在这项研究中定义为45岁以上）占劳动力的比例为35%，公布的长期失业率为17%。这使得一个评论员得出这样的结论：与所有其他年龄组相比，“年老员工的长期失业发生率一贯是最高的”（Dubé，2004）。年老员工长期失业的原因可能有许多，其中包括“因为他们集中于许多经历了零增长或者负增长的传统行业，从事需要有限的任职资格和较低教育培训水平的工作，寻求与他们过去所得薪酬相当的工作，所以他们会体验更大的劳动力市场困难”（Forum of Labour Market Ministers and HRDC，2002）。

关注加拿大的人口和劳动力老龄化以及“积极老龄化”的出现

至少从 20 世纪 80 年代起，人口和劳动力老龄化已成为加拿大最重要的关注点。相对于正处于工作年龄的人口来说，老年人比例的增加与卫生保健和养老金成本的增长以及较小的税收基础是有关联的。然而，加拿大政府已经改变了公共养老金体系的缴费规则以确保未来几十年的资金需要（Mérette，2002）。考虑到公共养老金计划的偿付能力，像加拿大纳税人联盟这样的组织主张将完全有资格享受福利金的年龄提高至 69 岁，以缓解养老金计划的压力（Turchansky，2004；Milke，2004）。值得注意的是：如果这些变化得以实施，加拿大人有资格享受全额养老金的年龄将高于美国，美国计划将这一年龄逐步提高至 67 岁（Cooke，2003）。

人口老龄化将如何影响公共卫生医疗服务的使用和成本尚不清楚。与美国有所不同的是，加拿大拥有一个通用的公共卫生保健体系。有人声称：由于老龄化的原因，人们对卫生保健体系的需求不断增长，加拿大的卫生保健体系自 1980 年以来已遭遇了资金“危机”。然而有证据显示，人们可能是多虑了。例如 Carrière（2000）发现：以前人们对与老年人住院护理相关的医疗费用预测过高，尽管在关于加拿大卫生保健制度的争论中人口老龄化总是被广泛引用，但人们并未真正感受到来自它的影响。另有一些事实也颇受关注：未来将有更少的子女来照顾年老的父母，这给孩子们和国家提出了额外的负担（Stone，Rosenthal and Connidis，1998）。不过，这些担心或许已被过分渲染。至少在加拿大，没有任何子女赡养的老年人的比例仍然较小，而且绝大多数年老的加拿大人继续独居生活，而不是与他们的子孙后代生活在一起（Connidis，2001：35）。

除了对老龄人口费用问题的关注外，一些人还担心年龄老化且数量减少的劳动力可能意味着无效或缓慢的经济增长（Robson，2001）。在许多行业和职业里，人们担心婴儿潮世代的退休会导致大量员工在短期内离开劳动力市场，其结果将是特定技能员工的短缺（McMullin and Cooke，2004）。雇主和产业集团已将技能短缺作为一个持续威胁加拿大经济增长的问题（Canadian Labour and Business Centre，2001）。对技能短缺问题的建议解决方案包括移民、移民培训资质认可以及提高年老员工的劳动力参与率（McMullin and Cooke，2004）。

针对人口和劳动力老龄化问题的关注包括三个方面。第一，加拿大政策制定者和智囊团在描绘他们的政策计划与强调社会变革需求时已越来越喜欢应用“生命历程灵活性”和“积极老龄化”的措辞。第二，推动老年人退出劳动力市场的政策已被修订。第三，鼓励年老员工继续就业的政策已被制定。下一部分将依次介绍其中的每一项。

积极老龄化概念

总之，加拿大通过政策研究所（PRI）的推动，至少是部分启动了一个致力于提高老年人劳动力参与率的强力政策。政策研究所是一个跨部门的联邦政府研究组织，它为支持加拿大的政策议程而进行研究。政策研究所的主要目标是在各种各样的联邦部门中将知识传递给适当的政策制定者。重要的是，政策研究所服务于加拿大总理枢密院，担当着内阁秘书处的角色。PRI 在通过题为“人口老龄化和生命历程灵活性”的研究项目将积极老龄化的概念引入加拿大国家政策议程的前沿方面发挥了重要作用。2002 ~ 2004 年，PRI 人口老龄化研究项目高级总监彼得·希克斯大力推广了这个概念。巧合的是，他在此前六年曾致力于 OECD 研究工作（那时

OECD 正在开发积极老龄化的构想)。彼得·希克斯现在是加拿大社会发展部负责政策与策略方向的助理副部长，积极老龄化是该部具有高度重要性的一个政策研究主题。

在 PRI 一本名为《人口老龄化与生命历程灵活性：在退休决定中更多选择的关键作用》（PRI，2004）的出版物中，通过推迟退休来延长工作寿命当选为减少人口老龄化对宏观经济潜在影响的最具潜力的政策方向，经济增长放缓的可能性尤其被认为是对与人口老龄化相关的最严峻的国家政策挑战（PRI，2004：5）。该文以及其他类似的 PRI 文件继续着希克斯的工作，作者们提议：允许在早年享有更多的“灵活性”，从而可以休更长时间的育婴假或培训假，以追求“终身学习”，是有可能延长工作寿命的。然而，这样的新方案通过怎样的政策机制方可实现尚不清楚。在某些假设前提下，这些论文突出显示了年均工作时数的变化在应对老龄化劳动力的影响方面的潜力。

PRI 报告的调查结果还显示：更大比例的近期退休人员希望在不同条件下保留工作。如同整个一生要更好地分配闲暇时间一样，退休的“灵活性”和给年老员工提供更好的工作机会是政策处方的主要部分。根据 PRI 研究报告，终身学习将使年老员工得到更好的工作，并使他们在失去工作后能重返劳动力市场。允许在生命历程的早期阶段花更多的时间关注工作将缓解公共卫生体系的压力(PRI，2004)。

然而，尽管提倡整个生命历程的“灵活性”和“选择”，PRI 文件还是忽略了一些关键问题。其一，报告根本没有重点关注年老员工自身的收入问题。若使年老员工真正拥有工作和退休上的更多“灵活性”与“选择”，那么每个选择都不应该导致严重的贫困风险或社会排斥。再者，文件还忽略了老年人继续工作的结构性障碍，其中包括部分雇主的年龄歧视。例如，他们假设提供培训休假将使老年员工获得更高的就业能力，并且雇主的态度将随着劳动力市场条件的变化而改变（PRI，2004：18）。在更基础的层面，PRI

没有对人们所经历的生命历程的广泛多样性进行审慎的考虑（Marshall and Mueller，2002）。

推动年老员工退出劳动力市场的国家政策

强制退休

尽管目前围绕积极老龄化和延长工作寿命的花言巧语不绝于耳，但加拿大仍有一些影响年老员工劳动力参与率的政策，其中就包括强制退休条款。加拿大的强制退休并不是在法律上强制执行的。但公司政策或集体协议通常规定员工必须在 65 岁退休。至少从 20 世纪 70 年代起，加拿大人就曾经为是否将强制退休列为非法行为进行过辩论，几十年过去了，这个问题已多次被提交至加拿大最高法院，但裁决结果截然不同（Klassen and Gillin，1999）。这些诉讼案件的一个关键问题是以省和联邦人权准则中的公平条款为中心的。正如他们当中许多人所主张的那样，65 岁是就业年龄歧视保护的年龄上限（MacGregor，2006）。第二个关键问题与个人人权和社会利益之间的紧张关系有关。几个诉讼案例的裁决主张：强制退休并非歧视，因为“强制老年员工退休将为年轻员工创造更多的机会，这对社会整体有利”（Gillen and Klassen，2000：61）。

1986 年，联邦政府废除了联邦公务员的强制退休。然而六年后，当联邦政府试图在整个加拿大范围内废除强制退休时，该法案（C－108 法案）没有通过下议院的二读（Canadian Human Rights Act Review Panel，2000）。结果，各省在强制退休方面有明显的差异。亚伯达、新不伦瑞克、新斯科舍和爱德华王子岛四省已经废除了 65 岁退休的年龄上限，以反对在就业方面的年龄歧视，但允许在订立合同时就强制退休条款进行谈判。不列颠哥伦比亚、纽芬兰和萨斯喀彻温省通过在它们的人权准则中规定 65 岁为年龄上限来允许强制退休。安大略省于 2006 年 12 月通过了终止强制退休的法案，而魁北克和马尼托巴省也已禁止了强制退休（Ontario Ministry of Labour，2005；Gunderson，2004）。

加拿大人似乎越来越反对强制退休。由德西玛调查公司于2003年所做的电话民意测验显示：33%的受访者反对提前退休，而1996年这一比例是20%（CBC News，2004）。在加拿大的人口大省安大略，强制退休已成为一个热议的话题。最近一轮的辩论始于2003年4月，当时安大略省政府正响应总理欧尼·伊夫斯关于废除强制退休的号召。在“御前宣言”中，政府承诺“将制定允许更多的老年人在劳动力市场中保持积极性的立法，也就是说，他们可以在想退休的时候自由退休，而非在强制的或政府指定的时间退休”（Hewitt Research Advisory，2003：1）。68号法案，即《废除强制退休法案》在此后不久被推出。这一法案遭到了新民主党的强烈反对，该党认为：废除强制退休将削弱公众对养老金的支持，并违反合约协议。雇主群体（如加拿大交通工具制造协会和多伦多贸易委员会）也发出了反对的声音。最后，该法案没有通过，而且保守党在二读（Second Reading）之前被自由党击败（MacGregor，2006）。然而，2004年1月29日，新当选的自由党宣布，他们也将寻求废除强制退休的途径，总理道尔顿·麦坚迪宣称“政策推力是正确的”（Benzie and Brennan，2004）。法案在2006年12月12日开始生效（CBC News，2006）

工会代表也出来反对废除强制退休。加拿大汽车、航空和农业工会联合会主席巴兹·哈格罗夫（CAW-Canada）认为，取消强制退休“给公司和政府，也就是给养老金计划提供资金的主体……一个少付钱的理由，因为它们说你们能工作得更长久并且能赚到相同数量的钱”（Benzie and Brennan，2004）。提及关于代际公平的辩论，哈格罗夫也反对“人们工作得越长久，给年轻人的机会就越少”的说法（Benzie and Brennan，2004）。

2004年3月，C. D. 豪尔学院出版了名为《禁止强制退休：把孩子连同洗澡水一起泼掉》的报告。Morley Gunderson（2004：6）

指出："强制退休不应该被认为是年龄歧视，但是，作为双方当事人共同同意的公司人事政策或集体协议的一部分，通常应由适当的个体或劳资双方代表来谈判。尽管年龄上限应该从人权准则中被移除，但应该安排好法定养老金计划的免税额和集体协议。最后，他声称完全禁止强制退休就如同"把孩子（相互同意的私人合同）连同洗澡水（年龄歧视）一起泼掉"（Gunderson，2004：7）。

在联邦层面，几个政客已态度鲜明地表示了对废除强制退休政策的支持，其中包括加拿大政府总理保罗·马丁（Martin，2004）。而来自司法部的报告对强制退休等同于年龄歧视的观点表示支持。这份报告——《促进公平性：一个新愿景》，回顾了加拿大人权法案，并就强制退休问题发表了看法。以审核小组的观点，强制退休政策剥夺了年老员工对何时退休的选择权，因此是歧视性的。报告也认识到这些政策可能对最近的移民和妇女产生消极影响，值得注意的是，这些员工可能由于从业时间较短而没有足够的退休金（Canadian Human Rights Act Review Panel，2000；Gillin and Klassen，2000）

公共养老金体系

与强制退休问题相关联的是加拿大的二级公共养老金体系的规章制度。第一级是老年人保障金（OAS），第二级是加拿大养老金计划（CPP）。自1952年以来，老年人保障金计划已成为加拿大退休收入体系的基础（HRDC，2004a）。OAS计划包含基本的OAS养老金、收入保障补贴和津贴。

有资格得到OAS养老金的个人必须已过65岁生日，是加拿大公民或合法居民，成年后（18岁以上）至少在加拿大居住10年。OAS并不基于个人的就业历史，而是旨在为65岁及以上的加拿大人提供最低收入保障（Government of Canada，2004a）。个人受益率的基础是个人在申请OAS之前年度的收入。个人所能申请的全额福利的最高年收入是57879加元。换句话说，如果一个人在申请

OAS之前年度的个人收入超过57879加元[①]，他的OAS福利将被缩减。如果申请人在申请养老金之前年度的收入超过94530加元，他将无权申请OAS（Government of Canada，2004a）。

加拿大/魁北克养老金计划（C/QPP）是二级加拿大退休收入体系。C/QPP是一个捐助性的、以收入为基础的、由有义务的雇员和雇主注资供款的养老金计划。它用于支付给那些已经捐助于该计划的人，他们的受益率取决于捐助于计划的时间长度和金额多少。一个人的受益资格是要么年满65岁，要么在60～64岁，但没有工作过，且月收入少于目前C/QPP每月养老金的支付上限[②]（814.17加元，2004）（HRDC，2002b，2004b）。这个计划发起于1966年，目的是取代基于个人收入的25%作为捐助的规定。

为了与顾及灵活退休的运动保持一致，C/QPP既允许早退也允许晚退。在这一计划下，加拿大人可以在60～70岁退休。这意味着年老的失业者可以在60～64岁领取福利金（LeBlanc and McMullin，1997）。然而需要指出的是：个人在65岁前支取福利金将受到惩罚而且要为此更晚退休。根据退休的时间安排，在65岁生日之前或之后退休，福利金将被永久性地按每月0.5%的比例调整。例如，与65岁退休的人相比，一个在60岁退休的人将少得到30%的养老金支付，而一个在70岁退休的人将多得到30%的支付（HRDC，2002b）。

从表面上看，C/QPP剔除了对早退的激励并且鼓励晚退。然而，一个人在60岁申领少于足额福利30%的养老金要比等到65

---

① 基于2004年的信息。

② 通过CPP，所有因脑力或体力疾病而不能继续工作的员工均可得到伤残抚恤金。有资格申领抚恤金的人必须在65岁以下、残疾且目前没有得到养老金。领取资格也视此人是否为这个计划做出了足够的贡献而定。被归类为残疾且因而有资格申领此计划的人必须“具有严重且长期的身体或精神上的残疾”（HRSDC，2004d）。根据这个计划，“严重”被定义为在任何条件下在任何工作中不能正常工作，而“长期”是指长时间或导致死亡的条件（HRSDC，2004d）。

岁申领全额养老金获得更高的收益。这是因为他们能额外支取 5 年的福利。而且在目前的 CPP 条款中，实际减少的部分不足以做到“精确的公平”。CPP 允许个人在领取退休福利金后开始全职或兼职工作。然而 CPP 养老金条例不允许人们同时既申领福利又捐助于这个计划。在 2004 年，只有 8% 年龄在 65 岁及以上的员工为薪酬而工作（Statistics Canada，2005）。如果该体系允许人们继续捐助于 CPP，他们的福利也会相应增长，更多的个人或许会被部分退休吸引（SDC，2004）。

致力于在劳动力市场中保留年老员工的政策措施

过渡性退休

过渡性退休被视为一种增加年老员工劳动力参与率的重要手段，但在加拿大却并不常见（OECD，2000：91）。根据 Fourzly 和 Gervails（2002：168）的观点，过渡性退休有两种不同的形式。其中，渐进式退休是指在退休前逐步减少工作时数和天数。延期退休是指想保留工作的养老金领取者继续兼职工作。渐进式退休在 20 世纪 90 年代一度成为力图精简劳动力的加拿大公司最为推崇的方法。但最近，一些高等院校正在实施延期退休以保留年老员工（Fourzly and Gervails，2002）。加拿大尚无推进包括逐步减少劳动时间在内的逐步或分阶段退休的正式计划。

一些省政府也已开始实施过渡性退休计划。萨斯喀彻温省已制定了允许公务员在接近退休年龄时减少工作时间的方案，而新斯科舍省已对教师实施了过渡性退休计划（Buckler，2003）。自 2004 年 1 月起，新不伦瑞克省允许医院的护士充分利用过渡性退休计划。改善护士的保留与招聘工作计划的有效性将在实施的两年内得到评估。由于加拿大护士退休年龄的中位数徘徊在 56 岁上下

（McMullin and Cooke，2004），因此，这个计划于2004年起允许护士在56岁时申请过渡性退休。2005年，合格的申请年龄又降至55岁。这个计划允许护士将工作时间减少至原来的50%～60%，并通过职业养老金来补充他们的收入（Buckler，2003；Office of Human Resources，2003）。尽管如此，这个计划可能仍将有效延长护士继续工作的时间，至少在非全日制工作的基础上是这样的。

对雇员来说，过渡性退休计划的一个陷阱是他们的职业养老金支付可能减少。养老金计划通常是以员工工作的最后五年的付款为基础的。在这种类型的计划中，选择参与过渡性退休计划的个人得到的养老金支付将会减少。然而，需要注意的是，由于认识到这个陷阱，许多加拿大公司已经将它们的养老金计划调整为以员工收入最高的五年为基础来计算养老金付款（Buckler，2003）。过渡性退休的第二个问题是加拿大税法不允许员工既缴纳养老金，同时又成为养老金的受益人。为弥补这个问题，一些加拿大雇主以员工全职工作时的工资为基础确定员工养老金付款的份额，即使在他们减少工作时间以后也是如此（Buckle，2003）。

培训和积极的劳动力市场政策

直到最近，加拿大的老年失业者才从政府那里得到了极少的帮助。在《年老员工调整计划：经验教训》的报告中，加拿大人力资源发展部承认了年老员工计划的匮乏（HRDC，1999：4）。此外，报告还指出：这部分人口在主要的加拿大就业计划的客户中只占极少数（HRDC，1999：16～17）。加拿大工作策略（CJS）就是一个加拿大政府的主要就业策略没能满足年老失业者需要的例证。年老失业者不仅是没被纳入这个培训就业计划的诸多目标群体之一，而且他们当中的参与者人数也偏少（LeBlanc and McMullin，1997）。

1997年3月《年老员工调整计划》（POWA）的终止，表明国家从关注薪酬计划到积极的劳动力市场计划的转变。那时，POWA

是加拿大唯一一个针对年老失业者的计划。作为省与联邦的联合新方案，POWA 对 55 岁以上且在特定行业工作过一定年限以上的失业员工提供财政资助（LeBlanc and McMullin，1997）。1999 年 6 月，加拿大政府宣布将出资 300 万美元用于资助年老员工试点项目新方案（OWPPI）。一个由联邦和省/地方政府联合实施的新方案为 55～64 岁的失业者或受失业威胁的员工提供积极劳动力市场项目资金支持（Treasury Board of Canada Secretariat，2003）。该计划在全国范围内的实施情况有所不同，实施的行业包括建筑业、非营利社会服务部门以及农业和其他一些行业。其中包含各种各样被认为能改善年老员工就业状况的手段。许多试点计划还包括旨在鼓励雇主雇用和保留年老员工的就业津贴。大多数项目还对老年人提供了一些形式的指导和培训。此外，许多项目还包括在雇主中开展提高对雇用年老员工必要性认知的活动。对这些试点项目的评估目前正在进行中。

加拿大的积极劳动力市场政策倾向于以年轻员工或无年龄差别为目标（LeBlanc and McMullin，1997）。OWPPI 项下的新方案是目前仅有的面向年老员工的方案。尽管老年人也有资格参与其他计划，但如前所述，他们从中受益很少。然而，OWPPI 新方案并不广泛，它尚不能在全国范围内提供一系列统一的服务或计划。作为一个试点计划，它的资金有限且不能确保持续。在 2003 年 3 月，OWPPI 得到了一年的延期和 1500 万美元的额外资金（Treasury Board of Canada Secretariat，2003）。那时，OWPPI 在官方议程上将于 2004 年 3 月结束。然而，在 2004 年 5 月，新近重组的加拿大人力资源和技能发展部（HRSDC）部长宣布在 2004～2005 年度对那些已经参与 OWPPI 的省份提供额外的资金支持（HRSDC，2004c）。但由于占加拿大人口大多数的安大略、亚伯达和不列颠哥伦比亚省目前尚未参加这一项目，其结果是迄今为止，这些计划仅能帮助相对较少的年老者进入劳动力市场（Treasury Board of Canada Secretariat，2004）。

尽管其他国家也使用过此类政策，但值得一提的是，专门针对老年人的积极劳动力市场计划可能会有消极影响。给雇用年老员工的公司工资补助的计划可能实质上使职场上的年龄问题更加突出，且更加剧年龄歧视（Taylor，2002；McMullin，2003）。此外，在为“代际公平”而担忧的背景下，被视为不公平地惠及年老员工而非年轻人的计划或政策可能会加剧“年龄政治”。还应记住的是：被应用于这些计划的“年老员工”的定义通常是完全武断的（Taylor，2002），而且不要忘了员工被认为是“老”的年龄差别很大（McMullin and Cooke，2003）。

结　论

如同其他国家一样，加拿大所制定的大多数应对老龄化劳动力的政策旨在提高年老员工的劳动参与率，这与所谈及的积极老龄化相关。加拿大目前的政策方法在这一点上并不非常有效。在一定程度上，这一方面是因为加拿大在政策制定时没有进行整体分析，另一部分原因是关于年老员工的持续就业问题尚有大量的障碍亟待进一步考虑。

如前所示，加拿大公共养老金体系的结构和强制退休条款对年老员工的持续就业有重要的阻碍作用。加拿大的养老金体系还没有做出既能鼓励灵活性又能确保退休收入安全性的必要改革。而且，由于强制退休在某些司法辖区内仍然生效，因此，人们退休年龄选择的灵活性是非常有限的。最重要的一点是，即使是那些反对强制退休的人也同意，所有计划的目标应该是增加年老员工可得到的选择。此外，加拿大的政策方法并未着眼于年老员工的境况和经历的多样性。事实上，加拿大所做的少数的政策改变似乎更多是由对人口老龄化经济结果的担忧驱动的，而非对老年人福祉的关注。缺乏对整合老年劳动力，或积极促进分步式和灵活性退休项目的关注，证明加拿大的政策没有优先考虑提供给年老员工关于退休和工作的真正选择。

与一些欧洲国家不同，加拿大对早退没有体制化的路径可以实现自我封闭，从而将年老员工保留于劳动力市场中。另外，雇主可以自由地提供一揽子早退计划而且可以在效益低迷时解聘年老员工。很显然，加拿大应该可以颁布一些政策和计划以阻止雇主在需求下降时就寄希望于解聘年老员工来解决问题。迄今为止，这样的政策还没有得到实施。除此之外，由于劳动力市场重新整合计划不能很好地服务于年老员工的需求，因而将高技能的年老员工保留于劳动力市场中的政策目标与许多需要工作但由于某种原因而不能找到合适工作的年老员工的现实之间是有矛盾的。

政策研究所关于人口老龄化和生命历程灵活性的调查项目提供了一些面向重要的和积极的社会变革的承诺。尽管这个调查项目尚未达到稳定的政策建议阶段，但其途径的几个方面似乎在已有的加拿大政策中清晰可见。然而，必须强调的是，没有迹象表明加拿大已做出的政策调整是由处理人口老龄化挑战的一致性政策框架所引起的。当然，政府的不同部门和不同层次在制定政策时的协调也不足。

尽管如此，PRI 新方案是有理由的。不管怎样，我们必须谨慎，因为退休收入私有化的增加及少量的就业保护意味着年老的加拿大人将来可能会有更少的收入和更低的职业安全感，因此。政策制定者必须牢记缺乏工作满足感、缺乏对工作的控制以及太多的工作需求会增大早退的可能性（Turcotte and Schellenberg，2005）。因而，面对员工延长有偿工作时间的需要，鼓励雇主提供更加自主的好工作的政策将任重而道远。

第四章

英国：为乐观地步入老年而歌唱；在工作中走向更加幸福快乐的老年

Philip Taylor

我要接近那个年龄了，可有趣的是，随着你慢慢变老，你对未来变得越来越有兴趣。你以你的家庭和子孙后代为生活目标。

玛格丽特·撒切尔①

引　言

当然，研究年龄和工作的学者会反思玛格丽特·撒切尔以上引文的讽刺意义，在玛格丽特·撒切尔领导保守主义执政期间，公共政策公开地把老年人排除在劳动力市场之外。老年人的未来，至少在有偿工作方面，很明显被认为不如他们下一代重要。事实上，对年长劳动者就业问题的思考在英国至少可以追溯到20世纪50年代，那时第二次世界大战后劳动力的短缺促进了关于提高老年人劳动参与率的争论。目前，全国性的辩论正关注于由人口老龄化和退

① 这是1988年玛格丽特·撒切尔为老年人开发新住房时针对退休所做的评论。http：//www. margaretthatcher. org/speeches/displaydocument. asp？ docid = 107205

休收入体系的投资不足而引起的所谓养老金危机。加之，过去几十年经济的迅速发展与劳动力短缺问题并置，并且关于20世纪八九十年代老年人所面临的劣势的讨论已经转变为一个有关如何延长工作寿命的问题。观察近代老年人的命运，人们很容易对这个持续进行的变化多少持怀疑态度。然而这个变化确实显示出情况正在改善，公共政策改革和经济增长都起到了支持和巩固的作用。

本章认为，在过去20年里，劳动力市场中的老年劳动者所处的状况正在改观。这很重要，因为了解老年劳动者就业的历史可能会对他们未来地位的改善提供指导。

老年劳动者：劳动力市场指标

在英国政策界，人口老龄化将会对劳动力市场的构成产生深远影响，人们认识到这个事实已经有段时间了。青年劳动者在劳动力市场中所占的份额自20世纪80年代末起开始下降。同时，处于黄金年龄段的成年劳动力在工作年龄人口中所占比例开始上升。1990~2000年，工作年龄人口的平均年龄提高了1.5岁，从37.5岁升至39.0岁（Dixon，2003）。人口和劳动力的预测显示，未来劳动力在进一步老化。根据2002年的政府人口精算部门的预测，工作年龄人口的平均年龄预计到2010年的十年里提高大约0.7岁，在其后10年增加0.5岁。到2010年，50~64岁的工作年龄人口比例将高于20世纪70年代中期以来的任何阶段。从2005年起，处于黄金年龄段的成年劳动力（30~49岁）比例开始下降。相比之下，老年人（50~64岁）所占比例预计从2000年的27%增加到2020年的32%（Dixon，2003）。这样，到2020年，大约三分之一的劳动力处于50岁或以上。

在其他地方观察到的这种工作生涯年限的缩短趋势在英国也在发生。然而应当指出的是，过去20年就业率虽然有所下降，但与其他成员国相比，英国仍保持相对强劲的态势。注意到劳动力市场中早退现象的逆转同样很重要。老年劳动者就业率持续上升已经有一段时间，这是20世纪80年代初以来未曾出现的水平（亦见2005年国家统计局网站）。因此，老年劳动者和青年劳动者就业率水平的差距接近80年代的水平。同样值得注意的是，近年来，50岁以上老年人的就业率有所上升，其速度高于整体就业率（表4－1）。这使英国在一段时间内老年人就业率实现了斯德哥尔摩就业目标。这也同样适用于60～64岁（占53.9%）的男性，但并不适用于该年龄段的女性（占31.9%）。有五分之一年龄在65～69岁的男性（19.4%）从事某些有偿工作，然而女性要少得多（10.6%）。

表4－1　50～69岁人员的就业率和总体就业率（春季）

单位：%

年份	50～69岁	16州的养老金年龄	差异
1999	50.1	73.7	23.6
2000	50.7	74.4	23.6
2001	51.9	74.5	22.7
2002	52.3	74.3	22.1
2003	53.7	74.6	20.9
2004	54.1	74.7	20.6
2005	54.7	74.6	19.9
2006	55.2	74.4	19.2

资料来源：劳动力调查，大不列颠。

官方的一系列声明解释了老年劳动力与劳动力市场关系的明显变化。Hotopp（2005）表明，虽然50岁及以上的劳动者就业率自1993年就持续增长，但这种影响对女性来说更加明显，这反映了社会的变化。她同时还把这种上升的趋势与经济繁荣和强大的劳动力市场联系在一起。她的分析表明，这可能在一定程度上是由这一年龄段的少数民族参与率的提高引起的，这被解释为同辈效应。

这也表明，老年劳动力是一个复杂、相互关联的劳动力市场中的劣势群体。迄今为止，在考虑老年劳动者（男性略多于女性）地位时，最重要的问题是伤残，或者更准确地说，是对伤残抚恤金的要求，这似乎与就业机会的存在联系在一起。据劳动与退休保障部（Department for Work and Pensions，2006）的数据，50 岁至退休年龄岁间有 117.0 万人要求伤残津贴，这是丧失劳动能力的劳动者的主要福利，尽管应该注意到，因疾病、伤残而列入非从事经济活动者的数目自 1999 年以来已有所下降。相比之下，只有 15.7 万人要求申请失业救济金。这本身就是一个值得关注的数字。但除此之外，这些申请伤残津贴的老年人之中很大一部分属于长期申请者。如表 4－2 所示，只在 2003 年，就有超过 66 万的年龄在 50 岁以上的老年劳动者申请长达 5 年的伤残补助。总体而言，在 2003 年，有超过 100 万的年龄在 50 岁及以上的老年人申请至少 1 年的伤残补助，这意味着大多数人与劳动力市场关系淡薄。然而政府指出，年龄在 50 岁及以上的伤残补助申请者中有很大一部分人希望重新进入劳动力市场（2006 年，男性 28.9%，女性 24.1%）。

表 4－2　2003 年 2 月伤残补助申请者的数量（按照年龄、性别和获益期，以千人计）

年龄段	总计	不到 1 个月	1 到 3 个月	3 到 6 个月	6 到 12 个月
低于 20	41.7	2.7	5.3	8.6	7.8
20～24	107	4.2	9.6	13	16.1
25～29	119.8	3.9	7.9	11.8	14.8
30～34	179.1	4.5	9.2	13.4	18.6
35～39	226.7	4.4	9.2	13.6	21
40～44	255.8	4.8	9.9	13.2	20.3
45～49	287.5	4.4	9.5		19.6
50～54	369.1	5.5	10.7		22.2
55～59	487.6	4.7	12.3		26.5
60～64	313.6	2.7	5.4	7.8	13.1
65 及以上	—	—	—	—	—
总　体	2387.90	41.8	89	125.1	179.9

续表

年龄段	总计	不到 1 个月	1 到 3 个月	3 到 6 个月	6 到 12 个月
男性					12.4 14
低于 20	21.2	1.3	2.4	3.7	3.6
20 ~ 24	59.1	2.5	5.9	7.3	8.9
25 ~ 29	71.5	2.6	5	7.6	9
30 ~ 34	106.4	2.7	6	8.6	11.7
35 ~ 39	133.2	2.9	5.5	8.5	12.3
40 ~ 44	143.7	2.8	5.8	7.1	11.2
45 ~ 49	153.4	2.5	5.3	6.5	10.3
50 ~ 54	192.8	3	6.3	7.3	11.5
55 ~ 59	272.7	2.8	7.5	10.5	15.6
60 ~ 64	313.3	2.7	5.4	7.7	13
65 以上	—	—	—	—	—
总　体	1467.30	25.9	55.1	74.7	17.4
		女　性			
低于 20	20.5	1.4	2.9	4.9	4.2
20 ~ 24	47.8	1.7	3.7	5.7	7.2
25 ~ 29	48.3	1.4	2.9	4.2	5.7
30 ~ 34	72.7	1.7	3.2	4.7	6.9
35 ~ 39	93.5	1.4	3.7	5.1	8.7
40 ~ 44	112.2	2	4.1	6	9.1
45 ~ 49	134.1	1.9	4.2	5.9	9.3
50 ~ 54	176.4	2.5	4.4	6.7	10.7
55 ~ 59	214.9	1.8	4.8	6.9	10.9
60 ~ 64	0.3*	—	—	0.1*	0.1*
65 以上	—	—	—	—	—
总　体	920.6	15.9	33.9	50.4	72.8

年龄段	1 到 2 年	2 到 3 年	3 到 4 年	4 到 5 年	5 年以上
低于 20	8.3	5.6	3.4	—	—
20 ~ 24	25.4	12.9	8.9	9.1	7.7
25 ~ 29	21	15.7	11.9	9.4	23.5
30 ~ 34	26.3	21.4	16	13.2	56.5
35 ~ 39	29.6	23.6	20.8	17.1	87.5
40 ~ 44	31.1	25.9	21.4	18	111.3

续表

年龄段	1 到 2 年	2 到 3 年	3 到 4 年	4 到 5 年	5 年以上
45 ~ 49	31. 1	28. 2	23. 2	21. 9	137. 2
50 ~ 54	35. 9	32. 9	29. 4	26. 6	192
55 ~ 59	42. 6	39. 2	37. 9	31. 9	275. 2
60 ~ 64	23. 7	23. 4	22. 1	21. 3	194. 2
65 以上	—	—	—	—	—
总　体	275. 1	228. 7	195	168. 4	1085. 00
男　性					
低于 20	4. 7	3. 2	2. 3	—	—
20 ~ 24	13. 7	7. 4	4. 8	4. 5	4. 1
25 ~ 29	12. 6	10	6. 8	4. 8	13. 2
30 ~ 34	16. 4	12. 6	9. 4	7. 1	31. 8
35 ~ 39	16. 9	14. 7	12. 2	9. 6	50. 6
40 ~ 44	16. 9	14. 1	11. 8	10	64
45 ~ 49	16. 5	14. 3	11. 4	10. 6	76
50 ~ 54	18. 4	16. 4	15. 6	12. 6	101. 7
55 ~ 59	23. 8	21. 8	20. 7	16. 6	153. 4
60 ~ 64	23. 6	23. 4	22. 1	21. 3	194. 2
65 以上	—	—	—	—	—
总　体	163. 6	137. 8	117. 1	97. 1	688. 9
女　性					
低于 20	3. 6	2. 4	1. 1	—	—
20 ~ 24	11. 7	5. 5	4. 1	4. 6	3. 6
25 ~ 29	8. 4	5. 7	5. 1	4. 6	10. 3
30 ~ 34	9. 9	8. 8	6. 6	6. 2	24. 7
35 ~ 39	12. 8	8. 9	8. 5	7. 5	36. 9
40 ~ 44	14. 1	11. 9	9. 6	8. 1	47. 2
45 ~ 49	14. 6	13. 9	11. 8	11. 2	61. 2
50 ~ 54	17. 5	16. 5	13. 8	14	90. 3
55 ~ 59	18. 8	17. 4	17. 2	15. 2	121. 8
60 ~ 64	—	—	—	—	—
65 以上	—	—	—	—	—
总　体	111. 5	90. 9	77. 8	71. 3	396. 1

资料来源：http：//www. statistics. gov. uk/StatBase/ssdataset. asp？ vlnk = 3993&Pos = 2&ColRank = 1&Rank = 272。

同样值得注意的是，在同事间，老年人与年轻人相比资格较低：20.9%年龄在50岁到国家退休年龄之间的老年人没有正式资格，而16岁至退休年龄间这个比例为13.4%。同样，性别间也存在巨大差异。其中50岁以上的人，女性更有可能不具有资格（例如，在50岁至退休年龄之间，男性占13.5%，女性占17.1%），但在50岁以下人中情况恰好相反。年纪较大的雇员同样不太可能得到最近3个月的工作培训机会。在2006年，接近25%的年龄在50岁与退休年龄之间的老年人受到培训，而年龄在24~49岁的人中却有31.4%接受了培训。工作培训机会在劳动者达到退休年龄后迅速下降。

人事和发展特许机构在最近的一项调查“谁在进行工作培训”（2005）中发现，已接受培训的劳动者与未接受培训并且其雇主不大可能为其提供培训机会的老年劳动者之间存在巨大的差距。英国劳动力调查分析表明，制约老年劳动者培训活动的主要因素是缺少由雇主提供的培训机会而不是老年劳动者缺乏兴趣（Taylor and Urwin, 2001；亦参见 Trinder, 1992）。

虽然老年劳动者失业率比年轻人低，但他们一旦失去工作，就很可能成为一种长期的形势。2006年，接近三分之一（32.8%）的50岁到退休年龄间的失业者已经失业一年或以上，相比之下处于黄金年龄的劳动者（年龄在25~49岁）长期失业的比例是24.3%，50~54岁的男性面临的风险尤其大，占长期失业者的44.2%。这种不利情况在性别上体现得尤其明显。2006年，接近五分之二（39.7%）年龄在50岁到退休年龄间的男性属于长期失业者，而女性只占到五分之一（20.2%）。

此外，老年劳动者所面临的劣势也受地域影响。2006年，在50岁至退休年龄间的劳动者就业率在东南地区为76.2%，而东北地区为62.9%。而受到疾病、伤残等不利因素影响的人口就业率东北地区为60%左右，东部和东南地区为33%左右。实际索赔的残疾福利津贴各地区变化相似。伤残救济金或严重伤残津贴索赔的比例，东南地区为8.2%，东部地区为9.1%，不到东北地区和威尔士的一半（分别是21.5%和20.7%）。

雇主行为

许多持续多年的针对雇主的调查指出，在英国劳动力市场中普遍存在年龄歧视现象。尽管也收集到很多有用的数据，但这些调查采用的是不同的研究方法，并且在经济周期的不同时点上进行，从而使得不太可能对态度和做法的趋势进行评论。最近一次的主要研究是由 Metcalf 和 Meadows（2006）主持的，他们选取了一部分有代表性的雇主，这些雇主至少有五名员工。受访者是对人力资源问题有整体观念的最高层人士。该调查主要关注年龄或与年龄相关的政策及实践。结果表明，许多组织已经认识到年龄问题，但年龄歧视仍然十分普遍。例如，虽然72%的企业有关于机会平等的政策，但其中只有56%涉及年龄。被调查的劳动者中有49%涉及年龄歧视问题，但其中只有5%得到有效解决。在招聘方面，49%的企业制定了最高年龄限制。8%的企业表示，年龄方面的限制对申请者有不利影响。对老年劳动者而言，60岁是一个重要的门槛。引人注目的发现是，只有1%的企业把年龄作为培训的标准。这与早先关于培训的发现形成鲜明的对比。至于雇主的态度，大约五分之一（21%）的人认为某些工作更适合于某个年龄段的人。

最近，在英国大雇主中进行了一次广泛的调查研究，它是关注老年劳动者和管理年龄员工的欧洲研究审查活动的一部分（Naegele and Walker, 2006; Taylor, 2006）。这些组织实施该政策的主要驱动力是希望保留老年员工的专业知识和经验，并通过招聘新员工以满足劳动力短缺的需要。该项政策的积极方面偶尔会被提及，如改善工作群体的整体环境等。公共政策和专业机构的行动也发挥了作用，例如，要求国家卫生服务体系采取关注终身学习和职业发展的措施。

在所调查的组织中，汽车零件制造商电装田纳西制造公司已经采取综合性措施。它提高了解决职业健康问题的支持水平，尤其是对老年职工影响较大的问题。它重新设计了工作环境，以减少体力上的压力和过度疲劳。其结果是减少了因疾病的缺席和事故伤害，并且提高了生产率。电装企业已采取相应措施，表明它重视老年员工的专业知识和经验。这同时也发起了一个针对缺乏计算和读写能力的老年员工的项目。

一家名为第一集团的运输公司，制定了一个较新的计划方案。该方案具有以下几个目标：让司机的工作生涯可以延长到 65 岁；给予 60 ~ 70 岁的老年人以弹性的工作机会；提高员工对财务和身体健康问题的意识。

纽汉卫生局是全国保健服务组织的一家信托机构，该机构实施了三项关于招聘、健康与福利及提高认识的倡议。它已经委托招聘代理机构实施其中一项倡议，帮助有工作意向的老年人重新找到工作。信托机构也研究了医生和理疗师在场的价值，以便让员工在产生健康或福利问题时可以随时找到他们。最后一点是提高认识，最近的国家倡议已经在改变人力资源管理的运行方式和国家健康保险政策方面产生了影响，但信托机构认为，与此相关的更多信息应在劳动力市场中传播，并形成自己的传播战略。

在这些措施中，最积极的成果存在于卫生保健和有关幸福的领域。无论是志愿行为还是有组织的行为，对健康保健的关注都持续上升。其影响是延长了 50 ~ 65 岁劳动者的工作寿命，尤其是通过对职业健康的支持。但总体而言，在案例研究中，公共领域的参与数量和产出都缺少量化的指标。

一个特别有趣的例外是英国电信公司关于弹性工作和退休的政策设计。不幸的是，采取的实际行动比英国电信所期望的要少得多。这五个方案如下。

- 放松：非全日制工作或分担工作。

- 减压：通过较低责任的岗位来减少工作中承担的责任。
- 暂停工作：完全或部分休假。
- 援助之手：参与志愿服务或社区工作。
- 放松：逐渐减少工作时间或降低工作责任，尤其是在退休前的一年中。

总之，很少证据证明，这个关于年龄的积极倡议对那些60岁以上的人会产生影响。英国电信公司最近才取消了以60岁为正常退休年龄，所以评估这一措施的影响还为时尚早。有几个组织开始关注由于老年员工离职而造成的公司知识的流失。但该项对雇主和55岁以上雇员有利的措施只有经过长期的设计与执行才会有效。

在关注雇主行为和态度的研究中，一个难点是谁应该被调查。这些研究并未得出什么深刻结论，因为这些调查一般只有人力资源经理参与。然而他们的精确报道与其同事的实际行为可能完全不同。更为根本的是，仍然缺乏对劳动力市场中的年龄歧视性质的正确理解。尽管存在这些基本的缺陷，公共政策仍努力使雇主致力于年龄和工作问题。下面我们就转向公共政策。

公共政策

现今的态度与20世纪80和90年代初形成鲜明对比。目前我们对工作至68岁或以上的讨论在那时是不可想象的。那时的决策者联盟、工会、雇主将精力集中于保障进入劳动力市场的青年劳动者的未来，老年劳动者在那个衰退时期的处境是相当艰难的。为老年人争取工作的权利的声音很少。然而，在这一时期，发生在其他欧洲国家关于早退的政策设计并非如此。因此，再一次引用撒切尔夫人在1980年给一名国会议员的信，作为对与失业问题进行斗争中的早退价值的特殊评论的回应。

> 我不能接受这种说法，即认为成年劳动者因为年龄、性别和婚姻状况而被排除在他们能够胜任的工作之外是正确的。（http：//www. margaretthatcher. org/speeches/displaydocument. asp?docid =104465）

尽管在同一封信中她提到工作释放计划的持续可用性，这个计划最初是前工党政府提出的一个临时的、有限的措施：通过让老年人放弃工作给年轻人，并给老年人提供津贴的方式，来缓和青年人失业问题（Taylor and Walker，1996）。

降低领取国家养老金年龄的政策被明显排除了，以此回应1981 年在议会辩论中工党议员对为什么不能把男性劳动者退休年龄降低至60 岁从而为失业者创造更多工作机会的质疑。再次引用当时总理的话。

> 我们已经有一个针对提前退休者的有限的工作释放计划，我认为在64 岁时，他们的位置会被注册的年轻人取代，将领取养老金的年龄降至60 岁存在财政上的困难。至今已经有大约900 万此类的退休者。国家保险计划是通过现收现付提供资金的，顾名思义，即今年收取的保险费用必须用于今年的养老金和福利支付。最主要的原因是要支出的养老金大大增加，因为更多的人开始利用早退的优势。这种费用支出必须由雇主和雇员都缴纳更高的养老保险额度来支持。涉及的总额将非常巨大。（http://www. margaretthatcher. org/speeches/displaydocument. asp?docid =104561）

在这些引文中很明显的是，与其他欧洲经济体的情况相比，那时英国政府在对于早退选择方面采取的干预措施相对较少。然而，尽管工作释放计划中有不考虑年龄的关于工作权利的言论，它还是可能无意中使老年劳动力被排除、青年劳动力更可取的行为合法化。

从1981年议会上撒切尔夫人进一步的声明来看，这一点更为明显。在描述了旨在帮助青年劳动者获得的技能和工作的一系列措施后，她转向帮助失业的老年人。对比十分明显。

> 第五，我想谈谈工作释放计划。有相当大一部分人将在20世纪80年代中期达到正常退休年龄。通过将退休高峰期提前，我们可以释放工作，以便让现在处于失业状态的人获得这些工作机会。因此，我们的第五项建议是，继续降低工作释放计划的年龄，从1984年3月的64岁到11月的63岁，从明年2月将降至62岁。这将在全年花费1.5亿英镑。第六，社会服务部国务卿上周宣布，60岁及以上的失业者和已经获得一年及以上补贴的人将从11月开始获得更高、更长期的补贴收益率，这将每年花费约2000万英镑。（http：//www. margaretthatcher. org/speeches/displaydocument. asp？ docid =104694）

伴随着失业，工作释放计划确实在扩大，并达到高峰。在1984~1985年，大约90000名老年人要求该项津贴（Taylor and Walker，1996）。

现在，随着他们在20世纪80年代和90年代劳动参与率的连年下滑，政策制定者已经透露老年劳动者将成为英国未来经济复苏的关键。当劳动力市场收缩时，曾经被视为职业阻断剂的老年劳动力，将会在政策制定者的意识中发生质变，成为宝贵的知识和智慧的保存者，可以填补青年劳动者进入劳动力市场不足产生的空白。早退的必要性被晚年积极参与的言论取代。

鉴于这种转变发生的时间间隔很短，可能得出结论认为早先的政策是错误的。但很明显，这项政策转变只有在1997年工党政府当选后才能真正实行。一项新的强调延长工作寿命的政策可以追溯到20世纪80年代晚期，那时，一个极有影响力的声音就开始警告说即将发生“人口定时炸弹”。因此，当时人们所熟知的就业部制定了《培训老年劳动者》的指南（Employment Department，1991）。但应该指出，20 世纪 90 年代初的经济衰退意味着那个时期的老年人在劳动力市场上的地位没有明显改善。同时，正如已经指出的，因为提前退休在欧洲大陆出现时伴有大量的公共干预，所以从来不会成为英国的主要特点。避开这种做法可能避免早退文化的发展，可以说是其他欧洲国家延长工作寿命的不幸遗产，尽管它不可避免地成为那些需要继续工作的英国老年人面临巨大困境的原因（因为他们需要保持经济上的活力），但新经济政策并没有帮助他们实现就业（Walker，1985；Westergaard et al.，1989）。

谈到老年人最近的历史，自从 1997 年以来，干预主义政策就十分明显，尽管仍旧有限制。政策发展的一个显著特点是广泛咨询和公众对改革的评价，有广泛的官方、半官方和独立项目研究的支持。这意味着从某种程度上判断政策的影响是可能的。各种官方的和独立的报告也建立了针对延长工作寿命的方案。近年来，许多官方报告已考虑人口老龄化的经济影响，并强调重新激活老年人的重要性和扫除劳动力市场的年龄障碍（例如，Cabinet Office Performance and Innovation Unit，2000；Department for Education and Skills，2001；Foresight Ageing Population Panel，2000；House of Lords，Select Committee on Economic Affairs，2003a，b）。这种努力一直受惠于对年龄和劳动力市场关系的科学研究的兴趣的增加（例如 Glover and Branine，2001；Hirsch，2003）。

也许官方报告中最重要的是《赢取换代游戏》，它由内阁办公室的执行和创新小组发布（Cabinet Office's Performance，2000）。这里提出了一系列针对老年人的政策发展建议，针对政府方面的有如下内容。

- 设定老年人价值和角色的范畴。
- 与患病的人和申请伤残补助的人增加接触，为其提供求职帮助。

- 为年长的、临近退休的工人提供职业信息和咨询意见。
- 提高领取即付退休金的最低年龄。
- 通过公示公司账目中早退的成本来提高职业养老金计划的透明度。
- 通过一组冠军雇主提升工作多样性和灵活性的优势。
- 每个公务员事务部都要审查其退休年龄提高至65岁的案件。

认识到年龄歧视对政策的多方面影响，政府创建了一个老年人部长级小组，负责统筹跨部门工作。负责工作和养老金的国务卿是老年人的拥护者，工作和养老金部门是负责老年人的主要部门。工作和养老金部有责任通过来自其他部门的更新，监测政府的跨部门工作进程，并同它们在策略方法的发展和扩展上合作，以解决老年人问题。但最近的一份报告得出结论认为："有必要为影响老年人的政府部门间合作提供一个整体的框架，因为尽管联合起来制定政策已有进展，但在某些方面仍然缺乏协调。"（Comptroller and Auditor General，2003：8）

2001年工党政府的重新选举带来了对生产性福利政策的重新重视，这个政策把就业置于社会和经济政策的中心（Walker，2002）。选举宣言写明了以下领域的具体承诺：把就业率从50%提高到70%，解决歧视，拓展《新政50+》（见下文），并研究职业养老金与非全日制工作相结合的方式，以鼓励退休的灵活性。

关于年龄和工作的一系列政府措施可以概括为：关注养老金改革、就业方案、教育、提高认识以及立法。解决老年人就业问题的措施已被证明非常有争议，它为老年人获得最广泛的年龄上的自由游说。但与此同时，一项工会运动对养老金改革尤其是对雇主持怀疑态度，后者抵制关于解决年龄歧视的立法，急切地保留能基于年龄罢免工人的权力。这意味着，政府已极度慎重行事，在这些不同观点中寻求平衡点，偶尔拒绝采取行动。同样，政府不同部门之间也存在分歧。

该政策的主要目标是推动就业率上升，提高退休灵活度，以促进企业采取更好的具体措施，保护受到年龄歧视的工人。在工业化国家，英国采取行动更早，更广泛，并受益于从来没有发展大规模的早退途径。然而，改革的进程并非一帆风顺，人们在改革的速度和广度上有相当大的争议。

政府热情地采纳了晚退的议程，可能与以下几个因素有关。

- 为老年人争取工作权利而进行的强大的年龄游说运动。
- 政府福利提上工作议程。
- 关注养老金计划的未来可持续性。
- 劳动力短缺。

除此之外，给老年人继续工作的机会可能会增加公共压力。最近的老龄化问题关注（Age Concern）/ ICM 调查（http：//www. ageresource. org. uk/AgeConcern/news - 869. htm）发现，76%的工人反对在固定年龄强制退休，认为更为灵活的工作安排是继续工作的主要诱因。最近的一个观点表明，老年人要求在退休前选择工作安排，并在达到领取养老金的年龄后拥有选择工作的权利（Loretto，Vickerstaff and White，2005）。McNair（2006）在对老年人的调查中发现，退休后的老年人中经济活跃人口对以灵活性为基础的有偿工作有兴趣，但非活跃老年人的兴趣则不大。这种可变性的潜力在那些来自较高社会经济地位群体的人中也似乎很明显。很难知道在这样的研究中能发现什么，因为那些可预见的质疑是相当不可靠的。重要的是，最近的研究指出，在业老年人的福祉水平最高，失业的老年人最低，退休的处于两者之间（Robertson et al.，2003）。这意味着工作是可取的，但退休比失业要好。

此外，虽然老年人就业的灵活性被推广作为他们保持与劳动力市场关系的手段，并且其原则已得到决策者的强烈认同，但这些做法仍然有很大的风险。举例来说，对传媒业中从事自由职业的老年人（Platman, 2003）的研究发现，他们易受由于网络和技能的衰退造成的工作不安全与金融风险的影响。工作流动性的减少限制了他们的选择和控制能力。下面将介绍和评价政策的主要内容。

退休收入体系的改革

在过去 10 年，出现一种逐渐转向延长工作寿命的趋势。迪斯尼和史密斯（Disney and Smith，2001）发现，男性老年劳动者的工作时间每周增加了 4 小时，但女性的工作时间没变。1995 年保守党政府进行了进一步改革，使男女退休年龄经过十年的时间都将于 2010 年变为 65 岁（Blake，2003，http：//www. pensions-institute. org/wp/wp0107. PDF）。

目前政府对老年劳动者的立场在其最近的退休金绿皮书中进行了完整的总结（DWP，2003），并开始建议进行退休收入体系改革。这里就以下问题进行阐释。

- 为 50 岁及以上的人提供额外帮助，帮助他们恢复工作，提供试点措施，帮助接受伤残补贴者重返工作。
- 当女性领取养老金的年龄从 2010 年上升时，把 60 岁到女性获得国家养老金补贴年龄的男性和女性看做劳动力市场的积极参与者。
- 保持国家退休金的年龄在 65 岁，同时大幅提高那些延迟申请养老金的人的收益。
- 2006 年 12 月实施包括就业和职业培训在内的关于年龄的立法，其中强制退休年龄可能被判定为非法行为，除非有客观理由。
- 允许人们在继续为雇主工作的同时领取职业养老金，提高领取养老金的最低年龄，从 50 岁到 2010 年的 55 岁，并且咨询最佳做法，以确保职业养老金规则不妨碍灵活退休。

- 改变公共服务的养老金计划的规则，对于新成员，使养老金的数额从65岁而不是60岁以后就不再减少。

这些建议十分重要，因为其接受：

- 延长工作寿命的需要。
- 支持伤残补助金申请者重新就业的需要。
- 除了养老金收入，老年人就业收入的重要性。
- 提高从工作中逐步退出的价值。

一些评论员看得更远，他们建议提高人们领取国家养老金的年龄。但这也引起了国家养老基金协会和公共政策研究机构的争论，例如，他们认为应将男性和女性领取养老金的年龄都提高至67岁或70岁。虽然审查机构“特纳委员会”最近提出建议，将领取国家养老金的年龄长期逐步地提高到68岁，但政府一直默认65岁为退休年龄。

争论的核心是，提高领取养老金的年龄可能会改变公众态度，并鼓励更多的人在晚年工作。但政府指出，领取养老金年龄和多数人实际停止工作的时间没有直接关系。例如，三分之二的男性到65岁已经停止工作。

政府在绿皮书中表示，提高领取国家养老金的年龄不一定能确保延长工作寿命目标的实现。它更进一步认为，鉴于推迟申请国家养老金的提议，单一的、固定的领取国家养老金年龄的观念可能开始显得不合时宜，如果按照预期，人们将会在65岁起的一系列年龄里领取养老金。

此外，绿皮书指出，提高国家养老金年龄将降低长期的公共支出，但它也会对退休后主要依靠国家福利维生的低收入者带来严重影响。但同时，这些人往往预期寿命较短，因此，在退休后没几年，他们就会看到自己的收入在不成比例地减少。这样的影响可能对那些在重工业中长期从事手工劳动的人更为明显。

政府在其退休金绿皮书中声明，自己已经开始从雇主的角度来解决问题。《赢取换代游戏》的报告（Cabinet Office Performance and Innovation Unit，2000 年）建议，公共部门的雇主应审查其退休年龄并对允许 65 岁以上继续工作的案例进行同样的审查。据政府称，75% 的公务员已经可以做到这一点，并且超过 60 岁的想继续留任的人数也预计会增加。但是，大多数公共服务退休金计划仍然允许 60 岁或以下的劳动者领取养老金，或允许服务年限较长者更早拿到退休金。绿皮书建议改变公共服务退休金计划的规则，因为它们适用于新退休者从 65 岁而不是从 60 岁起获得不减额的养老金。政府关于公共部门养老金年龄改革的建议遭到公务员工会的强烈批评，所以一直搁置。

最后，部分或逐步退休的观念正在被提倡。直到最近，税务局规则才允许人们在工作的同时领取职业养老金，但这只有在他们不再被支付养老金的公司雇用的条件下才适用。然而自 2006 年 4 月，职业养老金计划可以为人们提供继续为发起倡议的雇主工作的机会，并同时领取养老金。与此相关，政府已经宣布，至 2010 年，将把最低受益年龄从 50 岁提高至 55 岁。

与年龄歧视和偏见做斗争

——从教育到立法活动

在整个 20 世纪 90 年代，保守党和工党在连续多年的行政管理中废除了相关法律，禁止就业年龄歧视，其依据是“这对商业不利”。在 20 世纪 90 年代初，当时的保守党政府认为年龄歧视立法不会阻止雇主对年长员工的歧视行为。它进行了一次政策和实践的国际审查（Moore et al.，1994），审查声称，没有确凿的证据表明反年龄歧视的法律在改善年长员工的经济活动率和他们的就业前景方面是成功的（Employment Department Press Velease，July 1994）。但这仅是在没有考虑各国就业和社会福利的差异的情况下做出的比较，从而使这些研究毫无意义。

同时，1997 年的大选之前，一直是按工党的政策执行立法，但是在选举之前，这项承诺是被抛弃的，这让年龄游说集团感到惊愕。相反，现在工党政府表示，它是由于一项提高雇主意识的运动而被说服的。这并非第一次进行这样的尝试了。保守党政府于 1993 年发起“变老”（Getting On）运动，目的是引导雇主认识到招聘老年人的价值。这种高姿态的运动，旨在使雇主更加意识到这一问题，更好地了解老年工人的素质状况。这个运动包括出版一本小册子，将其发给在 1994 年拥有超过 75 个员工的 16.5 万个雇主，用来自大公司的最佳实践方式为他们提供建议，以及如何避免对老年人的歧视。政府还为工作中心的员工制作了宣传单——《年龄有什么关系呢?》，提供了有关年龄歧视的资料。

对这项运动的评价产生了令人失望的结果。对 100 个参与该运动的雇主的调查发现，许多人是出于专业兴趣而参与这项运动，而不是出于雇主的身份。这项调查报告说明，该赠阅本并不总是能到达其目标受众。此外，当被问及他们对此次运动的先期知识时，只有 30% 的人知道它，即使这样，也不了解其中的细节。并且，即使是研究人员认可的，一个自我选择的、有兴趣的团体，也仅有不到三分之一的人有所行动（Hayward et al.，1997）。

诚然，以下机构（Department for Education and Employment，1998）于 1999 年 6 月发布了现在工党政府关于年龄多样性的实施章程，同时伴随着媒体宣传活动。该章程采取了与以前的“变老”运动相同的做法，但顾名思义，目的是更广泛地解决年龄障碍。数以万计的该章程被发行。它实行无年龄偏见的就业实践，提供了有关这些应用的指导和包含最佳做法的实例（Education and Employment Committee，2001）。

对官方在第二次尝试中会表现得更加出色的期望因随之而来的

研究而变得沮丧。在章程颁布实施三个月后，小规模的初步评估表明，在商业中这种意识很低（Employers Forum on Age，1999）。在被调查的430家企业中，30%的受访者并未意识到它的存在，不到10%的企业趋向于在招募或培训方式上做出改变，60%的企业主表示这项章程对他们运营公司没有什么影响。同样，CBI2000年就业趋势调查发现，尽管有一半被调查的雇主知道该章程，但只有9%的人在使用它（Department for Education and Employment，2001：8）。

更多最近的研究结果证实，该法规的影响十分有限。政府实施的研究（Goldstone and Jones，2001）发现，对法规影响的评价有超过三股潮流，受访者对该法规的意识从23%增加到37%。然而，仅有少数受访者（9%）曾阅读过。还有许多大公司的更多代表看到了一个。极少数代表（仅占三股潮流中的2%）说他们已经由于该法规改变了政策。

除了出版关于年龄多样性的实务守则，政府已禁止在正式的就业中心的招聘广告中出现年龄上限。1998年，政府自己也出台年度关键指标，保障老年员工在劳动力市场上的地位（Education and Employment Committee，2001）。另一项更进一步的措施是建立Age Positive网站（http：//www. agepositive. gov. uk/）。该网站于2001年建立，内容包括雇主案例研究、咨询、指导等。

政府现在开始转向赞成反年龄歧视的立法。随着《欧洲平等待遇指导》的出版，在英国围绕其形式和内容展开了激烈的争论。首先，政府商议英国法令中出现的问题，初步建议在2001年颁布（Cabinet Office，2001）。其次，在关于《平等和多样性：年龄事宜》的咨询文件中，贸易与产业部（2003）提出了更详细的建议。而在发展阶段上，贸易与产业部的协商截止期限大幅延迟，预计于2004年底提交给国会的立法议案被推迟了。这意味着给雇主、培训机构和其他在该指示下承担新义务的主体在两年内完成筹备工作的意图没有实现。

2001年，政府设立了一个年龄咨询小组，最近又成立了一个年龄任务工作队，其成员包括来自工业界、政府、工会、游说团体及培训机构的代表。该工作组为年龄立法提供咨询及为发展提供支持，并进行随同指导。

毫不奇怪，在这条路上存在主要的意见分歧。对公司默认退休年龄问题的争议尤其明显。政府养老金咨询机构认为，根本不应该有默认的退休年龄，即便有，也应该远高于 65 岁。其他机构，例如英国工业联合会倾向于将 65 岁作为默认退休年龄（《金融时报》2004 年 6 月 23 日）。还有两个政府部门（贸易和产业部以及劳动保障部），在牵涉年龄和就业问题上存在冲突。另一方面，劳动保障部的工作方案是促进在退休方面更大的灵活性，并且认为强制性退休年龄是不恰当的。而在同时，英国贸易和产业部表示，尚未对未来的退休年龄做出定论（《金融时报》2004 年 4 月 24 日和 26 日）。贸易和产业部，以及诸如英国工业联合会和 EEF 的商业团体、制造商的组织表示赞成 65 岁的默认退休年龄，而劳动保障部和工会代表大会则赞成不设置强制性退休年龄。其结果是，涉及 65 岁的默认退休年龄的体系有些混乱，从而又回归到了先前的建议，即个人如果希望继续留任可以对雇主提出这个要求，当然，雇主也可以拒绝。政府已作出承诺，及时地重新审查这项安排。

《就业平等（年龄）规章》终于于 2006 年 10 月 1 日实施生效，使就业和职业培训中，包括工资和养老金中的年龄歧视行为变得非法。很显然，现在提供该项法规影响的评估还为时过早，尽管有报告说，在法规出台的过程中，雇主有蓄意解雇老年员工的行为（http：//news. bbc. co. uk/2/ hi/uk-news/5333100. stm）。

政府还宣布，平等和人权委员会（DTI，2004）将取代目前的机构承担关于新的年龄歧视立法的责任。它将承担执行平等法律、促进平等和多样性中的优秀实践等方面的责任。政府观点认为，新的委员会将提供一个多方位和战略性的方针，并为雇主提供一个单一的接入点。

就业项目和学习

最近，一系列措施都关注失业的老年人。《新政 50 +》一直是针对老年劳动者的旗舰计划。在进行较为详细的讨论之前，有一点应该引起重视。工会代表大会（Trades Union Congress，2003）列出了政府新政中各项就业计划的费用数额，并报告说，《新政 50 +》只是其中极小一部分（2.1%），比新政中针对单身父母（10.3%）和残疾人（3.4%）的都少。老年劳动者在政策排序中的优先度不会很高。

然而，这项特别措施已经被广泛应用，虽然那些“不活跃”利益的获得者已经不太可能参与其中。考虑到这些人代表了大部分的客户群，这也指出了政府战略上的弱点。同时，老年人的参与率已经下降了一段时间，表明该方案的有效性并没有得到延续。

如果考虑就业的可持续性，《新政 50 +》是个成功的例证。但少数客户认为被低工资水平和非技术工作降低了身份，职业下滑趋势明显。该方案也有助于客户通过增强自信改善自我（尽管很多人信心似乎仍然偏低），增加动力和更有效的求职行为（Moss and Arrowsmith，2003）。

对于福利国家的未来，政府视野的中心在于激活那些目前没有工作的人。政府在退休金绿皮书中表示，从 2003 年将逐步推出一系列更加深入的针对 50 岁及以上的老年人恢复工作的帮助计划，以及针对雇主的对招聘和培训老年员工所具有的好处的指导。它将通过《新政 50 +》延续其获得的支持，以便使为每个客户提供的个性化定制的帮助方案在一系列可能的选择范围中实现：个人建议、培训、工作尝试、志愿活动机会以及在职培训资格。这将适用于所有 50 岁及以上的、享受特定福利的老年人，受益时间长达六个月或以上，并且同样适用于他们 50 岁及以上的无法自理的配偶。

政府还采取了试点工作的方式，将重点集中在伤残福利津贴申请者上（DWP，2004）。主要特点如下。

- 专家个人顾问支持。
- 在申请的头12个月中，有一系列的工作访谈。
- 赋予个人顾问更大的责任和权力。
- 财政上支持申请者重新就业。
- 其他地方利益相关者的参与，例如雇主和全科医生。

2005年，国会议员艾伦·约翰逊——负责工作和退休金的国务卿，在讲话中指出公共政策研究所的宗旨："满足目标——工作福利和伤残补助。"他的陈述总结了政府的做法，摘录如下。

> 自1997年以来，我们已开始转变，从一个被动接受放之四海而皆准的遗产的福利国家到一个主动服务的国家，帮助个人并使人们能够获得技能，建立从依靠福利转向自我工作的信心……
>
> 但是，还有更多的工作要做。上星期，我推出了五年战略："贯穿一生的机遇与保障。"这个战略的重点是改革建立在新政和就业中心投资基础上的伤残福利津贴，关注人们能够做什么，而不是他们不能做什么。
>
> 我们的目标是真正的包容，杜绝歧视和阻碍人们发挥潜能的不利因素，杜绝对那些想要工作，但仍在劳动力市场之外的人的技能和贡献的否定。
>
> 我们知道，如果给予正确的帮助和支持，或许有100万伤残福利津贴的申请者想要工作。实际上，90%的获得伤残补助的人期望在适当的时候恢复工作。
>
> 更重要的是，有越来越多的医学证据证明，在很多情况下工作比闲暇更有利于健康。很明显的是，未能帮助那些想要和期望工作的伤残福利津贴申请者不仅对经济发展不利，同时也

对他们本人不利。

但是，当前关于伤残福利津贴的问题已经有据可查。

它关注人们不能做的，并且通过随着时间提高津贴水平的方式来激励他们继续依赖这种福利。这些复杂的信息对当事人和潜在的雇主都意味着混乱、不确定性和风险规避。

并且，伤残福利津贴划定的丧失工作能力的人，甚至在没有一个正规的医疗检查的情况下就判定了。

并且当他们一旦通过这个个人能力评估检查，就很难得到能让他们重返工作的评估。它并没有区分你是否癌症晚期或仅仅是背部疼痛。

……伤残补贴的彻底改革将提供以下基本利益：一个与就业和评估支持相联系的迅速的医疗评估；增加慢性病患者的经济保障，为那些接受额外帮助的人提供更多的钱。（资料来源：http：//www. dwp. gov. uk/aboutus/2005/07-02-05-ippr. asp）

这种努力是值得称赞的，但考虑到，正如已经指出的，当前50岁以上的长期申请伤残福利津贴的人数量庞大，期望一小部分人通过这种方法重新进入劳动力市场似乎不切实际。但是，如果像它暗示的那样，这个目标将会成为一个预防措施，在某个时候，它可能会使老年申请者获益，如果他们依赖津贴的时间能够缩短的话。

此外，根据新的建议拟定的条款，使求职者更加灵活地回应客户和当地的需要，政府已宣布了一系列官方就业扩大中心（Job Centre Plus）的有效选择（包括工资补贴）以刺激雇主承担他们通常不会考虑到的东西（DWP，2004）。

至于技能和学习，在最近的技能白皮书（DfES，2005）和针对老龄化社会的国家战略（HM Government，2005）中，政府提出发展更好的网站和指导措施，使老年人做出关于职业和技能的决定。它还指出其支持在工作场所培训的主要倡议——全国雇主培训计划——将满足老年人的需要。在雇主培训试点中，老年人似乎受益匪浅。另一方面，在其他地方，政府评论了已在某些领域进行试点的新的成人学习津贴的试验，同时为全日制学习者每周支付 30 英镑，但只有 19 ~ 30 岁的人有学习资格。同时，成人学徒试验（超过 22 岁）已在三个部门实施——保健和社会服务、建筑与工程。这些试验预计持续到 2006 年 3 月，没有承诺要超越这个期限。值得注意的是，在其最近发表的技能战略文件中，政府成功的主要措施是针对年轻人。

除此之外，政府在其技能白皮书中宣布，他们已经赋予部门技能委员会审议未来劳动力供应问题的职权范围，包括对人口趋势做出回应；并指出，例如，一些诸如技术娴熟者、零售业经营者，也已经在与致力于满足年老员工需求的雇主合作。技能白皮书还载有关于职业的信息、成年人建议和指导服务，还有针对低技能津贴申请者的技术教程，这些可能会使老年劳动者间接获益。

一个针对 50 岁以上客户适合“什么工作”的审查活动由劳动保障部（DWP）执行。Moss 和 Arrowsmith（2003）确定了很多与老年劳动者工作替代和培训有关的成功因素及问题。研究汇集了先前公布的关于政策和附有管理数据分析（为 50 岁以上的人提供重返工作的帮助）方案的文献审查。主要调查结果如下。

- 虽然客户可获得一系列援助，并且这些援助同时对“活跃”和“不活跃”的客户开放，但实施过程中前者占大多数。
- 不活跃客户中的大部分都想要工作，但实际获得工作的人所占比例很小，反映了他们不频繁地与那些能够给他们介绍工作计划的人接触，直到新的就业中心主动介绍。
- 很多办法对老年客户尤为有效，包括个人顾问（PA）的支持、灵活的培训、财政刺激和相似年龄的顾问，尽管有证据证明特定年龄培训的好处。

- 证据突出强调了受益于这种强化的四个关键领域的支持。

——私人顾问的工作支持：这可以确保客户保持在业和进步，特别是在就业的过渡点上（例如，随着财政奖励退出）。

——专门供应：当私人顾问感觉缺乏机会（或许资源）为客户提供一个专业服务人员以解决老年客户面临的具体问题（与客户的观念、年龄和经验有关）时。

——与雇主合作：在解决年龄歧视上做得还不够。

——就业指导：老年客户在新的行业里找工作时需要指导。

报告确定了使未来的政策和方案能够利用现有规定的途径，以加强对老年人提供的援助。这些措施如下。

- 更加重视“不活跃”的失业者和长期失业者。
- 审查现行的培训供给情况，以确保它能恰当地解决客户需求。
- 提高通过工作中心提供支持的意识。
- 审查当前方案的干预期限。
- 更全面的项目整合。
- 在进入新工作之前，进行技能培训。
- 进行短期工作试验，尤其是对长期失业者。

结　　语

目前看来，老年劳动力在英国劳动力市场上占据比以前相当长时间内更加重要的位置，至少从他们在决策者那得到的关注来看是这样。对于延长工作寿命的强调，加上蓬勃发展的经济，正好遏制了长期下降的就业率，甚至出现就业率的上升。尽管如其所示，这一意义还不明显。虽然肯定朝着老年劳动者所期望的方式转变，但在公共政策领域，确实存在因为年龄而对他们产生持续的不利影响的情况。一个无年龄限制的就业政策并没有完全展现出来。不可否认，对青年劳动力的偏爱仍然存在。

也许这是不可避免的，因为决策者是现实的。除了在公共干预上的这些限制政策，许多老年工人在劳动力市场上不容易安置也是一大问题。值得怀疑的是，用于保持他们的劳动力市场竞争力的支持水平能否实现。事实上，任何能够获得的帮助都仅仅是虚假的承诺，决策者充分认识到任务的艰巨，但不敢承认。即使对有技能的劳动者来说，这也是一个很有挑战性的环境。对于那些就业前景不容乐观的长期失业者和申请伤残福利津贴的人，何时能够真正实现就业还存在一系列难题。

老年劳动者目前在一个长期经济增长和劳动力市场紧张的背景下寻找工作。如果英国经济陷入衰退，他们在劳动力市场中的地位就会受到更充分的检验，政策制定者也会有从他们（老年劳动者）的利益出发的意愿。就长远来看，必须弄清楚的是，他们目前的情况是代表了根本性的转变，还是只是一个常见的模式。虽然竞选者可以断言取缔年龄歧视的立法是一次胜利，但这只是处于保护和维持就业机会的大山阴影中的山脚下而已。

这就提出了进一步的问题：在许多老年人难以得到有报酬的工作情况下，积极老龄化能够实现吗？采取什么方式进行，或者主要保留上层社会经济群体的老年人——这现实吗？一个更全面的积极老龄化的梦想应该是老年学家和决策者的目标。与此同时，必然的结论应该是，在所谓迫在眉睫的人口老龄化危机的夸张情形下，老年劳动者的历史不应被忘记。

第五章
美国：年龄和工作

Sara Rix，AARP*

“传统的退休概念——一个人完全停止工作并和朋友及家人享受业余时间——是过时的。”

(Reynolds et al.，2005：1)

“如果‘婴儿潮’世代效法现在 60 多岁的员工，那么，或许三分之一的男性和近半数的女性将在 62 周岁前退出劳动力大军。”

(US Congress，Congressional Budget office，2004b：1)

引　言

与世界上其他工业化国家一样，美国正在经历老龄化。到生于 1946～1964 年的婴儿潮世代开始领取社会保障福利金时，预计领取养老金的人数将急剧增长，这一问题至 2008 年就会出现。那正是最老的一批婴儿潮世代到 62 岁且最先拥有资格领取社会保障退休金的时候。劳动力相对于退休人员的比例正在萎缩，这

---

* 本文所表述的仅为作者观点，不代表 AARP 的官方政策。

一情境使人不禁担忧：在职劳动力是否有能力和有意愿负担与日俱增的退休收入。

然而美国的人口状况并不像许多欧洲国家或日本那样令人担忧。它的出生率接近更替水平；移民继续助推人口增长，总人口预计将持续增长。而且，将近9900万生于1976～2001年的“回声潮世代”正在成为劳动力大军的有益补充（Sincavage，2004）。尽管社会保障中的老年人和幸存者保险计划正在经受考验，但根据社会保障和医疗保险信托局的观点，这一计划完全可以支撑至2043年；若根据国会预算局的观点，即使到2052年真的资不抵债，这个计划仍能给付大约四分之三已承诺的退休福利金。

由于这些原因，在美国，年老员工没有像其他西方国家和日本那样引起政策制定者的关注。尽管人们关于延迟退休对经济的重大意义的认识似乎正在提升，但社会保障信托基金和员工自身仍缺乏对延长工作寿命的紧迫性的认知。美国并没有沿着欧盟斯德哥尔摩和巴塞罗那目标的路线行事，斯德哥尔摩目标是到2010年使55～64岁人口的劳动参与率提高到50%，欧盟的巴塞罗那目标是至同期①在有效退休年龄方面实现连续五年的增长。如果说美国在这方面有所行动的话，那就是中年和老年员工自身正在很大程度上推动着年老员工在美国就业机会的扩展，他们当中有相当高比例的人希望在退休阶段继续工作（AARP，1998；2002b；2003b；2004a）；此外，已广泛撰写关于增加有效退休年龄效益论著的学者、研究人员和政策分析师以及已体验过劳动力和技能短缺的雇主也是这方面的推动力量。尽管许多人主张他们要这样做，然而在很大程度上，雇主尚未为雇用和保留年老员工付出更多的努力（US General Accounting Office，2001；US Government Accountability Office，2005；Walker，2005）。

目前，约16%的平民劳动力已达到或超过55岁，官方的预测

① 斯德哥尔摩目标于2001年达成，巴塞罗那目标于2002年达成。

数据显示：至 2014 年这一数字将提高至 21%（Toossi，2005）[①]。尽管有回声潮世代以及老龄劳动力的预计增长，但美国的劳动力增长仍然较慢。这对经济、联邦财政收入增长和联邦预算都有潜在的不利影响（US Government Accountability Office，2005）[②]。除此之外，经济学家认为，提高老年人的劳动参与率将成为缓和其影响的一条路径。据高盛公司的预计，如果老年人的劳动参与率达到他们之前五年年龄组所显示的水平（例如，如果 60～64 岁人的劳动参与率增至 55～59 岁年龄组的水平），美国的劳动力将于 2005～2025 年有 17% 的增长，而不是 10%；GDP 也将随之大幅增长。

年老员工概描

劳动参与率大转变

与其他发达国家的对照组相比，老年美国人更有可能参与工作。在 2004 年，美国 55～64 岁人口的就业率是 59.9%，而欧盟的整体水平仅为 41%，15 个最先加入欧盟的国家的水平是 42.5%（US Department of Labor，2005b；European Commission，2005）。美国老年人的就业率明显高于 2010 年斯德哥尔摩目标，而且最近仍有增长。

---

① 每隔一年，劳工统计局（BLS）将出版未来 10 年的中期劳动力预测。最近得到的一份中期预测是到 2014 年的报告（Toossi，2005）。在 2002 年，BLS 推出了至 2050 年的预测，这一预测是基于截至 2015 年对不同类别劳动参与率的预测（例如，年龄、性别、种族），并基于 2015 年之后这一比率保持不变的假设而做出的。因而，2015 年之后劳动参与率的变化是由于类别规模的变化而产生的（Toossi，2002）。65 岁以上人口的劳动力参与率预计将在经过 2015～2020 年的增长之后有所下降。然而，2005 年所做的对 2014 年的预测超过了这些比率，强调了内隐于长期劳动力预测中的困难性。

② 美国 2004～2014 年每年的劳动力增长率达到 1%，与之相比，1994～2004 年的增长率是 1.2%，而 1984～1994 年的增长率是 1.4%（Toossi，2005：表 5－6）。

美国老年人劳动参与率的最近趋势显示：持续20世纪大部分时间的劳动力参与率下降问题已有所转变。以65岁及以上男性为例，第二次世界大战前，劳动力参与率开始有所下降，在战争期间稍有好转，战争结束后立即恢复下行，因为财富的增长为更多的美国人承诺了一个相当舒适的退休生活。在1950～1985年，男性的劳动参与率下降了30%，从45.8%降至15.8%。这一年龄组女性的参与率起初就较低，且在同期仅有微小的波动，但在战争期间也有所增长。1950～1985年，65岁以上女性的劳动参与率由9.7%降至7.3%。

55～64岁年龄组的状况稍有不同，事实上，他们的劳动参与率在“二战”后有所增长（图5－1）。即使男性越来越不喜欢继续工作，他们在1950～1960年的劳动参与率也仅是稍有下降。而女性骤增的参与率抵消了男性参与率的下降，但这种情况并没有持续，且55～64岁人口的劳动参与率在1970～1980年也略有下降。如果把55岁以上人口作为一个整体的话，在“二战”后近40年中，他们的劳动参与率还是下降了。

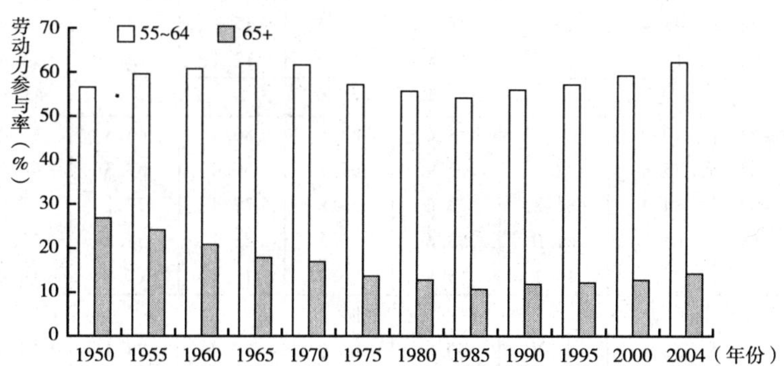

图5－1 美国55～64岁和65岁（含）以上人口劳动力参与率，1950～2004年

资料来源：US Department of Labor，Bureau of Labor Statistics，*Handbook of Labor Statistics*（1985）and *Employment and Earnings*（1986，1991，1996，2001，2005b）。

美国老年人整体劳动参与率的分水岭是1985年。在历时数十年的下滑后，劳动力参与率开始增长，这种变化在图5－1中清晰可见。它显示了55～64岁年龄组的劳动参与率有15%的增长、65岁及以上人口的参与率有33%的增长。后一年龄组的劳动参与率继续低于1950年的水平，但目前，前一组的劳动力参与率高于20世纪中期的水平。

在55～64岁年龄组中，劳动参与率由于女性行为的变化而再度大幅增长，她们对劳动的依附程度至少在过去的半个世纪中是稳步增长的。另一方面，男性的劳动参与率从20世纪80年代中期起保持着非常稳定的态势（表5－1）。

表5－1　美国老年人劳动力参与率，根据性别和年龄分组，1975～2004年

单位：%

	1975	1980	1985	1990	1995	2000	2004
全部							
50～54	70.9	72.9	74.2	77.5	78.3	80.3	79.8
55～64	57.4	56.0	54.2	55.9	57.2	59.2	62.3
55～59	65.3	64.4	64.2	67.0	68.1	68.8	71.1
60～64	48.4	46.3	43.8	44.9	45.1	47.1	50.9
65＋	13.8	12.6	10.8	11.9	12.1	12.8	14.4
男性							
50～54	90.0	89.1	88.6	88.8	86.4	86.8	85.4
55～64	75.8	72.3	67.9	67.7	66.0	67.3	68.7
55～59	84.4	81.8	79.6	79.8	77.4	77.1	77.6
60～64	65.7	61.0	55.6	55.5	53.2	54.8	57.0
65＋	21.7	19.1	15.8	16.4	16.8	17.5	19.0
女性							
50～54	53.3	57.8	60.8	66.9	70.7	74.1	74.5
55～64	41.0	41.5	42.0	45.5	49.2	51.8	56.3
55～59	47.9	48.6	50.3	55.3	59.5	61.2	65.0
60～64	33.3	33.3	33.4	35.5	38.0	40.1	45.4
65＋	8.3	8.1	7.3	8.7	8.8	9.4	11.1

资料来源：US Department of Labor, Bureau of Labor Statistics, *Employment and Earnings*（1976，1981，1986，1991，1996，2001，2005b）。

65 岁及以上年龄组劳动参与率的增长甚至高于 55 ~ 64 岁年龄组，1985 ~ 2004 年为 50%。尽管这个年龄组的女性仍不太可能像男性那样加入劳动力大军，但她们劳动参与率的增长是非常显著的：其增长率分别为 52% 和 20%。特别值得注意的是其中那些 65 ~ 69 岁[①]被称作“退休年龄”人口的劳动力参与率的增长。男性和女性的整体劳动力参与率增长了 50%，女性的增长率再度超过男性。对美国来说，这一年龄组劳动力参与率的进一步增长是有希望的；然而，实现这一目标可能需要在保留 50 多岁末期和 60 多岁初期员工（特别是男员工）方面更为一致的行动。至少在当前，对年老员工来说，保留工作似乎要比寻找工作更容易。

劳动力参与率上升问题的原因解释恰是一些意见的分歧所在。美国劳工统计局（BLS）的《每月劳工评论》陈述说：相对而言，年老员工劳动力参与率增长的最重要因素是旨在剔除职场中强制退休和非法年龄歧视的政府政策与立法。此外，在 2000 年解除年龄限制和针对老年人的工作税进一步促使了这一年龄组劳动力参与率的上升（Toossi，2005：37）。

支持这一陈述的证据相当微妙。基于对联邦及州年龄歧视法律的“有限性”研究的分析，Neumark（2001：35）推断“对美国年龄歧视立法相对积极的评估比消极的评估更重要”。一些分析发现，收入测试对工作的影响是微不足道的或根本不存在（Leonesio，1990；Gruber and Orszag，2003），至少最初是这样的（Song，2003/2004）[②]，而其他人则指出有很大的影响（Friedberg，2000；Loughran and Haider，2005）。

Johnson（2002）认为男性劳动力参与率的逆转有些让人费解；

① 1935 年通过《社会保障法》时，享受完全社会保障福利的年龄（即所谓的“正常退休年龄”）被设定为 65 岁。该年龄正逐步提升至 67 岁。

② Song（2003/2004）发现高收入者因取消赢利测试而有显著的收入增长，但低收入者却没有相同的结果。此外，测试的消除显然对就业没有重要影响，至少从短期来看是这样的。

他的分析得出这样的结论：这一逆转不能归因于社会保障改革[①]的发展、养老金固定收益计划覆盖范围的减少或劳动力数量增长的减缓，其中任何一个原因都曾被期望能增加老年男性的就业机会。他建议，或许逆转是由于“工作倾向的增加”，尽管他没有解释为什么该逆转发生于1985年。因而他告诫政策制定者，虽然原因尚不明确，但不应假设增长将会继续。

最有可能的是，大量因素均有助于这些比率的上升（单独的、混合的并从不同方面影响着不同的员工）。无论什么原因，对那些把老年人参与更多的劳动力活动作为缓解老年人养老金支出和医疗保健支出增长的一种途径的人来说，这种增长是好消息，对于缓解劳动力和技能短缺也是好事情。

如果美国人按他们的期望行事，老年人的劳动力参与率将继续上升。在过去的十年里，公众意见投票已一贯公正地显示：三分之二或更多的美国中年人和老年人计划在退休阶段继续从事一些力所能及的工作。这些包括：

- 67%的53岁及以上员工和69%的45～52岁婴儿潮世代，于1997年退休信心调查中（Yakoboski and Dickemper，1997）。
- 80%的婴儿潮世代，于1998年（AARP，1998）。
- 69%的45～74岁者，于2002年（AARP，2002b）。
- 95%的55～64岁前退休者，自2002年起，计划退休（Taylor，2002）。
- 68%的50～70岁者，于2003年（AARP，2003b）[②]。
- 79%的婴儿潮世代，于2003年（AARP，2004a）。

---

① Johnson（2002）分析了社会保障的几次改革并得出结论：降低对工作的经济处罚“似乎是65岁退休比率较低的合理原因”（第13页），但是，即使这样也只能解释65～69岁男性劳动力供给的6%的变化。

② 这些是期望在退休阶段工作或永不退休的员工。

• 65%的50～70岁者，于2005年（Metlife/Civic Ventures，2005）[①]。

诚然，这些员工将在多大程度上实现他们的期望尚未可知。30多年前，许多员工表示他们并不喜欢提前或在正常退休年龄退出劳动力大军。1978年的哈里斯民意调查显示：只有超过半数的员工说只要他们能工作或退休后能在另一个雇主处找到工作，他们更愿意继续全职或兼职而不是退休（Johnson and Higgins，1979）。这些员工退休后实际在做什么是未知的。然而根据Quinn（1999）的观点，他们当中的一部分员工可能已对几年后上升的劳动力参与率做出了显著贡献，或许所有最终退休的人当中有三分之一至一半将在完全和永久退休前从职业工作转向过渡就业。

员工提供了他们期望在退休阶段工作的各种各样的原因，常被提及的典型原因包括个人满足感、价值实现的需要或贡献社会的愿望以及其他非金钱性的原因。当探讨最重要的因素时，对钱的需要和医疗保健跃居前两位（AARP，2003b）。为了上述原因而继续工作的退休者认为，个人满足感和相关原因成为非常重要的因素，但如果被迫做出选择，经济上的原因将占主导（AARP，2003b）。[②]随着时间的推移，期望推迟退休的经济原因似乎对婴儿潮世代来说越来越重要。据报道，2003年与五年前相比，有更多的人会因为这些原因而在退休阶段工作，或许是因为越接近退休年龄，不良储蓄习惯的后果变得越清晰。

最近AARP对婴儿潮世代的调查是在2001年严重的市场低迷后进行的。随着自我导向形式下的没有福利保证的401（k）计划的养老金比例的增加，经济不景气看起来对退休计划有一定的影

① 这些是期望在退休阶段工作或永不退休的在职、失业和正在寻找工作的人。

② 工作着的退休者不太可能提及对医疗保健的需要，极可能是因为他们年纪大了并且他们当中的大多数在医疗保险项下享受医疗保健；一些人也在领取退休医疗福利金。

响。一项调查发现：大多数年龄在50~70岁的投资于股票市场的员工损失了金钱，结果他们当中大约20%的人倒退回退休时的状态（AARP，2002）。在2003年的退休信心调查中，员工福利调查机构发现：由于经济原因，三分之一45岁及以上的员工已改变了他们的退休年龄。Munnell等（2003）估计：参与定额缴纳养老金计划的人将他们的退休年龄延迟了一年。

员工当然不能改变股票市场。即使他们尽了最大努力，他们也不能指望始终保持健康。然而，当他们将退休时①他们是有发言权的，而且当他们越来越多地选择延迟退休以弥补微薄的储蓄并增加最终的退休收入时，他们是有发言权的。薪资在老年人中变为收入增长的源泉（Social Security Administration，2005）。国会预算办公室报告说：推迟至70岁领取社会保障福利金的员工相对于62岁就这样做的人将得到两倍的福利金（US Congress，2004a）。这样的信息将强有力地引导那些身体健康、工作出色且弹性工作的人延迟退休。

未来

劳工统计局预测美国老年人的劳动力参与率将持续增长（表5-2），其中一部分的增长率会很大。但即使员工把他们65岁以后75岁以前这段时间看做是他们希望工作的“退休阶段”，劳工统计局预计也不会有三分之二或更多的人继续工作。

表5-2显示了两个预测的变化。第一个是65~69岁人员的预期劳动力参与率的增长要高于年轻人。75岁及以上人员的劳动力参与率预计将有近60%的增长，但55~59岁年龄组的增长率是3.5%。即使如此，只有十分之一75岁及以上的人期望于2014年继续工作或寻找工作。

---

① 当然，他们的说法并不绝对。尽管《就业方面的年龄歧视法案》为想要于年老时继续留在劳动力大军中的员工提供了重要的保护，但雇主仍然能够而且已经在依靠各种常规的法律手段清除他们不再想要的人，被清除的人中许多都是年长者。

表 5-2 美国 55 岁及以上人口的劳动力参与率，根据性别和年龄，2004 年和 2014 年预测

单位：%

年龄段 \ 年份	2004	2014	百分比变化
总体			
55~59	71.1	73.6	3.5
60~64	50.9	55.4	8.8
65~69	27.7	33.2	19.9
70~74	15.3	17.9	17.0
75 岁及以上	6.1	9.6	57.4
男性			
55~59	77.6	76.6	-1.3
60~64	57.0	59.4	4.2
65~69	32.6	37.9	16.3
70~74	19.4	21.5	10.8
75 岁及以上	9.0	13.1	45.6
女性			
55~59	65.0	70.7	8.8
60~64	45.4	51.8	14.1
65~69	23.3	28.7	23.2
70~74	12.0	15.0	25.0
75 岁及以上	4.3	7.2	67.4

资料来源：US Department of Labor, Bureau of Labor Statistics, *Employment and Earnings* (2005b, January editions) and projections at ftp://ftp.bls.gov/pub/special.requests/ep/labor.force。

第二个值得注意的预测变化是：对每一个年龄组来说，女性劳动力参与率增长都要高于男性——事实上，在 55~59 岁的男性中，其参与率预计会略有下降。其发展的结果是劳动力参与率的性别差异将会进一步缩小。

总之，到 2014 年，41% 的 55 岁以上人口可能会处于劳动力大军中，这代表着自 1985 年以来一个相对稳定的增长。然而，劳动力参与率预计将始终低于“二战”后初期（例如，1950 年是 43%）。

一系列因素推动了这些劳动力参与率的进一步上升——上面所

讨论的经济因素和已得到改善的健康状况（下文讨论）、更高的教育水平以及更少的体力劳动，所有这些都与更长的工作寿命相关。当然，最重要的是雇主的需求。许多观察员认为即便发生大规模的劳动力短缺（US Government Accountability Office，2005），老年员工也可以去填补职位空缺。Mulvey 和 Nyce（2004）估计：以保守的生产力增长为假设，至 2010 年，全美国将短缺相当于 890 万个全职员工，至 2020 年这一数字将达到 1810 万。

就劳动力和技能短缺而言，官方的统计数据几乎不能提供任何指导。劳工统计局并不预测劳动力短缺，尽管其数据经常被错误地引用以支持预测。Cappelli（2003）是一个就业专家，他并不认为美国面临严重的劳动力短缺。事实上，雇主将毫无疑问地会采取一系列措施去预先阻止或处理劳动力短缺问题，包括鼓励更多的女性就业以及延长工作时间，进一步放宽对移民的限制，将工作转移到海外以及投资于劳动力最少化技术。然而，年老员工可能也是解决方案中的一部分。一些雇主，特别是在卫生和教育行业，已经面临劳动力短缺且正在引入旨在保留年老员工的项目和政策（参见，例如，AFSCME，2001；AARP，2004b）。在不久的将来，联邦政府也可能因员工退休而失掉大量的劳动力，或许也会发现有必要通过多种手段吸引和保留更多的年老员工。

这些员工在做什么？

在许多方面，美国的年老员工与“适龄”员工（那些在 25 ~ 50 岁或 25 ~ 55 岁的人）并没有太大的差异。绝大多数 55 岁及以上的员工是有偿工作的。然而，随着年龄的增长，自主创业随之增加，部分原因是因为自主创业者常常比有偿工作者晚退休（Quinn，1998），而部分原因是由于许多员工倾向于在晚年转向自主创业：美国三分之一年逾 50 的自主创业人员是从 50 岁以后（含）开始自主创业的（Karoly and Zissimopoulis，2004）。小业主和独立的自主创业者可能比带薪就业者在工作上具有更大的灵活性。灵活性似乎的确有助于在劳动力市场中保留一些最老的员工，企业主和其他自主创业的员工拥有的灵活性越大，“越有助于解释为什么 50 岁或 50 岁以上的员工比年轻人更有可能自主创业或成为小业主”（Bond et al.，2005：10）。

事实上，在每个行业和职业中都能发现中年和老年员工，尽管他们在诸如采矿、农业等体力劳动行业相对少见，技术职业领域也不多见，但年轻人也是如此。百分之四十 55 岁及以上的员工供职于服务行业，服务和贸易这两个行业要求 60% 以上的员工在 20 岁以上。

与中年和适龄员工相比，65 岁及以上员工更有可能在零售业工作，这很可能是因为在那里普遍可得到非全日制和弹性工作。

关于行业和职业，性别差异比年龄差异更显著。例如，服务行业雇用了半数以上的中老年女性，而男性只有三分之一。从事行政支持工作的女性（包括中老年女性）是男性的 4 ~ 5 倍。不出意外，蓝领职业中的女性比男性要少得多。

年老员工对弹性工时制和缩减工作时数表现出相当大的兴趣（US Department of Health and Human Services，1993；Watson Wyatt Worldwide，2004；Brown，2005），而且他们尽可能地按照这种兴趣行事。近四分之一（23%）55 岁及以上的员工选择非全日制工作，相形之下，55 岁以下非全日制工作的员工只占六分之一（17%）（US Department of Labor，2005b）。在美国，特别是在年老员工中，极少数的非全日制工作是非自愿的。

弹性和非全日制工作以一些暂时性工作或依附于某份工作的相对短期的工作为基础，但这种工作对老年人来说并非十分普遍。劳工统计局已经明确表达了三种临时性工作的替代措施，其中没有一种会雇用超过 5% 的年老员工（US Department of Labor，2005a）[①]。

① 参照美国劳工部（US Department of Labor，2005a）对此的定义，它是指“没有持续就业的默认契约或明确合同的”员工。根据是否包括自主创业和独立承揽人、他们期望工作持续多久以及他们已工作多久会有三种不同的估计。

55～64岁劳动力在暂时性就业方面的性别差异是不存在的，在更宽泛的定义下，65岁及以上的女性比同年龄组的男性更容易成为暂时性工作者（7% vs. 4%）。总之，在参与暂时性工作的人口中年老员工数量偏少。

然而在有某种替代性（或非传统）工作安排①的员工中，特别是在独立合同和随叫随到类工作中，年老员工的数量是非常多的。例如，在2004年，55岁及以上的员工占就业人口的比例是16%，但是，27%是独立承包人（例如，顾问）、18%是随叫随到类的工人。这些员工在临时工职业介绍所的工作人口中所占比重较小，对这些大的临时工职业介绍所来说，努力吸引年老员工多少有些令人意外。工作安排上的性别差异是显而易见的，年老男性比女性更易成为独立承包人；年老女性比男性更易从事随叫随到、代理和合同工的工作。

许多自主创业者是独立承包人，他们当中的一部分因为失业和面临再就业障碍而进入这类工作领域。这种安排可以为年老员工提供他们想要的弹性，但是，工作本身无法预测，而且，也不能为缺乏营销或企业家技能的员工提供足够的预期收入。对从其他来源获得收入的年老员工来说，这种预期或许没那么关键。

失业

从最严格的意义上讲，在美国，失业并非仅仅是年老员工面临的问题。2004年，55岁以上劳动力的平均失业率是3.7%，明显低于总体劳动力5.5%的失业率水平。

总体劳动力失业率于1982年达到了“二战”后的高点——9.7%（US Department of Labor，2005b）；第二年，55～64岁劳动力的失业率达到5.6%的峰值。高失业率长期以来是以年轻美国人为特征的，且他们依然如故，但年老员工的失业率相对较低，至少

① 这些包括独立承揽人、侯召类员工、临时工职业介绍所员工以及合同厂商拥有的员工（US Department of Labor，2005a）。

与总体人口失业率相比是这样的。20 世纪 90 年代末和进入 2000 年后，经济繁荣为各年龄组的低失业率做出了特殊的贡献，包括中年和老年员工。自 2000 年起，仅有 2.4% 的 55～64 岁员工处于失业和寻找工作状态（表 5－3）。尽管各年龄段的员工（特别是男性）的工作状态随着 2001 年的经济不景气而恶化，但至 2004 年，50 岁以上各年龄组的失业率始终低于 4%。

如表 5－3 所示，50 岁及以上女性的失业率在绝大多数情况下低于同年龄组的男性，但也有极个别的例外情况。在某种程度上他

表 5－3　美国老年人的失业率，根据性别和年龄组，1975～2004 年

单位：%

年份／年龄段	1975	1980	1985	1990	1995	2000	2004
总计							
16＋	8.4	7.1	7.2	5.5	5.6	4	5.5
50～54	5.2	3.7	4.5	3.2	3.2	2.4	3.7
55～64	4.6	3.3	4.3	3.3	3.6	2.5	3.8
55～59	4.5	3.3	4.5	3.5	3.6	2.4	3.8
60～64	4.7	3.3	4	3.1	3.6	2.7	3.8
65＋	5.3	3.1	3.2	3	4	3.1	3.6
男性							
16＋	7.9	6.9	7	5.6	5.6	3.9	5.6
50～54	4.9	3.3	4.5	3.3	3.5	2.5	3.7
55～64	4.3	3.4	4.3	3.8	3.6	2.4	3.9
55～59	4.2	3.2	4.4	3.9	3.6	2.3	3.9
60～64	4.4	3.5	4.3	3.1	3.5	2.7	3.9
65＋	5.4	3.1	3.1	3	4.3	3.4	3.7
女性							
16＋	9.3	7.4	7.4	5.4	5.6	4.1	5.4
50～54	5.8	4.3	4.5	3.2	3	2.3	3.6
55～64	5.1	3.3	4.3	2.8	3.6	2.5	3.6
55～59	5	3.4	4.7	2.9	3.6	2.5	3.6
60～64	5.2	3	3.6	2.5	3.7	2.7	3.7
65＋	5.1	3.1	3.3	3.1	3.7	2.8	3.4

资料来源：US Department of Labor, Bureau of Labor Statistics, *Employment and Earnings*（1976，1981，1986，1991，1996，2001，2005b）。

们混淆了年老员工失业问题，年老员工的低失业率可能有误导性。求职者在寻找工作时要花很长的时间，而这个过程可能还是令人沮丧的。

在2001年1月和2003年12月间，近170万55岁及以上的员工因工厂关闭或搬迁、工作机会不足、职位被取消等原因而失业（US Department of Labor，2004a）。这比此前三年被替代的数量还要大，那时候共有120万年老员工失去工作（US Department of Labor，2002）；然而年轻员工的失业率明显更高（Farber，2005）。

至2004年1月，半数以上在2001～2003年失业的55岁以上员工实现了再就业。劳工统计局的跟踪调查显示这与上期相比是一次改善，那时他们当中仅有49%的人找到工作。但是，这一比例明显低于25～54岁失业人口的再就业率，至2004年1月，他们（25～54岁年龄组）当中的69%的人已经开始工作。

失业人员的年龄越大，他们从劳动力市场中退出的可能性就越大。自2004年1月起，五分之一年龄在55～64岁的失业人员以及五分之三年龄在65岁及以上的失业人员没再加入劳动力大军。此外，2004年1月，65岁以上人口的再就业率低于2002年同一年龄组失业人口的比率（25% vs. 30%），而且，退出劳动力市场的人员比例在上升（从55%到61%）。

年老的失业者显然需要比年轻人花更长的时间去寻找工作，而且，很多人在这一过程中放弃了求职。失业率随年龄增长而持续增长，55岁及以上的求职者在2004年平均要花25周去寻找工作，而25～54岁人员平均所用时间是21周。美国的求职者大约在6个月内要么找到工作要么从劳动力市场中退出。只有三分之一55岁及以上的员工会花27周或更长的时间去寻找工作，与此相比，四分之一25～54岁的员工会做这一选择（表5－4）。实现再就业的年老失业者比同样情况下的年轻人更有可能在新的工作上经历收入损失（US Congress，1993；Couch，1998；Hipple，1999）

表 5-4　失业持续时间和失业 27 周以上（含）的百分比，特定年龄组，2004 年

年龄组	总计(千人)	平均时间(周)	失业 27 周以上的比例(%)
总计,16+	8149	19.6	21.8
25~54	4650	21.4	24.5
55~64	682	26.0	31.1
65+	179	25.2	29.6

资料来源：US Department of Labor, Bureau of Labor Statistics, *Employment and Earnings*（2005b）。

我们未必有把握断定再就业的差别在多大程度上反映了年龄歧视。对就业方面的年龄歧视法案多有研究的美国雇主不太可能承认年龄歧视，当这种事情发生时，员工或许意识不到或者也不想为处理这样的问题而烦恼。然而，特别是当提到技术能力和学习新技术的能力时，雇主对年老员工总是有所保留（AARP，1995，2000a，2005）。高额的医疗成本是雇主所关注的另一个原因。年老员工相信：职场中的年龄歧视是一个问题。例如，三分之二 45~74 岁的雇员宣称他们曾亲身经历或目睹了工作中的年龄歧视，而且，他们更倾向于相信：员工大概从 49 岁就开始面对年龄歧视问题（AARP，2002b）。在一项涉及两个州的劳动力市场年龄歧视问题的研究中，Lahey（2005）发出具有同样能力资格的简历去申请工作，结果发现：年龄标注为 35 岁的求职者比年龄标注为 62 岁的求职者多获得了 40% 的面试机会。Lahey 还报告说："老年白人男性在那些容易起诉的州（也就是说那些拥有地方年龄歧视法律的州）的工作时间比在那些不易起诉的州的工作时间更短。" Adams and Neumark（2002）在审查年龄歧视的证据时发现：有充分的证据表明年龄是工作申请评估时的一个影响因素。

年老求职者可能坚持要求与他们以前工作相当的薪酬而不肯妥协，但他们又缺乏最新的技能，这或许可以用来解释他们求职时间长的原因。部分劳动力的退出可能是由于他们以前的收入与新工作可能提供的收入之间相对较大的差距（Farber，2005）。通过孕育培训“文化”改善年老员工的就业能力是经济合作与发展组织近期关于21世纪年老员工就业政策综合评论的一个关键点（OECD，2005b）。

提高年老员工的求职成功率对失业者和其他员工的持续就业至关重要，因为一旦年老员工离开劳动力市场，他们回归的可能性将很小，而且随着时间的推移，这种可能性将越来越小。尽管会有一些关于重返工作岗位的退休者有所增长的证据（《更多的退休者重归劳动力大军》，《华尔街日报》2005年12月8日；《退休人员灵活上岗》，今日美国网站[①]），但大多数没有加入劳动大军的老年人公开表示他们没有兴趣加入。近年来，不到3%的55岁以上非劳动人口表明他们希望工作[②]。更小比例的人被官方贴上“丧志”的标签，也就是说，他们能够得到工作，但却没有在找工作，因为他们认为自己缺乏必要的学历或培训，害怕雇主认为他们太老，或遭遇其他类型的歧视，因此不相信自己能得到工作。2004年，只有84000人被劳工统计局归为“丧志”一类。尽管如此，关于年老员工就业兴趣的广泛投票和其他调查的结果表明：如果更容易得到有吸引力的工作选择和舒适的工作场所，非常多的老年美国人将继续工作或重回劳动力大军。

当下围绕美国人口老龄化的经济辩论

关于美国人口老龄化的经济辩论在此时此刻更多是一种关于为迅速增长的老年人口提供医疗保健的成本问题的讨论。美国针对

---

① http://www.usatoday.com/money/perfi/retirement/2005-06-08-retiree-main_x.htm.

② 2004年，这一年龄组中有4050万人属于非劳动人口（US Department of Labor，2005b）。早年的数据可以在美国劳工部劳工统计局《就业与收入》1999～2004年1月的版本中查到。

65 岁以上人口的医疗保健计划——医疗保险，被普遍认为是不堪重负的；美国的总审计长说："如果有一样东西可以使美国破产，那就是医疗保健，它已经处于失控状态。"（Walker，2005；David M. Walker in Kaiser Family Foundation，2005：42）① 做出彻查医疗保险的艰难抉择已是勉为其难，更不必说全美国的医疗保健体系了［它留下了 16%或者说接近 4600 万未保险人口（US Department of Commerce，2005）］②。

社会保障的老龄和幸存者保险计划长期以来被当作政治的第三轨。尽管如此，乔治 · W. 布什总统仍然实施了社会保障改革，特别是将个人账户引入这种现收现付制的固定福利体系中，这成为他第二个任期的基石；就他而言，尽管一场为个人账户争取民众支持的积极战役已经打响，但迄今为止仍不能对部分私有化产生足够的支持。虽然在 2005 年的大多数时间里，这都是一个热议的话题，但在写这本书的时候他们似乎暂未将此事纳入正式的讨论议程中。

尽管社会保障的长期偿付能力仍在争议中，但这个计划比医疗保险更有财政基础。可是，即使恢复全部的偿付能力，社会保障自身也不足以为大多数美国人提供适当的退休后生活保障水平。这一事实加上人们已表现出的极小的储蓄倾向、自 20 世纪 70 年代以来私人养老金受益范围扩展的大体停滞以及从固定福利养老金计划向养老金固定缴纳计划的转变，可能是使婴儿潮世代持续工作更长时间的因素，特别是如果他们希望在退休后完全得到财政保障。然而，在 62 岁领取社会保障的实用性可能有助于推动在年轻时积累福利的理念；而大部分员工选择获取在完全退休年龄之前缩减的福利金。

目前，经济学家、政策分析人士和其他研究人员比政客更有可

① 针对美国穷人的医疗保健计划——医疗补助计划是另外一项针对老年人的重要且昂贵的医疗保健资源，因为它为贫困老年人的长期护理支付费用。

② 这些是 2004 年的数据。

能去思考老龄化社会的含义，并提出相应的解决方案。美国的退休收入体系亟待改革：除社会保障长期资不抵债外，许多私人养老金计划也资金不足，而且确保传统养老金固定收益计划的机构也在承受压力。在政府层面，关于延长工作寿命如何发挥作用的争论或讨论却相对较少。

美国员工可能会说他们期望甚至想要在退休阶段工作，但他们决不支持进一步提高退休年龄（参见 Rix，1999）。许多恢复社会保障体系长期偿付能力的方案拟在现有法律的基础上提高有资格享受全额福利的年龄，消除现有法律从66岁到67岁的增长停顿，并指出领取福利的资格年龄将被增至平均预期寿命。年逾七旬的参议院财政委员会主席——参议员查理斯·格拉斯利已提出了一项分阶段将领取养老金福利的年龄提至69岁的方案（Espo，2005）。

尽管不受欢迎，但提高领取全额社会保障福利的资格年龄可能会在国会审议社会保障改革时起到非常重要的作用，因为提高退休年龄能为支持社会保障体系做出重大贡献。如今65岁的人比社会保障刚被引入时的平均预期寿命大6岁，而且预计还会继续增长。因此，通过超龄工作来抵补因平均寿命延长而增加的支出将获得更广泛的认同。在政府机关中，美国政府问责局（GAO，以前被称为美国审计总署）已广泛提及酝酿延长工作寿命的事宜。GAO已发表了若干关于劳动力老龄化的报告，并鼓励各方努力协助那些想要在退休年龄后继续工作的员工（Bovbjerg，2005）[①]。它警告说："许多有经验员工的流失和某些职业可能存在的技能缺口或许已经对生产力和经济增长产生了不良影响。"（Bovbjerg，2005：1）同时它还强调：在职场待得越久越可能缓解因即将到来的退休而带来的社会保障和医疗保险压力。

2001年，GAO建议劳工部成立内部特别工作小组负责从其他

① 例如，参见 US General Accounting Office（2001，2003）；US Government Accountability Office（2005）。

既得利益者（如，雇主和工会）处征询意见，并针对这些由老龄化劳动力提出的议题制定立法和调整机制（US General Accounting Office，2001）。一个特别工作小组已于2004年成立，但目前，GAO认为国家所面临的挑战是，“发起一场涉及更广泛的雇主和雇员群体的更高优先级和高能见度的战役”（US Government Accountability Office，2005：32）。

年老员工可能对国会议程不感兴趣，但他们决不缺席。美国参议院老龄化特别委员会（一个非法定委员会）偶尔会就年老员工议题[①]举行听证会，并且在婴儿潮世代大量退休所引起的潜在后果变得不容忽视时会举行更多的听证会。2000年，国会通过了《老年人工作权利法案》，该法案消除了在正常退休年龄以上退休，但目前仍在工作且年收入超过调整阈值的社会保险受益人的利益损失。2005年，参议员赫伯·科尔（D-WI）起草了《年长员工机会法案》（S. 1862），旨在为想要长期工作的老年人创造更多的就业机会。在其他的条款中，这个法案将为循序渐进的或弹性工作计划设立课税扣除，为老人护理提供税收抵免，面向特定员工扩大使用COBRA医疗保健的人员范围[②]，将“年长员工”定义为《劳动力投资法案》下几个服务难度较大的人口类别之一，并改善那些员工所获得的培训和就业服务。一个小组将调查持续就业方面的障碍，并在《年长员工机会法案》颁布后三年内评估其有效性，然后将就劳动力老龄化问题召开正式会议。

在美国，自1967年《就业中的年龄歧视法案》（ADEA）[③]获

① 2005年，委员会举办了《重新定义21世纪的退休》的听证会。2004年，举办了《面对年老员工，强制退休是否仍然合理且仍在“银色天花板”之上》的听证会。

② 在《统一综合预算调和法案》（COBRA）下，如果员工及其家人由于健康原因失业，例如：该法案所覆盖的员工在失去工作或死亡时，员工及其家属可以按团体利率购买有限期限的保险，通常是18个月。

③ ADEA最初只保护40～65岁的员工。随后的修订提高了年龄限制，之后，年龄上限也被取消了。

得通过以来，就业中的年龄歧视已是非法行为。1986 年，几乎所有职业中的强制退休均被取消。2005 年，美国高等法院裁决：在 ADEA 下，允许差别性影响的索赔。这意味着年长员工能够对看起来是中立的但实质上严重伤害他们的政策要求赔偿。

1983 年，国会通过立法，提高了退休员工享受全额社会保障福利的年龄，将这一年龄增至 62 岁并于 2000 年开始实施。尽管应对该体系的长期偿付能力是改革的原因之一，但它是以老年人（至少他们中的大多数）能够在后期有效行使职责的假设为基础的。与此同时，国会在退休年龄限制的“大棒”上加了一个工作“胡萝卜”或“甜料”：对那些在正常退休年龄后（最高至 70 岁）延迟退休的人员延迟发放的退休金将逐步增加，并将于 2008 年更加精准公平。这意味着推迟退休的员工将不再经受终身利益损失，但这一增长的影响可能在不知不觉中被《老年人工作权利法案》的条款破坏。

最后，国内收入署已发布了排除正式的逐步退休计划若干障碍的建议性规章。这一规章使员工能够在计划的正常退休年龄前领取私人养老金福利并继续为同一雇主工作，没有能力这样做已经被视为雇主提供过渡性退休的主要障碍。

年老员工和积极老龄化

在美国，“积极老龄化”本身并未得到像在欧洲那样的关注。如今的老年美国人（特别是属于婴儿潮世代的老年人）与过去几代老年人在本质上是截然不同的（Johnson，2005），并被预期在未来比他们的父辈和祖父辈更加富有积极性。

“成功的老龄化”和“富有成效的老龄化”已在各种书籍和报告中有所论及（参见 Bass et al.，1993；Bass，1995；Rowe and Kahn，1998；Morrow-Howell et al.，2001），但其措辞本身好像从来不能让人明白。然而，它们确实反映了年老美国人在生病、健康状况不佳以及有能力在晚年为社会做出更大贡献时的认知转变。有报道称：年长者健康状况已普遍改善（National Research Council and Institute of Medicine，2004）；老年人中的残疾人比例已有所下降（Manton and Gu，2001）；健康状况差强人意或不良的自陈报告也已减少（National Center for Health Statistics，2005）；而且人们相信发病率也已降低（Fries，2005）。此外，今天的工作也不像从前那样费力。如果在美国有“积极老龄化”感觉的话，那就是更健康的老年人口在相当大的程度上能够延长工作时间。提高老年人口的劳动力参与率意味着假设是正确的，这至少适合人口比例增长的情况。

最近的新闻提要鼓吹“60 岁相当于新的 55 岁”（Lawson，2005），甚或“60 岁相当于新的 30 岁”（AARP，2003a）。哪个更接近事实并不重要；重要的是，由于老年人正日益被想当然地认为正在积极地老龄化，因此，美国正在把“老年”的界定向后推延。

“积极老龄化”对年老员工的意义

美国关于退休的传统观点是：它是与长期甚至终身就业的一次完全和永久的分离。但是，当许多员工在单一雇主那里耗尽工作寿命的全部或绝大部分时间然而仅有一次“退休”机会的时候，美国的终身就业显然更像超现实的神话（Yakoboski，1998）。而且，许多员工采取循序渐进的退休方式也不会感到突然，因为他们已经自愿或非自愿地借助职业工作和完全退休之间的过桥工作或过渡性就业融入退休（Quinn，1999）。

过桥就业能使员工在多大程度上超越他们本应与他们的长期或职业雇主在一起时拥有的积极性，尚不得而知。然而，我们普遍相信：阶段性和部分退休能使人们在未来的生活中保持积极性。另一方面，这些选择会激励人们更早一点缩减他们的工作时间。Chen 和 Scott（2006）只发现了后者的少量证据，但他们提醒说关于这一问题希望会有更多的研究。

根据华信惠悦（Watson Wyatt Worldview，2004）的调查，大约三分之二50~70岁的人更愿意缩减他们的工作时间或在工作中有更多的灵活性，而且，约三分之一的人指出，如果他们有机会逐步退休，他们将工作得更久。灵活性对于年满65周岁但仍在工作的人来说似乎很重要（Haider and Loughran，2001）。

尽管无数民意调查表明了通过在退休阶段继续工作来保持未来生活积极性的计划和愿望，但实质上，关于工作美国员工众说纷纭。不到十分之四的婴儿潮世代说他们从不想退休，但是，仅有超过40%的人迫不及待地要这样做（AARP，2004）。婴儿潮世代还指出：总而言之，他们想要在非常年轻的59.7岁的平均年龄时不再为薪酬而工作（AARP，1998）。此外，他们无法控制的环境也可能会改变员工退休后的计划和预期。在2004年，国会预算局报告说，400万婴儿潮世代已离开劳动力大军，最普遍的原因是伤残；高比例的残疾人正在领取社会保障伤残保险（SSDI）福利金（US Congress，2004b）。SSDI的严格申领标准已阻止这个伤残计划像其他国家那样成为人们提早退出劳动力大军的另一条路径。对许多老年美国人来说，积极老龄化或许是一个难以捉摸的目标。

当然，积极老龄化不仅包含有偿工作。成千上万的老年美国人自愿并计划在退休阶段继续工作。根据美国大都会人寿保险公司和公民风投的调查（Metlife/Civic Ventures，2005），超过半数（53%）的50~70岁的人报告说在过去12个月间曾至少为一个组织提供过志愿服务。65岁及以上的人不太可能像大部分年轻人那样从事志愿活动，但是，这一年龄组中的志愿者数量自2002年起已有增长。而且，如果他们做志愿者的话，老年志愿者会比年轻志愿者投入更多的时间（US Department of Labor，2004b）。

老年志愿者对社区的贡献绝非无关紧要。2002年，55岁及以上的美国人正式的、非正式的和提供护理的志愿工作的预计价值约在 970 亿～2010 亿美元，最佳估计值约为 1620 亿美元，或者人均超过 2500 美元（Johnson and Schaner，2005）。超过半数的婴儿潮世代希望退休阶段在社区服务和志愿服务方面投入更多的时间，这可能成为依赖志愿者的组织的福音。

如果更长的工作寿命会导致员工减少他们的非就业活动，那么这可能对志愿工作和照顾他人的工作产生不利影响。迄今为止，缺少时间是在职人员无法从事志愿活动的最普遍原因；可以预期，非全日制员工并不像全职员工那样饱受时间压力（US Department of Labor，2004b）。照顾他人者也会遭遇同样的问题，他们将不得不在志愿照顾他人和有偿工作中做出选择。逐步或部分退休以及其他灵活的工作选择会使员工更容易将工作与非工作（如，志愿活动、照顾他人和娱乐等）结合起来。

即使大多数婴儿潮世代期望在退休阶段继续工作，他们的理解也是那些年应主要花在家庭方面，以及追求与工作无关的兴趣和娱乐（AARP，2004a）。他们还对退休后能贡献于慈善的工作感兴趣，虽然他们对找到这样的工作机会并不十分乐观（Metlife Foundation/Civic Ventures，2005）。

展望未来

汇丰银行认为：美国人正在拒绝用老眼光看待退休，仅在美国“倡导从容退休的观点”之后的一代人就开始寻求能融合工作和退休的新阶段。Costa（1998：133）在审视了美国的退休史后，主张“对闲暇的偏爱是退休人数增加的主要驱动力”。大多数员工最终都会退休，但他们当中的大多数会比前几代人工作得更久后才会这样做。退休是否被重构或重新定义尚需拭目以待，但是，老年人上升的劳动力参与率说明一些老龄组中相当一部分人的工作寿命已经变长。

美国的许多专家相信延长工作寿命是一件好事而且应该受到鼓

励（Burkhauser et al.，1996；Johnson，2005；Walker，2005）。事实上，由于更多有经验的员工参与工作，一支老龄化的劳动力队伍可能就是一支更有生产力的队伍（Laitner and Stolyarov，2005）。然而，当一些观察者提倡提高提前和全额享受社会保障福利的年龄时，其他人却倾向于能使工作寿命自愿延长的计划和政策。更加灵活的工作选择、循序渐进的退休和更好的非全日制工作被认为能促进工作寿命的延长。

就整体而言，年老员工准备工作更久也没什么不好，但是，他们更愿意选择自己的工作形式。特别是婴儿潮世代，他们可能希望拥有一切：在未来的生活中拥有更多更好的工作选择以及追求其他活动的充裕时间。然而，他们不会得到全部。因为，尽管已进入知识经济时代，成千上万的美国人仍在从事体力劳动，或者在危险或不愉快的工作环境中工作，这使他们无法延长工作寿命（OECD，2005a）。这些员工中相当一部分人缺乏轻松转换到其他职业的技能和能力，为此，经济合作与发展组织提议了一项针对各年龄段低技能员工的政策以改善他们目前和未来的福利。

种种因素可能阻止那些想要保留工作的人这样做：身体不适、技能过时、缺乏灵活的工作选择、没有吸引力的兼职就业机会、62岁可以获得社会保障福利、养老金固定收益计划惩罚员工延迟退休、照料责任、配偶退休决定、雇主本身对年老员工存有疑问和忧虑。

尽管积极的老年人是有潜力的，但老年人所面临的健康问题可能会影响他们的工作能力或对雇主的吸引力。慢性疾病随着年龄的增长而增加（National Research Council and Institute of Medicine，2004）；超过半数的美国大都会人寿保险公司/公民风投的被访者和超过半数的非劳动力退休者由于身体欠佳或健康恶化而不打算在退休阶段继续工作。国会预算局分析说，婴儿潮世代的残疾比例将有所增加，由于不具备条件，他们很可能离开劳动力大军。随着年龄的增长，严重的工伤也将随之增加，同时，休养时间也不断延长

（Rogers and Wiatrowski，2005）[1]。在年老员工中，致命伤也更为普遍。虽然某些职业（例如交通运输）总是与大量的伤病（包括工作之余）联系在一起，但或许完全出乎意料的是，Rogers 和 Wiatrowski（2005：28，30）发现，在 65 岁及以上的人所在行业，零售业是受伤人数最多的。他们指出："在这一年龄水平的人所处的所有职业中，这种问题更加显著，而且传统意义上的高风险或危险职业并非一定能引发年老员工的工伤。"

年长者的绩效和生产力问题也影响着他们保留或寻找工作的前景（US Congress，2004b）。尽管一些研究得出年龄并非是绩效的有效风向标的结论（Sterns and McDaniel，1994），但 OECD（2005b）发现：随着年龄的增长，体力和认知能力确实有所下降。不过，OECD 还指出：这种下降未必会影响绩效，因为员工可以弥补这种下降；另外，工作调整也可以抵消由此产生的影响。尽管如此，这些仍可能影响到雇主对年老员工价值的判断。对年老员工的薪酬高于其价值的认知已引发了薪酬调整的建议（也就是说，低工资），这可能会使年老员工对雇主更具吸引力（Rebick，1993；OECD 2005b）。此外，高额的健康保险成本也会阻止雇主雇用或保留年老员工（US Congress，2004b；Mulvey and Nyce，2004）。

雇主关心年老员工的成本、绩效和技术能力，例如，这可能表现在年老员工找工作时所遇到的困难，缺乏正式的逐步退休选择、有吸引力的工作机会以及持续的年龄歧视（特别是在入职和离职时）。但是，许多行业的雇主努力接触年老员工并实施吸引和保留他们的措施（参见 AARP，2004），就是一些雇主善于接纳年老员工的信号，至少在劳动力市场供不应求时是这样。不过，关于研究逐步退休的项目发现，相关正式计划还是比较少，但许多轻松进入

① 在 2003 年，在工作中经历了一次非致命性伤害或疾病的员工可休 8 天病假，但 55～64 岁员工可休 12 天，65 岁以上的员工可休 18 天（Rogers and Wiatrowski，2005）。

退休的特别机会还是有的，并推测雇主在如此多的年老员工说他们想要这样做的时候会更加谨慎地提供灵活的选择。此外，尽管在就业方面的年龄歧视是非法的，但雇主能够且已经找到了方法去剥夺他们不再需要的员工工作的权利。年老员工可能在公司重组和精简造成工作错位的全球经济环境中处于特别不利的地位，那可能会也可能不会牵涉年龄歧视。

没有证据表明：不受年龄限制的就业正在出现，或者员工确实需要这个。一方面，有关年龄歧视的法律规定意味着工作决定应该是无年龄差异的，但另一方面，无年龄差异与旨在雇用和保留年老员工的计划与项目是矛盾的。如果代理机构和国会齐心协力地去解决年老员工问题，可能意味着不受年龄限制的就业是一个不切实际的目标。然而，Cappelli（2005）注意到：关于对某类员工的特别或差别对待的合法性考虑可能会阻止雇主为年老员工提供他们想要的东西——特别是灵活性。

经过适当的设计和实施，大多数坚持为年老员工扩大就业机会的计划和政策应该惠及各年龄段的员工。尽管如此，很难想象年龄不再是雇主做人事决策时的考虑因素。更好地监控和执行《就业方面的年龄歧视法案》能减少基于年龄的不利的就业决定的数量。对成功的企业实施年老员工就业实践的有效宣传会激励其他雇主同样接触那些员工。

预测未来充满了危险，特别是当这一预言应用于像美国婴儿潮世代这么庞大且多样化的人口的时候。婴儿潮世代一生都在改变着美国的整个体系，而且，没有理由假设，如果他们选择的话他们不会这样退休。媒体当然期望他们能够为改变退休年龄预期做出贡献。调查中频繁强调的有多少员工期望在退休阶段工作的参考信息可能正在影响人们所说的话，特别是那些从未认真思考过他们的退休年龄的人。尽管如此，通过调研得出的工作预期的多个统计是如此一致，好像显示了成千上万美国人预期的真实变化。

毋庸置疑，更富足的、受过良好教育的和更健康的老年人

（参见 Haider and Loughran，2001）将会在所谓的退休阶段更轻松地保留工作。ADEA 的确使那些拥有非常好的工作且有意愿的人更轻松地保留了工作，许多人也将这么做，只不过他们似乎更希望与此同时能减少工作时间。

但是，许多新工作所在的职业将不需要这些员工现在所具有的技能和特征。对家庭保健人员、卡车司机和快餐食品从业人员的需求是巨大的。供需的合理匹配将影响到哪些工作需要年老员工以及需要多少年老员工的问题。员工说他们想要什么和应该得到什么与能得到什么之间的矛盾能激发年老员工对持续就业的热爱。

如前所述，大多数美国雇主尚未感觉到解决年老员工雇用和保留问题的必要性。但至少对一部分雇主来说，那一天即将到来。此外，婴儿潮世代很快就会达到所谓的“退休年龄”。他们以什么状况告终以及社会中的其他群体对此如何回应很快就会见分晓。

第六章
荷兰：关于年长劳动者的劳动力市场政策

Kène Henkens 和 Joop Schippers

导　言

作为宏观调控执行人，荷兰政府及社会各界人士认识到需要增加年长劳动者的就业（见 SER，1999）。于是，在 2000 年里斯本峰会上，荷兰政府极力赞同所谓里斯本目标，以期提高年长劳动者在劳动力市场中所占份额。尽管年长劳动者的就业份额在过去几年中有了一些增长，但仍低于 50% 这个预期目标。Von Nordheim Nielsen（2005）称，如果没有雇主、工会和年长劳动者的积极支持与承诺，就业率不太可能显著提高。近期研究显示，欧洲劳动者对延长工作年限的预期持续增加（Velladics et al，2006）。但与此同时，类似研究也显示，大量年长劳动者自己仍喜欢和希望早于官方规定的退休年龄退休（例如 Van Dalen and Henkens，2002，2005；Heyma，2001）。过去十年，荷兰政府的政策主要着眼于增加“退出惩罚”来阻止以各种形式退出劳动力市场的行为，却很少关注雇主行为这一本章的重点。大多数关于如何应对劳动力老龄化的决定应该由各个组织自己做出，或者至少在这些组织内实施。在美国和几个欧洲国家进行的早期研究表明，很多雇主有歧视年长劳动者的倾向，而且当地经常缺乏关注年长雇员的机构。这反映出缺乏保留年长雇员就业岗位和对他们进行就业再教育的相关政策（Barth et al.，1993；Chui et al.，2001；Guillemard et al.，1996；Henkens，2005；Taylor and Walker，1998）。尤其是当经济前景黯淡时，年长劳动者会发现他们处于弱势，因为提早退休经常被看做相对于大规模裁员来说比较缓和的缩减雇员方式。

政策背景

交织在一起的人口变化与劳动力市场的发展

年长劳动者的就业率下降是与荷兰劳动力市场的结构性发展紧密相关的。从20世纪70年代初开始，大批所谓婴儿潮时期出生的人口进入劳动力市场。同期，由于工业现代化进程影响，女性劳动力在劳动力市场的表现开始急剧改变。在过去十年中，荷兰女性的就业被打上了激进和快速的标签（Hartog and Theeuwes，1985；Henkens et al.，2002；Vlasblom and Schippers，2004）。图6－1显示出荷兰劳动力在年龄和性别组成上的显著变化。

大量婴儿潮人口和女性人口为20世纪最后25年提供了充足的劳动力供应。劳动力市场几乎总处于供大于求的局面使雇主对待工人比较“随意”；一点小“剐蹭”或“瑕疵”就足以开除工人，因为有足够的替代者正准备上岗。这种为部分雇主所采用的冷漠的裁员策略抛弃了很多本来有足够收入的劳动者，产生了大量失业人员、残疾人或者提前退休人员，给政府造成很大压力。尤其是当宏观经济政策仍受凯恩斯主义控制的时候，购买力至上论点成为高替代率观点的主要托词。

而且，随着劳动力买方市场的发展，以年轻人群替代老龄劳动者的势头日趋明显。日益增加的国际交流导致对生产过程灵活化和合理化的需求。作为技术发展的结果，对可以应用新技术新技能的

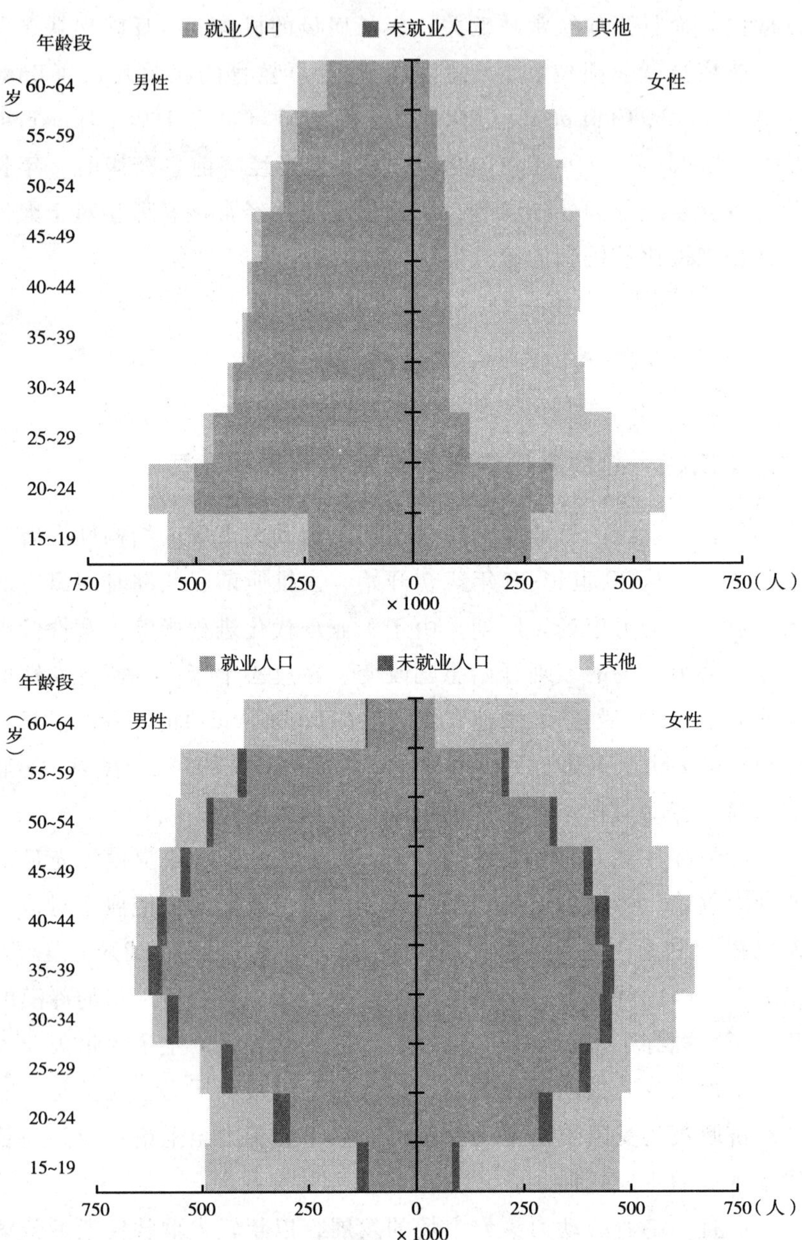

图6－1　适龄就业人口和就业人口的年龄与性别组成，1975～2004年

劳动者的需求持续增加，而对非技术劳动者的需求则持续减少。当雇主可以从刚刚结束学业的人群中招募到具备最新知识的劳动者时，老龄和中年劳动者中的非技术劳动者就会显得人数众多。他们需要吸收新知识新经验，否则就要面临和生产资料中的老旧设备一样被扔到大街上的风险。根据最新研究，全球化在劳动力市场上制造了更多不稳定因素，使弱势群体如年轻人和少数民族饱受其害（Blossfeld et al.，2003）。一种类似的影响也许正作用于老年人，不仅仅因为他们中非技术劳动者数量少，而且因为即使他们是技术劳动者，他们适应新技术的能力或许也相应稍弱。

自 1975 年到 20 世纪 80 年代中期，失业人数急剧增加反映了劳动力供求关系之间的变化（见图 6－2）。20 世纪 80 年代初，作为应对失业人口快速增加问题的措施，提前退休规章的引入与延伸［所谓 1982 年威瑟纳协议的一部分，由雇主协会、工会以及政府部门（Remery et al.，2002）协商达成］在降低有资格提前退休员工的平均年龄方面起到了显而易见的作用。

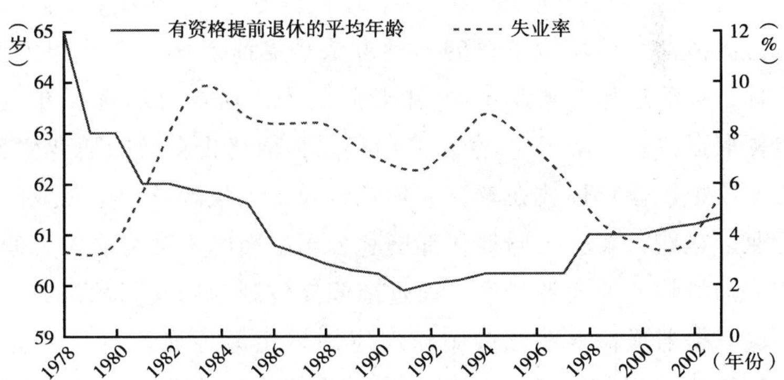

图 6－2　失业率和有资格提前退休年长员工的平均年龄，1978～2002 年

与其他欧洲国家相比，荷兰政府的政策尤其注重增加劳动力市场新进人员的就业机会。致力于降低青年失业人口的威瑟纳协议的另一部分在取得成果的同时也意味着年长劳动者要面对更多困难，他们中的相当一部分自“二战”起就被雇用从事艰苦的工作。占支配地位的离职文化为以工资制度为基础的精英所不断加强，结果是雇主不再愿意雇用或培训年长劳动者。40 岁以后参加培训的人数快速减少（Ester，Muffels and Schippers，2003），而且失业一段时间后能重新就业的人数也非常少。年长劳动者的流动性主要表现为离职流动（退休）。

所以，荷兰国内人口在统计学上的变化和劳动力市场的发展交织在一起构成了提前退休文化，这一文化通过由许多提前退休方式组成的复杂制度来体现。政府之所以对提前退休试验提供经济支持是希望能产生以下社会影响：对青年人就业的积极影响和给予年长劳动者更多的选择自由。然而，从雇主的角度来看，提前退休能创造新的就业机会只是次要问题，他们更愿意把提前退休看成逐步削减相对成本行之有效的方法，减少生产人员会使整个雇员群体缩小或年轻化。

退出劳动力市场的途径

退出劳动力市场最主要的三种方法是提前退休、伤残和失业。第一种，提前退休方案从 1976 年开始引入，雇员可以选择在达到法定领取退休金年龄（65 岁）之前自愿提前终止自己的职业生涯。初始阶段把试验目标放在教育和建筑行业，很快涉及一些工业的分支行业，这些方案基于同处在部门和公司层面的工会与雇主之间达成的劳动协约。劳动者和雇主通过离职支付制度来共同承担成本。

没有提前退休方案可选用的雇主如果想甩掉雇员（特别是年长者）通常采用以下两种福利手段：伤残方案和失业方案。特别是伤残途径，通常用来使年长雇员下岗。使用这种方案不但因为有医学的考虑，而且因为政府和社会各界人士认为在劳动力市场上这种方案合法（de Vroom，2004）。

20 世纪 90 年代初，加入其中一种伤残方案的劳动者人数增长了几乎 100 万，同时国家福利性支出需要削减。二者相叠，结果导致政府第一次尝试把劳动力市场中最常用的一种方案废除。经过几个步骤，兼顾工业可能产生的动荡，伤残救济金发放数额被削减，进入伤残方案的标准越发严苛，并且制度内增加了一些惩罚性条款用以阻止雇主把雇员“倒进”这些方案。总体来说，这些方法相当成功。20 世纪末，涌入伤残协议的劳动者数量大幅减少，并从那时起开始进一步降低。

然而，早期研究已经指出，这三种退出劳动力市场的方案并非独立运行：限制一种会不可避免地导致另一种方案案例增加（Van Imhoff and Henkens，1998）。所以，关掉退出劳动力市场的伤残方案大门的结果是相应地增加了安排就绪的失业和提前退休方案的压力。这也是近几年致力于增加劳动者就业机会的政府把矛头指向其他解决方案的原因。税法修改已经使公共财政停止对基于提前退休方案的离职支付。当前，大多数工业企业仍可利用提前退休制度，但要基于保险精算制度。简而言之，这意味着劳动者越想早些退休其所支付的保险金就越高，而收益会相对降低。离职支付法从基于提前退休方案转变成基于保险精算方案，得到了荷兰工会的支持，部分原因是为了应对日益削弱的不同年龄段之间团结的局面。随着对老龄化问题的关注日益增长，属于年轻人群的劳动者已经越来越感受到他们面临的风险，也许等他们步入 50、60 岁年龄段时可能不再会有机会分享提前退休解决方案的成果。这也导致反对基于提前退休方案的离职支付法的声音逐渐增加。

于是，在封锁了通向提前退休的第二条路之后，政府把注意力放在第三条也是最后一条路上：失业方案。封锁这条路是本届荷兰保守内阁的主要目标之一。再一次，人们看到了条件严苛、收益降低的情形。变本加厉，这次的要求是年老员工（年龄在 57.5 岁及以上）要在他们失业后继续寻找工作。

通过研究这些年来老年人和妇女就业形势的变化（见图 6－3），我们大概可以概括出荷兰的政策关注积极的老龄化（即更长的工作年限和更晚退休）已经相当成功。年老劳动者总是偏低的就业率趋势已经得到转变。尤其是20世纪90年代后期，老年男性和女性的就业率大幅提高。

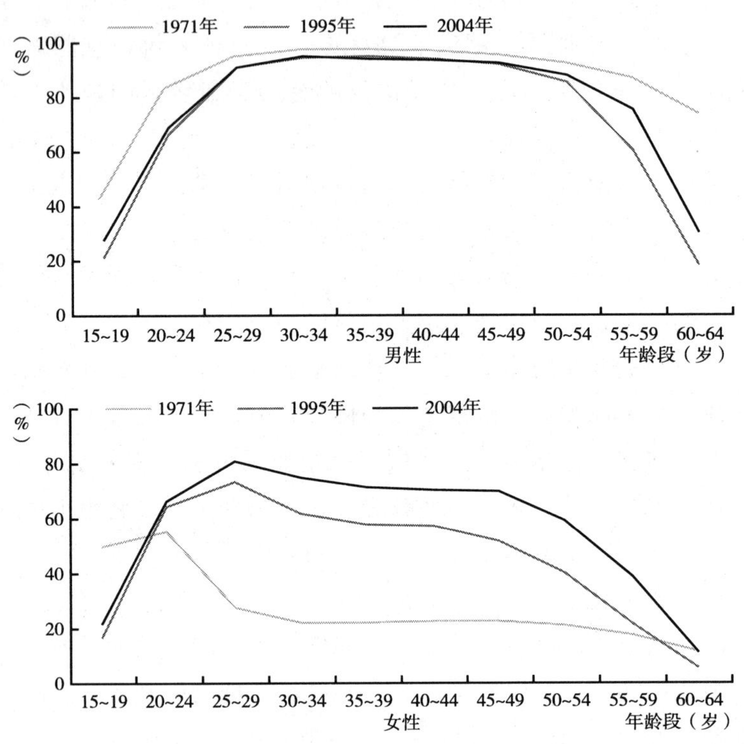

图6-3　1971，1995，2004年度荷兰男女劳动力就业率

然而，为了不过分夸大政策措施的冲击，人们应该记住，在同一时期荷兰经济经历了“二战”后数次经济繁荣中的一次，很多行业曾经面临严重的雇员短缺危机（Remery et al.，2003；Henkens et al.，2005），几乎所有劳动者都有充足的就业机会可以选择。即使这样，尽管处在经济上行阶段，研究显示年长劳动者仍处在就业队伍的末端（Remery et al.，2003）。此外，当2003年经济下行期到来时，很多年长劳动者发现他们又处在失业人员队列的前排，而且雇主对雇用他们不感兴趣。年长劳动者继续面临就业歧视。过去四年中年龄在55~65岁的失业人数增加了两倍。而且自从所有退出劳动力市场的途径被“严肃化”之后（政策文件中经常这么说），年长劳动者发现他们所享受的免于贫困的保障措施较以前更少。结果，被裁员、成为（部分的）残疾人或提前退休更多地导致年长劳动者陷入贫困。

所以，现在应该转移重点并尝试了解雇主如何应对社会保障规定的变化以及他们所雇用员工的老龄化问题。这是在一个相当长的时期内发展成功的可持续的具有活力的政策之关键所在。在本文的第二部分，我们提交两项调查的结果，一是2000年我们在1000家企业中进行的调查，二是2005年我们在600家企业中进行的调查（详情见Remery et al.，2003；Van Dacen et al.，2006）。这些调查给予我们机会来审视2000~2005年荷兰雇主对待年长劳动者的表现。2000年，荷兰劳动力市场以日益增加的劳动力短缺和20多年间最低失业率为特点；及至2005年，情况已经彻底改变，就业率恢复到20世纪90年代初的水平。

老龄化的含义

在2000年和2005年的调查中，压倒多数的受访者（75%）倾向于把员工平均年龄的增加和高昂劳动力成本联系在一起。表6-1的最后一行显示，很少有雇主对生产力提高抱很大希望：仅仅7%的雇主认为有可能。雇主也倾向于把年长员工看做出勤率低和难以改变的员工（两年都超过50%）。同时，半数受访者也认为，现在的工作组织方式应该得到重新审视，工作条件也应该改进，而老龄化问题会对应用新技术产生消极后果。

小部分雇主认为一个老龄雇员群体会对公司形象产生负面影响。然而，超过半数受访者期待他们雇员平均年龄的增长，会带来雇员技术和经验逐年增加的良好结果。大约有15%的受访者相信老龄工作团体会较少产生冲突。

表 6－1 2000 和 2005 年度对老年劳动力的预期后果

单位：%

后果	2000 年	2005 年
• 劳动成本增加	73	77
• 对变化的更大抵触	57	56
• 缺勤的增加	56	53
• 知识和经验的增加	55	61
• 工作组织方式的回顾	52	46
• 改善工作环境的需求	50	46
• 对新科技的消极热情	50	44
• 组织内矛盾较少	15	13
• 企业形象的负面影响	15	16
• 生产力提升	7	7

资料来源：2000 年和 2005 年雇主调查。

撇开劳动力市场情况的变化和老年人就业率上升不谈，我们会从表 6－1 得出一个重要结论：雇主们的看法非常稳定。年复一年，可以察觉到的老龄化的后果差异非常小，而后果的等级也几乎相同。这些结论暗示关于年长劳动者的刻板看法相对稳定，而且并不因变化的经济形势或劳动力组成因素的变化而轻易改变（见 Henkens，2005）。

适用于年长劳动者的方法

两次调查有一共同目的，即为了研究雇主愿意为促进年长劳动者就业稳定付出多大程度的努力。调查员向受访者提供一系列备选方案，请受访者标注他们的企业是否正在采用这些方案，或者正在考虑如此行事。该列表基于对不同年龄段人员政策的早期研究（Schaeps and Klaassen，1999）。表 6－2 显示 2000 年和 2005 年的调查结果。

表 6－2　2000 年度、2005 年度雇主采用或正考虑采用保留年长雇员方法的程度列表

单位：%

措　　施	2000 年		2005 年	
	采用	考虑	采用	考虑
提前退休后兼职/退休前兼职	51	27	47	29
额外休假/增加休假资格	62	21	57	27
长期中断工作	12	34	10	34
非定期就业的年龄限制	35	22	31	26
避免年长员工的超时工作	34	32	29	33
灵活工作时间制	47	32	21	23
年长员工的培训项目	21	46	13	47
减少年长员工劳动负担	41	44	33	52
减少年长员工的降级	7	38	6	41
人性化措施	65	22	50	38

资料来源：2000 年度、2005 年度雇主调查。

比较 2000 年和 2005 年的调查结果，可以发现雇主们正在减少偏向年长劳动者的策略。他们这样做是基于生意原因。这次转变也许同样是因为 2004 年颁布了一项法律禁令，禁止劳动力市场内存在任何形式的年龄歧视。严格的法律规定导致年长劳动者享受的整个系列的救济金和为年长劳动者制定的保护措施被废止。2005 年，提供灵活工作时间制和培训计划的企业数量下降。两年的调查都显示，最为广泛应用的方法是可以为年老雇员提供便利措施。给予年长雇员额外假期/增加休假资格，以及其他形式的措施，如提前退休后兼职或领取养老金前兼职以及灵活工作时间制也很常见。其他措施如引入对非定期就业和倒班的年龄限制、年长劳动者可以不加班、减少年长劳动者的工作强度等措施则略显稀有，但仍为三分之一至五分之二的雇主所采用。把年长劳动者转移至次一级岗位伴随着工资收入降低（通常被称为降级），这种措施在少于十分之一的企业中存在。在 2000 年时，8% 的受访者不采用任何年龄段政策措施，这一比率在2005年时上升至17%。至于雇主们谈到的正在考虑或他们在不久的将来或许会考虑执行的那些措施，培训计划在两年的调查中都位居榜首，紧随其后的是减少年长劳动者的工作负担。这些相对高的百分比揭示了许多雇主预计他们日趋老化的全体员工，或一个老化的员工群体的前景使调整人事策略成为必需。降级或许会成为一种常用选项，几乎有五分之二的受访者表明他们会考虑这一可能性。这样一来，应该注意到大多数雇主也同样表明自己不大会执行降级选项。

应该注意到这些供受访者选择的措施并非都特意指向年长劳动者。其中一些措施具有普遍性。将长期中断职业生涯改为从事时间灵活的工作，可以在某些需要把工作和抚养后代结合起来的人身上成为可能。在实践中，主要是妇女希望或需要这样的工作安排。研究表明，长期中断工作和灵活工作制等措施在女性雇员相对较多的企业中更加普遍（den Dulk，2001）。

现在我们可以得出这样一个总体观点，相对多数雇主已经在执行按年龄段划分的人事制度。然而，这项观察结果需要获得认可。首先，我们必须牢记，这些常用的措施，如提前退休后兼职、非定期就业中的年龄限制以及灵活时间工作制都是荷兰集体劳动协议（CLAs）的组成部分。近期研究显示，比如，87%的CLAs合同赋予雇员一次或更多机会提前退休（这里的提前，是指先于法定退休年龄65周岁），68%的合同包括免除条款，规定年长劳动者可以免于在非正式工作时间内工作（Schaeps and Klaassen，1999）。尽管CLAs的细节规定并没有在调查中提及，但结果确实显示了参与集体协议谈判的公司与未参与谈判的公司相比更倾向于执行这些上面谈及的条款。也要注意到这些最为广泛执行的措施通常都是些“饶恕”年长劳动者（更少的责任，更多的特别待遇）性质的措施，比如额外休假，增加休假资格，减少工作负担，非正常工作的年龄限制，免予加班。这些措施通常耗资巨大，且降低雇员的可雇性。一些雇员利用这些措施可以使他们在提前退休后从事非全日制工作，部分地从劳动力序列中撤出，但大部分人还将停留在全职雇员阶段（见 Ghent et al. ，2002）。这种行为会令雇主产生额外成本且毫无回报。一种可以产生回报的选项是为年长劳动者提供培训。这一措施可以在保留年长劳动者岗位的同时提高他们的受雇能力，无论兼职还是全职，他们都能同时为雇主创造收益。然而，只有五分之一的公司学习采用了这一策略。将近一半的雇主表明他们正在考虑或在将来执行这一策略，但接近三分之一的公司并不热心，坦承不会考虑这一可能性。正如前文所说的，2004 年反年龄歧视法给关于什么措施可以继续为年长劳动者所用而什么措施不能的问题造成了许多不确定性。

前文已经表明，当雇主和全体雇员老化的冲突与日俱增时，专门为保留年长员工设计的措施却很少得到关注，至少目前为止没有。一种常见的假设是逐渐加剧的劳动力短缺是刺激老龄人口就业率提高的最好保证。尽管更多的悲观者预言，随着很多职位输出至亚洲国家如印度和中国，劳动力需求可能降低，未来劳动力短缺不会成为现实。在就业形势紧张的劳动力市场上，急于让大量年老员工下岗的情况会趋于减少。然而这也意味着雇主们在雇用新员工时会更多地把目标放在年长劳动者身上吗？还是他们更愿意招收其他类别的员工？这些问题留待后文讨论。

身处求职队伍中的年长劳动者

从 2000 年到 2005 年，荷兰劳动力市场从卖方市场过渡到买方市场。表 6－3 显示，2000 年雇主使用多种方法来吸引潜在雇员。

2000 年雇主最常见的回答是招收了更多的女工（51%）。诸如提高员工的受雇能力（44%）和重新使用身体部分残疾的劳动力（38%）等措施被广泛实施。后一选项则为另外 42% 的雇主考虑实施。在雇主们考虑范围内的措施中，为雇员提供更高薪酬和/或更好的工作条件得分最高，紧随其后的是鼓励员工持续工作直到 65

表 6－3 2000 年和 2005 年企业为应对当前或近期员工短缺所使用的策略

单位：%

措　施	2000 年		2005 年	
	采用	考虑	采用	考虑
增强可雇性	44	40	41	49
替代劳动力的技术	21	29	18	34
鼓励员工持续工作到 65 岁	12	44	12	52
将产能转移至海外	4	5	3	7
重新整合残疾人	38	42	26	42
招收更多女性劳动者	51	18	21	23
提供更高周薪	34	48	9	43
招收更多年长劳动者	19	39	8	39
招收外国员工	10	17	6	17
召回退休雇员或提前退休的员工	10	21	3	13

资料来源：雇主调查，2000 年，2005 年。

岁。后者仅为不超过 12% 的雇主实施。提供更高薪酬来挽留或招募员工这一措施有三分之一（34%）的雇主正在实施。大多数雇主并没有选择将产能转移至国外，而将近 75% 的雇主也没选择招收国外员工缓解员工短缺形势。大多数受访者不认为应用省工技术替代雇员切实可行：四分之一已经如此行事，三分之一正在考虑，但将近一半受访者对这个解决方案不抱太大希望。在近期工资变化趋势下这一结论令人惊讶。它显示出大多数受访者并没有看到在各种集体工资协议中达成的增加酬劳条款，以及市场中的劳动力短缺成为寻找节约劳力和提高生产力新技术的诱因。然而在这里我们应该指出，对于我们的大批受访者来说，引进新技术的可能性大打折扣。同样的原因制约了把产能转移至国外。

出人意料的是，即使在 2000 年荷兰劳动力市场难以招工时也只有极少数雇主把年长劳动者群体看做劳动力来源。不超过 12%

的企业鼓励它们的员工持续工作至65岁，尽管有可观的数字（46%）说它们正在考虑，或者会考虑如是实施。虽然只有不超过五分之一的雇主积极招收年长劳动者，但超过五分之二的雇主把这看成阻止员工短缺情形的可能选择。前面说过，同样有很大一部分雇主承认如果他们确实受困于员工短缺的话，他们也没有做好招收年长劳动者的准备。召回退休雇员或提前退休的员工似乎连可选择的办法都算不上。只有10%的雇主准备这么做，不超过四分之一的雇主说会考虑这么做。

如果把2005年的调查结果和2000年的相比较，我们会发现愿意招收更多女性劳动者和残疾劳动者的雇主百分比大量减少。然而，人们应该认识到女性就业率在过去十年内已经大幅提高（尤其在年轻女性人群中），现在这一由额外劳动力供给构成的劳动力储备正在快速枯竭。选择招收年长劳动者的雇主比例从2000年的19%跌至2005年的仅8%。无标准类别工人的地位保持不变，而年长劳动者的位置几乎排名末尾。同样应该注意的是，雇主愿意付出更高酬劳的比例下降明显：从2000年的34%降至2005年的9%。

结论

积极的老龄化，从工作更久和退休更晚的意义上说，是荷兰政府的政策核心。过去十年中大量针对退出路径的改革方案得到实施，新的改革已经设计完毕（Reday-Mulvey and Velladics, 2005）。伴随着荷兰经济上行期的到来，年长劳动者的下岗人数也在缩减，就业率显著提高。而且，年轻人群中的女性劳动者不再会因为生育子女而离开劳动力市场，她们仍被继续雇用，依然处在就业优势年龄段。荷兰的政策本身已经证明其在扭转退休趋势上获得成功，尽管欧盟关于在较近的未来把平均退休年龄降低5岁的目标并没有完成。其中一个阻碍是宏观层面上提高年长劳动者就业率的合理性与微观层面上依然支持退休文化的劳动者个体和雇主个体的合理性之间的隔阂。本章已经表明当积极老龄化成为政府日程上一项显著的议题时，它却很少在企业内成为重点事项。

2000 年和 2005 年进行的调查结果表明，雇主关注他们的全体员工老龄化问题的重点在于劳动力成本增加，而生产率却没有增加。很少有人事制度把目标放在提高退休年龄上，而优先招聘和招聘行为中都存在歧视年长劳动者的现象。年长劳动者排在其他类别的受雇者之后，处于求职队列的末尾。

许多雇主只有在没有其他应征者可选的情况下才招聘年长劳动者。这把我们带向荷兰就业率上升的反面。劳动者可以因为享有反对强迫提前退休的保护措施而比较富裕。尽管有严格规定不允许强迫工人退休，然而那些失业工人相对来说不够走运，不单是从财政补贴数目来说，而且再就业前景也不够乐观。

实施积极的老龄化政策，从刺激人们在从劳动力市场退休后仍以某种方式保持活跃的方面来说，根本就不是荷兰政府政策的议题。从政策的出发点来看，所谓养老金领取人只有两方面职责：①按月领取国家养老金拨款；②享受医疗保健部门提供的服务。在 2002 年就业年龄政策报告中，荷兰政府承认国家强制退休年龄（65 岁）与保持相对健康状态人群不断提高的平均年龄之间的差距正在加大，大量有才干和有工作能力的年长劳动者仍被闲置。只是在最近一个时期，一些科学家、非政府组织和一个政府顾问委员会才提出这样一个问题：是否现代社会可以并应该承受对这种资源的浪费，如果答案是否定的，如何把老年人组织起来为社会做出贡献？第一轮讨论已经因存在大量反对意见而告终，它依然停留在荷兰政府是否会看到这个实现退休后积极老龄化目的的实质性方法的阶段。

第七章
法国：停止早退计划

Anne-Marie Guillemard 和 Annie Jolivet
由 Noal Mellott 译自法文

年长劳动者概况

2000 年之前低于 30%，从那时起 55～64 岁人群的就业率从 30% 提升至 2005 年的 37.8%。但就此得出结论说在过去的几年中年长劳动者的就业情况出现显著变化也为时尚早。年长劳动者就业率的提高很大程度上是由男女就业率的差异造成的，这种差异应该说是呆板的，具有蒙蔽性。男性仍然提前离开工作岗位，但这一趋势被大量处于优势工作年龄的女性和婴儿潮时期出生、正步入 50 岁年龄段的人抵消，其结果是老年工作群体和最高经济活动工作群体的就业率增加了（见图 7－1）。女人依然经常比男人更晚退休，因为她们的工作年限不足以使她们在 60 岁时从国家养老基金（CNAV）处拿到全额养老金。例如，十分之三的女性从 65 岁开始获得养老金，而只有十分之一的男性和她们境遇相同。

近几年，提前退休现象已经相当普遍。政府已经加大了对特殊国家就业基金津贴（ASFNE）中预算内全职提前退休方案实施的

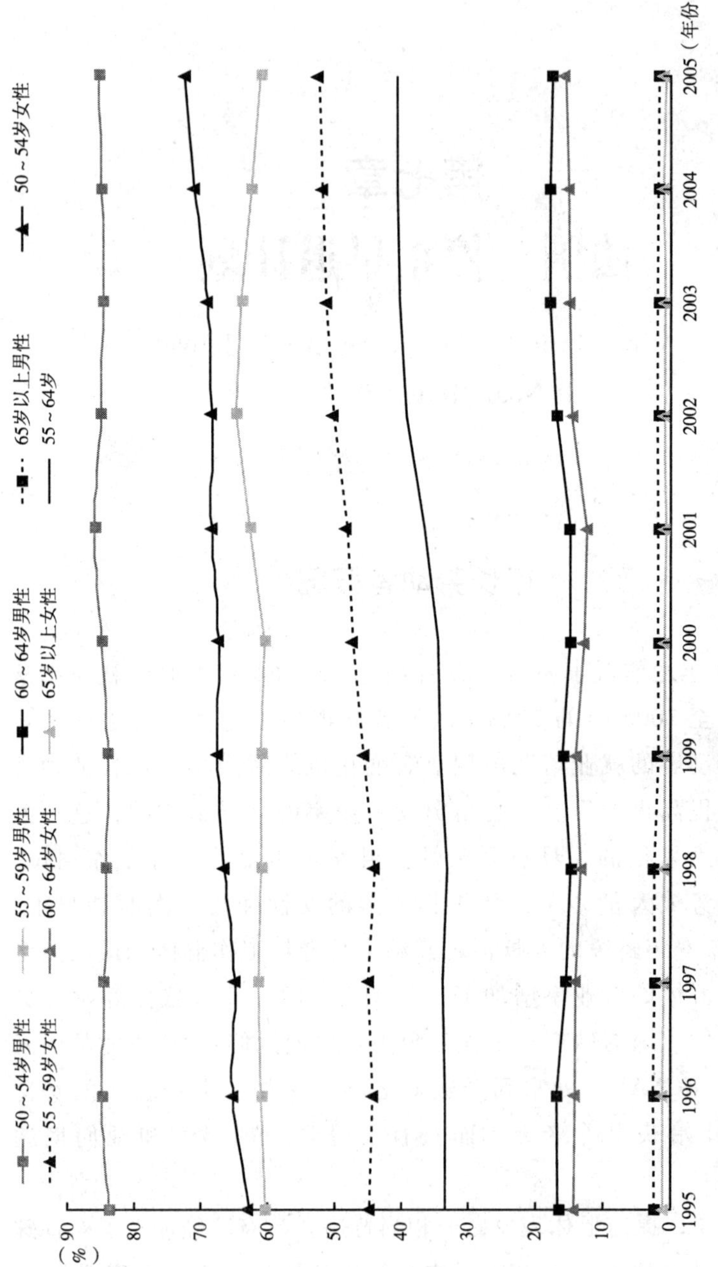

图7－1 按年龄和性别区分的就业率，1995～2005年

数据来源：INSEE，就业调查（2002年以前的年度数据，持续更新）。

限制。2002 年，职业替代津贴被取消（allocation de remplacement pour l'emploi，ARPE）。1995 年 10 月，法国全国工商就业联合会（UNEDIC）建立失业保险基金，该基金确保劳动者如果在 60 岁前退休则至少享有 40 年的退休养老金，条件是其雇主雇用了新员工来代替他们的职位。最近的提前退休计划把焦点集中在 CAATA 和 CATS 的差异上：CAATA（cessation anticipée d'activité des travailleurs de l'amiante，created in 1999）允许长期暴露在富石棉工作环境中的工人在 50 岁时退休；而 CATS（cessation d'activité de certains travailleurs salariés，created in 2000）允许在艰苦条件下工作的工人，比如长期从事夜班、倒班或生产线工作，或者身具残疾的工人从 55 岁起半退休或全退休。CATS 是暂时性规定：公司最多可采用 5 年，前提是行业范围内的集体工作协议已经签订。事实上，几个这样的协议已经签订。

由于公共提前退休计划的缩减，退休人群转变成失业人群的比例在上升（见图 7－2）。年老的周薪员工所面临的裁员风险更高。2002 年，年龄在 50 岁及以上人群占裁撤冗员人数的四分之一，因"个人"原因被解雇的占五分之一（Lerais and Marioni，2004）。1998～2003 年，放弃失业救济金要求转而寻找工作（dispense de

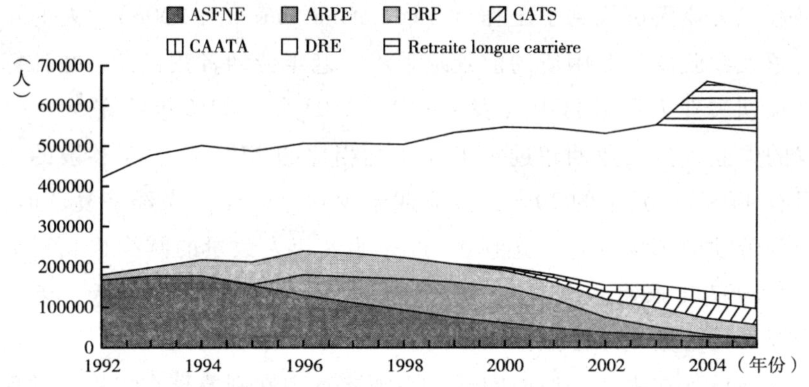

图 7－2　提前退休，1992～2005 年（数据截止至 12 月末）

数据来源：DARES（Ministry of Labour），UNEDIC and FCAATA。

recherche d'emploi，DRE）的人数骤增至40%：从28万人增至40万人。到2003年底，十分之七的准退休人员进行了失业登记但不得申请寻找工作。

公共机构介入管理提前退休行为的快速深入发展增加了使用各种手段退休的可能性。比如，2003年8月养老金改革法案制定新限制措施，注重对CATS中工作条件的要求，要求公司为所雇用准退休人员缴纳更多保险金并把雇主可以强制雇员退休的年龄门槛提升至65岁。该新措施与行业范围内集体协议提供的65岁退休条件相类似。政府介入的另一证明，是石棉计划下长期病假时间（尤其是55~59岁的老年员工）和准入的增加（CAATA）。其他种类解雇的数字在年长雇员中也很高。

尽管50~64岁人群受失业影响较小——这要归功于提前退休协议的存在，然而那些失业的50~64岁人群却更难找到工作。2002年，50岁以上人群中只有不到6%被至少拥有十个雇员的机构雇用，尽管如此，这个年龄群体的23%的人口仍被看做经济上独立主动的（Lerais and Marioni，2004）。根据ESSA调查，2000年只有四分之一的机构雇用了至少一名50岁以上的员工。仅三分之一50岁以上登记失业人员找到工作，与之相对应的是有一半的年轻登记失业人员找到了工作（Anglaretand Bernard，2003）。人的年龄越大，脱离失业困境的前景越渺茫。老年劳动者数目经常被计算在长期失业人群数目中（表7－1）。2003年，62%年龄在50~65岁的失业人员失业期超过一年（与之相比的25~49岁年龄段的人只有44%）；其中的20%，失业期至少超过两年。当经济复苏时，因为劳动力市场具有“选择性”，失业老年人数量的减少也相对滞后。1997年末期，找工作人数开始下降，直到1999年秋天，老年失业人员的数量才开始减少（Anglaret and Bernard 2003）。

最后，在失业一段时间后，必须注意到性别差异在找工作过程中出现的频率。法国全国工商就业联合会关于退休的调查显示，50岁年龄段的女性与同龄的男性相比有较高几率重回就业岗位：2003

表 7－1　按年龄和性别划分的长期失业率

单位：%

年龄段＼年份	男性				女性			
	2002	2003	2004	2005	2002	2003	2004	2005
15～29	26.0	28.2	28.1	29.5	26.5	28.4	27.4	29.3
30～49	43.9	47.1	44.9	44.6	45.7	46.5	45.6	47.1
50＋	63.9	64.5	63.1	63.2	61.8	60.0	60.7	60.9
总　计	40.6	43.0	41.5	41.8	42.0	42.8	41.8	43.2

数据来源：INSÉÉ，就业调查。

年为44%比36%。然而女性选择兼职工作的比率高于男性：18%比9%（Anglaret and Bernard，2003）。找工作似乎更为女性所需要，她们比男人更热衷于完成她们的养老金缴纳期。例如，2004～2006年上半年，2.722万人经过长年的工作后提前退休：83%为男性。不仅如此，招收年长劳动者的部门集中在如医疗和个人服务等受就业政策补助的部门中。

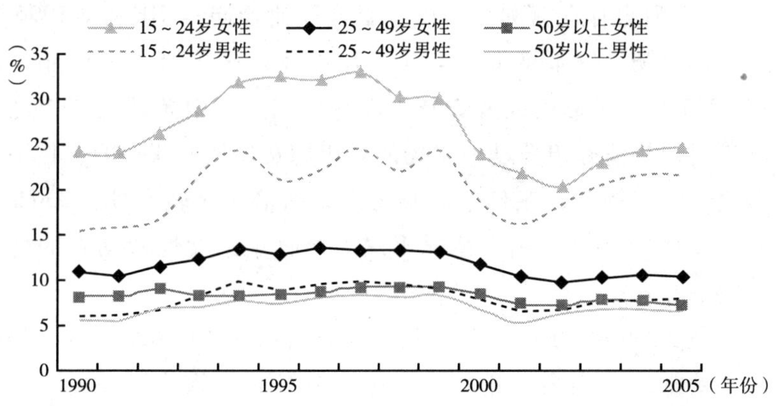

图 7－3　按年龄和性别划分的平均失业率

数据来源：INSÉÉ，就业调查（2002年之前的年度数据，continuous thereafter）。

劳动力市场对50岁以上人群缺乏雇用动力并不是新现象。1991年，他们仅占同期受雇人数的5%，却占据了积极受雇人数的

18%（2004 年分别为 6% 和 24.3%）。虽然如此，年老人群的受雇数量稳定强劲增长，从 1996 年的 13.5 万人增至 2002 年的 24.8 万人。这一数字与经济独立人口的老龄化数字相匹配。

对于年长劳动者和其他类别劳动力来说，劳动力市场上的总体趋势对各类别的求职有影响。从 1998 年起，就业时获得固定条款合同的情形在 50 岁及以上人群中非常普遍，尽管仍较 30 岁以下人群为少，但已经超过 30 岁以上和 40 岁年龄段人群（Lerais and Marioni，2004）。另外，50～59 岁年龄段的人群较中年人群更多选择兼职或零工就业（Lainé，2003）；更多 50 岁以上人群通过临时就业中介寻找工作：2002 年的比例为 5.8%，1995 年为 3.9%。

最后一点，一些老年失业者找到的工作享有补贴。自从 1994 年就业与职位培训法案生效以来，50 岁及以上失业人员成为劳动力市场政策的目标人群之一。补贴合同优先惠及将供职于非营利部门的老年失业者（分别是就业团结合同［CES］和稳定就业合同［CEC］），但也存在营利部门中（首次就业合同［CIE］）。1996 年以来，在此类合同下就业的老年公民数量几乎倍增。2002 年，总共有 107230 人被雇用或者更新了现有合同，其中尤其包括曾经被这种市场趋势清除出劳动力市场的老年妇女。她们获得的工作中有五分之一享有补贴，三倍于同龄男性，两倍于年轻女性（Anglaret and Bernard，2003）。这一情况再次为招收年老女性劳动者的部门所说明。

直至 20 世纪 70 年代末，私人企业雇用的 50 岁以上员工数量还与公共部门的相当。此后这个比例因提前退休计划和失业下降了。20 世纪 90 年代中期起，私人企业的这一比例一直在攀升，但和公共部门的差距始终在扩大。2002 年，24% 的国家与地方政府的雇员年龄至少为 50 岁，私人企业中这一比例只有 18%（Minni and Topiol，2004）。

失业人群中老年人的百分比正在增加：2002 年，近 37% 的失业人员年龄超过50岁。究其原因是他们较晚进入劳动力市场（因为较长的受教育时间和需要积累启动资金）、职业生涯的终结和某些职业的萎缩（特别是农业）。个体经营者通常要工作到60岁以后。

当前关于老龄化人口的经济学争论

在讨论如何支付养老金的问题时，人口统计学意义的老龄化主题浮出水面。近几年，几项研究帮助我们更好地理解了劳动力老龄化比例上升引发的问题。2000年7月成立的养老金管理委员会（Conseil d'Orientation des Retraites）对养老金制度改革产生了影响。它的三项使命之一是致力于解决“老龄化和工作”的矛盾。该委员会于2001年末向总理提交了第一份报告，倡议建立一项在国家、工会和雇主协会领导下实施的积极而具有广泛意义的雇用年长劳动者的政策。

2001年10月，向经济社会理事会提交的Quintreau报告同样建议，在可预计的人口变化条件下，把提高年长劳动者的就业作为重点。报告也指出，根据地区范围得出的人口统计学上的老龄化影响也不同，与经济表现相挂钩。2002年12月，Commissariat Général du Plan（由劳动者和管理层参与）提交的报告分析了人口统计学上的老龄化对未来职位和资格考核的影响。根据最新可用数据，年平均退休人数将从2000~2005年间的48万人增至2005~2015年间的60万人。尽管不是所有经济模块都会受到同样影响，但这两份报告突出了一些消极后果：在特定地理区域或增长强劲的经济部门会面临雇员不足的困难，部门间竞争和就业风险将呈现地理上的分化。

从预测来看，人口统计学上的老龄化将越来越明显。从2006年起，大批出生于1946~1973年的人（平均每年84万人）将逐步进入60岁——领取全额养老金的最低年龄。他们两翼是规模更小的群体，出生于“二战”前或期间的群体和出生于1973年之后的群体（每年大约75万人）。20世纪60年代经过一段时间的复苏，活跃人口大量增加。从1996年起，生于婴儿潮较早时期的人把活跃人口中超过50岁的人口比例从1996年的16%推高至2002年的20%（Minni and Topiol，2004）。这不会是暂时现象，因为这些大规模群体跨越了27年的时段。鉴于婴儿潮群体的规模和持续时间，冲击将会继续。2006～2010年，经济学意义上的活跃人口数量将会下降，因为婴儿潮时期出生的人退休人数大于进入劳动力市场的人数。根据2001年（使用1999年人口普查）做出的针对2003～2050年阶段的设想，适龄劳动人口（20～59岁）会在2006年开始减少。尽管使用了臆想方法，但减少会持续至2035年。如果移民增加，这一点就不会被大肆声张，但如果出生率降至每个妇女生育1.5个孩子这可就成了大事（与1977～1998年平均1.8个和2000～2004年平均1.9个相比）。如果依照目前的出生率、死亡率、移民率继续下去，2000～2035年年龄在20～59岁的人口数量将减少近300万，从3300万减少至少于3000万。对20～64岁年龄段人群的预测结果和20～59岁年龄段的没有太大差异，除了人口数量下降会延迟5年到来以外。

2003年养老金改革法案对行为模式和年长人群就业率的影响被看做一项战略议题。正如表7－2所示，目前提高年长雇员就业率的主要方法是扩大经济学意义上活跃人群的规模。改变行为模式也有助于延缓适龄工作人口数量下降日期的到来。2006年7月，基于修正后的假设并考虑2003年养老金改革法案，INSÉÉ发布了针对适龄工作人口和经济学意义上活跃人口的新预测：适龄工作人口（20～59岁）数量将在2006年达到顶峰，然后会保持稳定。至于经济学意义上的活跃人口将会在2015年以前保持稳定较快增长。然而，老年人就业率是劳动力市场的敏感话题：总体失业率越低，55～64岁年龄段的就业率也许会相应越高（Conseil d'Orientation des Retraites，2006）。

表 7－2　各种情形对劳动力变革的冲击

单位：千人

年　份	2002	2007	2012	2020	2030	2050
趋　势	26636	26979	26844	26336	25570	24364
年度人口与各项之间差距						
低生育率				－37	－481	－2393
高生育率				8	275	2103
净移民 0		－181	－335	－629	－954	－1572
净移民 10 万		131	284	544	861	1385
低失业率		77	129	138	138	139
女性高参与率		15	55	149	282	427
有效退出年龄的增长		266	1065	2724	3533	3429

数据来源：INSÉÉ and DARES，*Labour forces projections 2003－2050*。

人们很少关注主动延长职业生涯或被动放弃退休决定反映出的生活方式的重要性。据说退休人员和即将退休人员在非营利团体中发挥主要作用，但没有相关深入研究。尤其是从 2004 年夏开始，难以向老龄父母提供帮助已经成为讨论话题。然而管理工作和照顾老年人的职责仍然没有得到考虑。

年长劳动者与积极老龄化

第一批改革建议主张延长向养老基金缴纳保费的期限。在进行 2003 年养老改革法案讨论时，雇用老年人被看做补充养老金系统的主要方法。养老金管理委员会首先就使人们工作到可以领取全额养老金的年龄为止达成共识。公共管理当局、工会和雇主都不优先考虑鼓励超过退休年龄的人群就业。公开辩论中尚未使用“积极老龄化”这一术语。公众对其不感兴趣，当被提及时，也没有明确定义。

2000 年以来惯例已经有很大改进。其中，劳资双方已经修改失业补偿规则。由于公共提前退休计划的缩水，失业者渐渐成为年长劳动者的代名词。为了禁止公司使用失业保险来让员工提前退休，2002 年 12 月集体劳动协议第一次把对 50～55 岁老年失业者的保障期从 45 个月减少至 23 个月，特殊条件下为 36 个月。享受失业补偿直至退休，不包括任何分阶段递减的救济金的年龄从 55 岁提高至 57 岁。

为了符合 2000 年欧盟关于公平就业官方指示的规定，2001 年 11 月 16 日颁布的一项法规禁止年龄歧视。劳动法只有几个条款直接提及年龄问题，而并没有反对年龄歧视的通用规定。尽管年龄问题没有出现在 2001 年反歧视法案的草案中，但被参议院违背政府意愿写了进去。如下简洁的语句温和地阐述了年龄歧视禁令："如果有合情合理的意图可以证明不同对待是客观合理的，尤其是为了实施劳动力市场政策，以及为实施政策而采取的手段合适且必须，则不视为差别对待。"下面引用两个非歧视行为作为例证：为了保护年幼和年老雇员而拒绝招聘或坚持使用条件；招聘时规定最大年龄，因为该工作需要培训或职位经验，或者因为应聘人距退休日期的时间不足。第二个例子主要针对公务员，规定向公务员养老基金缴纳保险金的年限最低为 15 年。2005 年 8 月 2 日实施的一项行政命令取消了所有种类公务员资格考试的年龄限制。歧视法案的作用似乎有限。然而某些公司和一个经济部门（食品行业）已经表态它们要为维护年龄歧视而战。

2003 年 8 月 21 日颁布的养老金改革法案包括保障老年人就业的条款：CATS 规定相对严格，前面曾解释过，实施提前退休计划的公司会被课税；雇主可以强迫雇员退休的年龄限制提升至 65 岁（尽管最早申请领取全额退休金的年龄仍为 60 岁）。应工会的强烈要求，这项法案规定年满 56 岁、工作时间足够长的人能够提前退休，但合格条件很严格。该法案也极大促进了在国家、行业、公司层面进行的集体协商，并为特定论题的磋商设定了时限。公司层面每三年必须讨论年长雇员的雇用和职业培训问题。2008 年 1 月 1 日前，如果一个雇员有资格领取全额养老金而行业范围内签订的集体就业协议中关于就业和职业培训条件达成的话，那么雇主可以在其60~65岁任一时间令其退休。2004~2005年，大约有70项协议得到签订，使得65岁前退休成为可能。它们中的大部分为新雇员提供了几种类型的合同：全职开放式合同和业内培训相关的多种补贴学徒合同（contrats de qualification and contrats de professionnalisation）。一些协议着眼于培训年长劳动者。养老金改革法案同样修改了公务员缴纳退休保险金的期限。逐步退休和与工作相结合的退休资格要求得到放宽。

2003年9月20日，所有雇主组织和工会自1994年以来首次签署了国家终身职业培训协议。这份协议包括数项约定，大部分已经就位，方便使用。该协议使年长劳动者便于参加培训。拥有超过20年经验的雇员以及所有年满45岁及以上的劳动者，并拥有至少一年的高职位，现在有权申请“技能审核”，可以在工作外时间进行，并在获得等量基于工作相关的经验方面享有优先权（validation des acquis de l'expérience，VAE）。此外，一项新机制——部分地从一家公司转到另一家公司——已经建立。这项个人受训权利（droit individuel à la formation，DIF）的目的在于协助雇员在他们所在公司的岗位上获得晋升。这项新个人受训权利已经再度获得2004年5月4日法案承认。所有拥有超过一年高级职位的雇员可以获得每年受训20小时的积点数（pro rata for part-timers）。该点数可在六年之内累计。工作时间内受训并不会造成工资损失，任何脱产培训期间个体会获得净工资的50%。雇员可以决定什么时候使用这些培训点数，但必须征得雇主的书面同意。这项机制有个革新要素："培训护照。"雇员可以申请该护照，护照中记有通过正式教育、职业培训和职位经验获得的知识和技能。

与2003年养老金改革法案一致，雇主和劳工组织开始商讨工作条件和年长劳动者的雇用问题。关于防止恶劣工作条件和赔偿问题的谈判变得极为复杂。商谈在定义能够证明提前退休的条件和与行业范围内谈判相协调问题上停滞不前。另一方面，关于雇用老年人的议题在2005年初开始，当年10月13日结束，其目的是使他们处于工作岗位上或帮助他们回归劳动力市场。

协议设定目标为到2010年55～64岁人群的就业率达到50%，每年提高2%。当一些领域已经开始进一步磋商（工作条件和失业保险）或提交给公共当局（国家行动计划）时，该协议提出四项主要议题。为了改变观念，协议呼吁工商企业和地方当局尝试让经营者、劳动者和他们的代表意识到老年人遭遇的就业问题。这些努力会是国家行动计划的组成部分。预测保持45岁及以上劳动者工作的条件会使职业之路更加有保障，并使他们的职业得到发展。2003年12月5日颁布的国家培训协议赋予雇员在职业生涯"后期"进行"职业指导会谈"的机会：45岁后每5年一次。三分之一的论题是帮助老年失业人员重返劳动力市场。为57岁以上，注册寻找工作3个月以上，并签订了"个人服从安排协议"的人群定制了一种固定条款合同。该合同为期18个月，可以延长期限一次，这样可以达到36个月，而普通固定条款合同延长后最多只有18个月。其他条款要求雇员的工龄可以累计，优先给予45岁以上人群"职业化合同"并禁止在用工时划定年龄标准。最后，改善工作条件，改进雇用条件（尤其是工作安排和费时工作），应尽最大可能使工作要求适合单个工人的能力差别。职业病办公室以及医疗室、安全委员会都将包括在内。2003年12月5日的协定中有一例外，即年龄至少为50岁的劳动者享有"个人培训资格"（DIF）。更多基金对45岁以上雇员进行技能审计并确定职位所需经验。行政管理程序已经提速。这些雇员将会第一批进入"职业化时期"计划（période de professionnalisation）。

2006年7月上旬，法国政府参与讨论由三方特派人员联合起草的国家作用计划。在2006～2010年，这项计划制订了三项有关年老劳动者的目标：支持年老劳动者继续工作，增加无业人员重新就业的前景，减少职业生涯末期突然离职的可能性。"德拉蓝德捐助税"——这一税种对解雇50岁以上雇员的公司课税（但有很多豁免条款)[①] ——将在 2010 年废除。进行特定行业谈判以期把退休年龄改成 65 岁以下的可能性将会被消除。现有协议按计划在 2009 年 12 月份失效。作为接替者，一个旨在改善工作条件的基金将适应年龄管理并接受基于这个目的的资助；一系列指导办法将延伸至至少雇用 500 名雇员的公司。2006 年 9 月，一次旨在改变年长劳动者社会观念的全国性运动兴起。除了为年老失业人员制订的固定条款合同，该计划特别强调公共事业服务部门应该建议为 50 岁及以上人群保留有针对性的救济和某些附带补助的就业合同。针对放弃寻找工作人群的改良条件没有被提及。最后，2008 年开始，对已经缴纳 150 季度养老保险但尚无权领取全额养老金的员工开放逐步退休计划。此外，2007 年，与工作相结合的退休的可能性增加；晚于法定领取全额养老金年龄的退休人员的“奖金”（surcote）会因工作更长时间而增加。三方“演员”（国家、工会和雇主团体）会参与该计划。

判断采取行动或设想行动的合理性并不容易。第一，各雇用老年人的行业被分别处理；谈判过程冗长，没有任何总体意见。第二，某些提议也许影响甚微或是非重点。新固定条款雇用合同曾被认为可以改善老年失业人员的就业前景，但与已有固定条款合同差别不大。而且该计划并没有把领取全额养老金的年龄门槛考虑在内。前面提到过的奖金可能既没有充足的吸引力也没有给人发横财的感觉。和工作相结合的退休方式越来越常见，但由于过于新颖以至于不可能成为具有现实意义的改变行为的方法。第三，某些方法可以被看做退步或过渡。2007 年社会保险金融法案中采用了国家作用计划条款，该条款有关于一些降低退休年龄至 65 岁以下的协议。然而出乎意料的是，现存协议涵盖的公司已经同意给出在

---

① 1992 年国会通过德拉蓝德修正案，该修正案规定因裁撤冗员而解雇年老员工的公司必须向失业补偿基金缴纳额外资金。在这之前，公司如要解雇任何 55 岁及以上雇员则须支付数额相当于三个月工资的款项。在该修正案下，这一数额已增加甚多，且年龄确定为 50 岁。

2010～2014年给予年满60岁的自愿退休并符合标准的员工全额养老金的可能。这也证明想把现实社会习以为常的退休手段从提前退休上移开是多么困难。

自养老金改革法案颁布以来，提交的报告倾向于把精力集中在对现有慈善制度框架的改革上。它们着眼于规范从经济活动到退休的通道的手段。它们的建议主要寄托于改革养老金制度和一些解决方案（残疾和失业保险，免于寻找工作等）上，这些方案使人们免于工作太久或者阻碍人们继续工作。比如，经济顾问委员会（Conseil d'Analyse économique）的报告认为，保持60岁退休的原则不变（仍是公共意见的基准）是几个使法国在雇用老年劳动者方面处于落后状态的因素之一。根据50岁人群只有短暂就业前景的情况，公司没有动机在他们身上投资；这些人也欠缺野心和动力工作更长时间。同样的，Cahuc的报告（2005：2）表明："老年人就业率低源自劳动力供求的问题并互相影响，而且很大程度上源于为年老劳动者提供提前退出劳动力市场的动机的公共措施。"2004年，老年管理和雇用政策年度报告独家列举了培训和雇用政策应该被看做具有战略意义的大量理由。

鉴于20世纪70年代中期失业问题加剧，打开突破口的努力加大。法国选择为提前退休提供慷慨的补偿。因此当局、雇主、工会和劳动者之间达成共识，即为了调整劳动力市场的波动按年龄分配工作。选择以年龄为基础分享工作和对失业的社会管理并没有像想象中那样对劳动力市场产生冲击。尤其是它并没有为年轻人空出工作岗位。然而它深深影响了精神层面，产生了大量不正常影响，制造的困境令法国至今深陷其中。总之，对提前退休的期望遍及所有参与方的精神和行为。

归功于前面的选择，按年龄理性分配工作影响了公共规划的制定和公司实际操作。建议年轻人从事"插入式工作"或"青年人工作"，而老年劳动者获得资助提前退休。其结果是，年龄歧视在就业市场上无法避免地兴旺发展，强化了年龄模式化理解并导致老年公民在劳动力市场上大范围贬值。由于年龄已经成为放弃找工作的合法标准，老年人将注定失业。

公共政策依旧根据习惯方式运作，不大注意形成行为方式的驱动力。某些动机已经提供给雇主，另外一些直接以老年员工为目标（例如，缩短失业救济金领取期或通过 VAE 平衡措施而展示一个开放的未来）。经济动机大占优势。

公共政策在选择治疗还是预防手段之间摇摆。治疗手段只能补救当前形势，而如果为了组织灵活而稳定的职业轨迹和创造令所有年龄段的人都能接受的工作条件则预防手段必不可少。关于雇用老年人的协议和法律以及关于终身培训的协议包含向 45 岁人群开放的措施，这些证明了按年龄分配工作制度的延续。这也是雇用老年人协议所包含的主要措施，即对 57 岁以上失业者的固定期限合同（十八个月更新一次）。

最后一点，公共部门、雇主、工会在如何鼓励老年失业者重新就业上犹豫不决，当然，失业中介更多关注的是青年失业者。调整当前的制度设置、改变养老金体系的参数、中止提前退休不能破坏根深蒂固的提前退休心态。由于没能集中关注年龄的集体形象，没能关注潜在行为的认知基础、动机、正当理由和参照物等，改革面临难以实现的风险。

现在对雇主来说，问题更加容易认识。一些企业雇用的员工中老龄化的比例正在增加。其他拥有高比例中年员工的企业迟早会面临同样的情况。企业将直接面对让年长雇员继续工作至退休的需要和这么做的困难。一些公司（和分公司）抓住了针对老年公民就业问题的协议放出的机会，甚至预测到了这些机会。虽然如此，企业仍没有完全认识到雇员老龄化的含义。很少有人意识到这些问题与工作条件有关。相反，工作条件正随着员工年龄增长而变得难以忍受，因此，也和正在增加的老龄员工数量不相匹配。同时，保护年老员工的可能性越来越渺茫（某种任务的客观化、呈硬化趋势的软环境、减少了的机动性）或没有完全包含所有人。

在职业生涯末期延长工作时间或让员工工作至退休不单取决于企业也取决于员工个体的意愿。对保留人们工作至退休的条件或延长职业生涯进行的研究表明，继续工作的能力和欲望对实际工作表现非常重要。艰苦的工作条件和毫无意义的工作意味着单调乏味，缺少学习和获得酬劳的机会，这些都是提前退休的强烈动机（Volkoff and Bardot，2004）。养老金改革法案最难以评估的一点显然就是它对推迟退休决定的影响力。

第八章
德国：就业的积极老龄化

——愿景和政策取向

Frerich Frerichs 和 Gerhard Naegele

引　　言

德国人口的明显老龄化使人们开始关注社会保障费用的增加和未来劳动力的短缺，其结果是近期公共政策的变化影响了年老员工。劳动力市场的新方案旨在提高这一群体的劳动力参与率，而企业层面的积极老龄化管理战略旨在改善年老员工的就业条件。延长工作寿命日益成为“积极老龄化”的关键组成部分。

这与20世纪80年代到90年代盛行的提前退休政策形成鲜明对比，那时企业、工会、国家和劳动者自身都高度一致地支持提前退休。其结果是55岁以上员工的低经济活动率占主导地位。此外，年老员工失业的风险远远高于平均水平。

以明显的提前退休趋势为背景，大家不禁要问：到目前为止德国为实现积极老龄化是否已经做出足够多的努力？还是这个概念其实只是为政策制定者缩减社会福利成本提供了方便的托词？因此，在这一章中，针对年老员工的劳动力市场新方案将被重新审视与评估。这里的焦点是公共政策，但社会伙伴和公司层面的观点也会予以考虑。为把所有这些置于一个统一的背景中，下面将描述年老员工劳动力市场状况以及劳动力年龄分布预测曲线。

人口变化和劳动力参与

根据人口预测，未来的几十年，德国人口的数量将大幅减少，平均年龄会有所增加，年龄结构将发生改变（Statistisches Bundesamt，2003）。递减的人口出生率和预期寿命的不断提高是这一发展趋势出现的主要原因。据估计，在 2001～2020 年，人口规模将保持稳定，但到 2050 年，人口数量大约要减少 700 万。

应当指出，仅在 2020 年之后，工作年龄组（20～64 岁）的人口就将大幅减少。从中期角度来看，这对积极的劳动力市场政策非常重要。这意味着直到 2020 年，人口发展将不会导致劳动力的自动减少或短缺，如果失业如预期一样相对较高（见下文），年老员工仍将是一个脆弱的群体（Bellmann et al.，2003；Frerichs and Naegele，2001）。

同样从背景来看，值得注意的是德国的劳动力老龄化现象将出现得更早，大约在 2005～2020 年。从这个中期的角度看，50～64 岁的年老员工的比例将从 24.0% 增至 34.0%，而 30～49 岁员工的比例将从 54% 下降至 45%（见图 8－1）。

人口变化对来自不同行业部门的年老员工的前景的影响难以预测，对私营公司更是如此。一方面，如果劳动力市场的现状得到缓解，劳动力老龄化将促使企业增加对年老员工的招募，并改善他们的就业能力。公司在劳动力平均年龄日益增长的情况下应学习如何发挥与保持创新性。另一方面，如果失业率持续走高，年老员工将始终面临成为劳动力市场中“问题群体”之一的风险，因为老龄化不会同时影响所有的经济部门，特别是一些创新性和扩张性的公司仍将雇用大量的年轻员工。

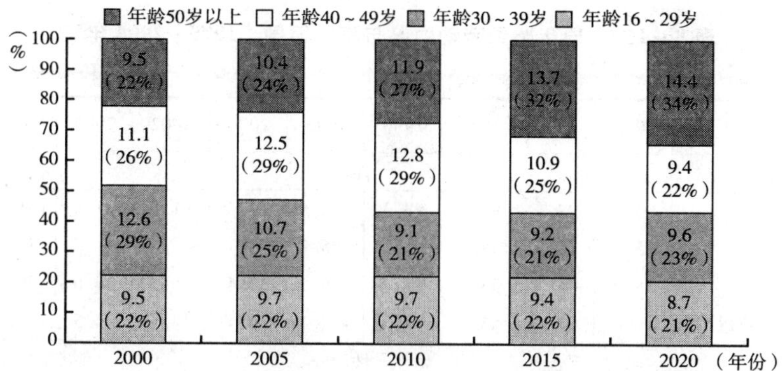

图 8－1　每百万人口劳动潜力

资料来源：Prognos，2002：62。

劳动力参与率

近年来，德国劳动力市场最显著的变化之一就是年老员工的劳动力参与率大幅下降，尤其是男性。尽管提前退休的趋势在 20 世纪 70 年代初就已初现端倪，但直到 20 世纪 80 年代和 90 年代初期才趋于明显。这是东西德合并后整体就业增长较低的结果，提前退休是经济转轨时期适应劳动力市场变化的最普遍做法。

对于男性来说，劳动力参与率的下降早在 55 岁就已开始。1975～2000 年，55～59 岁年龄组的劳动力参与率从 85.7% 下降至 78.7%（见表 8－1）。1990～1995 年，因德国的统一，劳动力参与率的下降更加明显。男性劳动力参与率的最明显下降大多发生于 60～64 岁年龄组。1975～2005 年，劳动力参与率从 58.3% 下降至 31.4%，几乎减半。

对女性来说，情况则全然不同。由于世代效应，随着时间的推移，老年组（55～59 岁）的劳动力参与率已有所上升（Sing，2003）。1975～2000 年，55～59 岁年龄组的劳动力参与率从 38.4% 增长至 58.1%（见表 8－1）。但同期，60～64 岁年龄组的劳

表 8-1 不同年龄组劳动力参与率，德国，1975~2004 年[a]

单位：%

年龄组＼年份	1975	1980	1985	1990	1995	2000	2002	2003	2004
男性									
50~54	93.1	93.3	93.3	93.2	92.6	91.7	91.5	91.8	91.6
55~59	85.7	82.3	79.1	81.1	75.8	78.7	80.4	81.6	82.2
60~64	58.3	44.2	33	35	29.5	31.4	35.1	36.6	38.9
65 岁及以上		7.4	5.1	5.3	4.1	4.4	4.4	4.5	4.4
女性									
50~54	47.4	47.1	50.2	57.8	69	72.6	74.9	76.4	77.3
55~59	38.4	38.7	37.8	43.8	49.7	58.1	60.1	61.5	63.3
60~64	16.4	13	10.9	12.5	10.9	13.2	16.9	18.1	20.4
65 岁及以上		3	2.1	2	1.5	1.5	1.8	1.8	1.8

注释：a：1975~1990 西德，1995~2000 德国。

资料来源：Micro-census。

动力参与率却略有下降，从 16.4% 降到 13.2%。

可以看出，近年来年老员工的劳动力参与率有所增加。例如，在 2000~2004 年，55~59 岁男性的劳动力参与率增加了 3.5 个百分点，60~64 岁男性的劳动力参与率甚至增加了 7.5 个百分点，尽管其原始水平较低（见表 8-1）。在这一年龄组的女性中也可以看到类似的效果。这可以视为提高法定退休年龄以及提前退休路径改革正在影响退休行为的第一个迹象（Büttner，2005a）。此外，这一阶段的劳动力市场参与率因老年劳动力过少而受益（Kisterle，2004）。

然而劳动力市场参与率的增长大多是由数量不断壮大的所谓"非主流"导致，即老年女性从事低薪工作和非全日制工作（Büttner，2005b）。更关键的是，劳动力参与率的增长是与 60~61 岁员工的失业率的增加相伴而生的。在 1999~2003 年，60 岁年老员工的失业率增长 4.2%，61 岁年老员工的失业率增长 3.5%（Büttner，2005b）。

因此，所有年老员工到法定退休年龄（65 岁）前都将有机会继续就业是令人怀疑的。如果失业率居高不下，他们可能在退休前遭遇长时间的失业。在没有考虑年老员工的群体差异性与未增加他们的工作机会并且未改善工作条件的情况下，引入更高（更早）的退休年龄可能会使他们当中许多人本来就不稳定的就业状况更加恶化，而不是在保护他们的就业（Frerichs and Naegele, 2001; OECD, 2005）。特别是那些由于公司裁员或患病而被迫离开劳动力市场的人员将面临长期失业与日益加剧的贫困。

如果工作条件不能得到更好的改善，需要领取伤残抚恤金的劳动者数量可能会增加。从近期的养老金改革中可以看到的另一个结果是：更多新近退休员工（42.6%）所得到的养老金减少了（Kaldybajewa, 2005）。在这两种情景下，他们的收入水平会明显低于以前。

在近期的养老金改革背景下，1996～2002 年，计划在 60 岁时离开劳动力市场的年老员工比例已从 50% 下降至 35%（Engstler, 2006）。然而，关于何时离开有偿工作的不确定性也相应增加了。同期，对自己何时退休尚不能确定的年老员工的比例从 18% 增加到了 32%（Engstler, 2006；也可参见 Rothkirch and Partner, WSI and Zenit, 2005）。

年老员工的失业

就积极老龄化而言，德国的政策制定者所面临的主要挑战是在整体就业水平已经非常高的情况下提高劳动力参与率以及降低年老员工所遭受的高失业风险。在 2003 年，55～60 岁年龄组的失业率为 16.7%，而 35～40 岁年龄组的失业率是 12.1%（见表 8－2）。50 岁员工的失业率有明显的增加。年老女性比年老男性更容易失业。

表 8－2 不同年龄组的失业率，德国，2003 年

单位：%

年龄组	总体	男性	女性	年龄组	总体	男性	女性
20～25	14.4	17.0	11.7	45～50	14.0	14.0	14.1
25～30	13.4	15.0	11.6	50～55	16.6	15.9	17.3
30～35	11.5	11.2	11.8	55～60	16.7	15.8	17.9
35～40	12.1	11.3	13.2	60～65	9.3	8.9	10.3
40～45	13.3	12.9	13.8	总和	13.3	13.3	13.5

资料来源：联邦就业机构。

近年来，最令人担忧的一直是 45～55 岁年龄组的失业率增长，这一年龄组的人不能提前退休而且会面临长期失业。在过去的十年中，这个年龄组的失业人数大约从 75 万增长至 110 万。相反，55 岁及以上的注册失业人数明显下降，大约从 80 万减少至 48 万。然而，我们仍不能认为年老员工在劳动力市场中的状况有所改善。这主要是由于 58 岁及以上享受失业福利的年老失业者如果同意在不削减养老金的情况下尽早退休，那他们就不需要失业登记。老年员工越来越多地选择这样做。在 2000～2003 年，使用这个计划的人数几乎翻倍，大约从 19 万增至 36 万。

再者，德国年老员工的失业特点是：失业的风险小，但剩下的问题多。在 2003 年，根据联邦就业机构的统计，55.1% 年龄在 55～60 岁的失业者面临了长于一年的持续性失业，而 60～65 岁年龄组的这一比例为 53.9%，这远远超过 20～25 岁年龄组 8.9% 的长期失业比例。但是，25～30 岁年龄组的长期失业率却达到 22.2%。

老龄失业者的未来前景

最新的预测显示：尽管从长期（直到 2050 年）来看，德国的人口规模会急剧缩小，但未来 20 年的失业率仍将保持在一个很高的水平（cf. Prognos，2002）。Prognos 学会估计：2010 年的失业率

是8.2%，换句话说，大约350万人在这个时期将面临失业。估计到2020年，失业率仍会保持在6.2%的高水平上（即失业人口为270万）。Rürup-Commission（BMGS，2003）所做的预测与此相似：2010年的失业率为8.8%，2020年为7%。这是两个最乐观的预测，其他机构或个人所做的失业率预测还要更高（整体比较可参见Kistler，2004）。预计直到2020年后，失业率才会降至4%或5%的合理水平。

年老失业者，特别是长期失业的年老者被任何企业再次雇用的前景都是最不容乐观的。如果没有大幅的经济增长，预计在未来的20年间，他们的情况不会有明显好转。

公共政策反应

劳动力参与率的下降以及年老员工的高失业率不仅反映了德国企业的战略性人事政策措施，而且也是各种社会群体（雇主、员工、工会、工作委员会，以及关注早退价值的地方性劳动力市场代理机构）持久广泛的社会协商达成共识的结果（Naegele，2002）。

当前，倾向于消除这个共识的国家政策十分明显。终止提前退休的新方案于20世纪90年代初启动，此后不断被强化。公共部门对养老金支付的压力、对劳动力与技能长期短缺的预测以及预计在2020年之后失业率才会有所降低等因素均被视为国家政策措施背后的主要推动力。因此，在1992、1996和1999年的养老金改革中，德国政府决定提高领取一般养老金及特定类型养老金的年龄限制。从2005年起，只有65岁这一习惯年龄限制才是有效的。仍然希望提前退休的员工必须接受在其早退的每一年减少3.6%退休金的规定。在这项内容上更进一步的发展是：联邦政府于2006年2月决定，在2012~2029年，领取养老金的年龄限制将从65岁提升至67岁。

尽管养老金改革早已开始，但直到千禧年伊始，针对年老员工的积极劳动力市场政策——“劳动力市场老龄化”才被公认为一个重要的政策议题。2001 年 3 月，“工作、培训与竞争力联盟”就促进年老员工就业的特别项目达成一致意见，它的合作伙伴包括政府代表、工会和雇主协会。这样做，意味着关于年老员工的国家政策发生了范式转变。政府与社会伙伴首次共同抛弃了提前退休政策。他们明确地将目光转向防止年老员工失业并促进他们再就业的问题上。他们的联合声明包括以下建议（Gemeinsame Erklärung 2001）。

- 提高工商界与劳动者对终身学习益处的认识。
- 基于双方自愿的内部行为以及劳资双方交涉，推动针对年老员工的职业训练。
- 对中小型企业中 50 岁及以上年老员工的职业培训实施经济刺激。
- 将有资格享受工资补助的年龄从 55 岁降至 50 岁。

这些建议的元素被组合进了 2002 年 2 月生效的《工作活动法》（Job-Aqtiv-Law）。这个法律旨在将现行的只针对已失业人员的就业政策转向预防性政策。其基本方法是在失业人员的需求增加时促进就业（即胡萝卜加大棒原理）。例如，就业机构现在必须基于失业人员的技能和工作经验为他们每人做出一份工作概描。此外，一份记录失业人员与就业机构重新融入劳动力市场所采取的必要步骤的“再就业合同”也是必需的。政府打算通过此种方式为更加“积极”的战略创造基础。对于年老员工，已经引入了一个促进职业培训的具体方案。自 2002 年起，如果 50 岁及以上的员工被雇员总数少于 100 人的企业雇用，并且企业自这些年老员工入职之日起付薪，就业机构就可以支付这些员工的职业培训费用。

为进一步推进这个方法，2002 年秋天，联邦政府成立了一个叫做“劳动力市场现代服务”的委员会（又称哈茨委员会）。它提出了德国劳动力市场的综合改革政策（Hartz et al.，2002：19）。

> 就失业者而言，促进就业政策应被重塑为一个特别强调个人对经济一体化所做出贡献的活跃的劳动力市场政策，即一个被相关服务与支持项目支持和保护的概念。

这份由13个部分组成的建议书是多维的，其涉及范围从公共就业服务的根本性改革到国家精英参与率这样相当模糊的观念。直到2004年夏天，这些建议书才被联邦政府转化为法律规定。共有四条“关于劳动力市场现代服务”的法规已经实施（参见Hartz Ⅰ，Ⅱ，Ⅲ and Ⅳ号）。

特别是哈茨Ⅰ号，包含了一些旨在改善年老员工劳动力市场前景的成分。这些内容包括：

> • 50岁及以上的失业人员或者遭受失业威胁的员工，在一定时间内，每月将得到相当于他们最后一次净收入50%的补助。
>
> • 如果雇用了年龄在55岁及以上的失业者，雇主将免交失业保险费用（一个员工总工资的3.25%）。
>
> • 从2003年开始，固定期限就业的年龄限制将从58岁降至52岁，至此可以无理由、无时限地终止合同，进而改善年老员工的再就业前景。

哈茨改革的初衷是加强劳动力市场服务并推动工作配置活动。更重要的是总体导向上的转变。虽然积极就业法案（Job-Aqtiv-Law）强调失业人员是在被迫接受工作，但紧随哈茨改革而来的工作福利制更具主导作用。主要的焦点在于反对“福利依赖”并关注受益者的自给自足义务。对“被排斥者”（是指短期内不能就业的失业者）的社会义务变得不那么重要。2003 年 3 月，随着德国总理启动了一个劳动力市场一揽子计划以及一项名为“2010 议程”的社会福利改革方案，这些措施才得到加强。

劳动力市场政策消极的一面也已被改革，以有助于总体的激励方案。两个主要的改革对年老失业者尤为重要。一是失业援助与社会援助的合并，另一个是所谓的失业福利 2 号[①]方案的起草。这项福利新政于 2005 年初生效，是基于税收来源和经济情况调查福利类型。一旦失业福利 1 号方案不再支付资金或不能履行限定条件，这项福利新政就可以确保失业者的收入。此项福利政策的持续是无时间限制的。但与之前的失业援助政策相比，此项福利政策可保证的平均收入水平是最后一次净收入的 50%（已婚者为 53%），由此该项支付减少到了社会援助的水平。此外，自 2006 年开始，年老员工的失业福利领取期限将被限制到 18 个月（目前的期限是 32 个月）。

在 2005 年 11 月由执政的保守党与在野的社会民主党共同签署的“联合协议”中，我们可以看到关于年老员工劳动力市场政策的最新发展（Press and Information Office，2005）。它阐述了产业、社会伙伴、国家和地区采取措施以保持与改善年老失业者的就业能力，并使他们实现再就业的必要性。根据将退休年龄提高至 67 岁的决定，工作与社会事务部门进一步宣布将从 2005 年开始执行旨在改善 50 岁以上人员就业前景的名为“50 岁以上新方案”（50 Plus Initiative）的政策。

德国的积极劳动力市场措施

在社会保障法案领域内的措施

只有关于劳动力市场整合和年老员工就业能力的具体产出能被

① 这一福利也被称为‘Grundsicherung für Arbeitslose’（求职者的基本保障）。

合理评估，已在之前部分提及的此类政策新方案的优点才能被评估。总之，德国的社会保障法案Ⅲ广泛地调节着上述劳动力市场措施，并被广泛应用于失业者。大多数积极劳动力市场政策由联邦就业机构预算来提供经费。该法强调评估失业者所具备的能力与不足，并由此派生出相应对策的必要性。在某些情况下，年老失业者被视为一个特殊的目标群体。社会保障规范要求：必须考虑老年人、严重残疾者、长期失业者以及那些长时间失业后又想重新工作的人的需要。此外，就业机构被要求保持这些由目标群体所使用的措施的记录。“整合记录”明确指向50岁及以上的员工。

关于工作配置，就业机构在援助年老员工中所扮演的角色比援助一般失业者更加重要。在2003年，245万失业人口中的39万人（也就是15.9%）通过联邦就业机构的帮助找到了工作（BA，2004）。50岁或以上员工的比例是17.8%。然而，年老失业者在工作配置活动中实际的再就业比例仍然很低。2003年，50岁及以上人员在联邦就业机构所有的工作配置中只占12.1%，但在所有失业人口中所占的比例是24.5%。缺乏整合的一部分原因在于，对客户来说，工作配置机构的数量过少。虽然政府想要将差距缩小到每个就业机构解决75个失业者的问题，但近期这将难以实现。与此同时，甚至联邦就业机构的官员也怀疑：一个就业机构对应150个失业者能否实现。工作配置的人手严重不足，其结果是，年老求职者经常被迫放弃失业登记（Frerichs and Taylor，2005）。

之前提到的最近为年老员工制定的具体措施近期刚刚被评估，到目前为止，其影响十分有限。

- 促进50岁以上员工的职业培训：2003年只有几百名、2004年也只有1400名年老员工获得该项措施的资助（Expert Commission，2005）。低采用率的原因包括中小型企业常常缺乏关于此项政策的认知、对促进政策的判断不足，就业机构没能积极地为雇主提供使用这项政策的咨询服务等。

- 年老员工的工资保险与免收雇主失业保险费用：在2003年和2004年，有接近11000名年老员工得到第一项措施资助，7500人得到第二项措施资助。然而，在给定期限内，所有新签订就业协议的60～64岁员工中采用第一项措施的仅占1%，而在新签订就业协议的55～64岁员工中采用第二项措施的仅占3%（Brussig et al.，2006；也可参见Eichhorst and Sproβ，2005）。劳动力市场专家解释说：这个低采用率是由联邦就业机构在实施该项措施的过程中缺乏管理以及该措施对雇主和员工的激励不足造成的（Brussig et al.，2006）。
- 降低对年老员工固定期限就业的年龄限制：2003年，临时合同的年龄门槛被起草成无时限要求，或者降低至52岁也是合理的。根据联邦政府最近的评估，这并没有提高年老员工的就业水平，也没看到这一群体临时合同数量的增长（Bundesregierung，2006）。然而，更为重要的是，由于对所有新招聘的年老员工的雇用条件可能更糟，因此，这项措施于2005年被欧洲最高法院视为年龄歧视。所以联邦政府不得不修改此项法律。

对年老失业者的具体措施只是有效改善所有目标群体的劳动力市场前景措施的一部分。下面的段落提供了对主要的积极劳动力市场措施与这些政策对年老员工影响的简要介绍。

- 促进职业培训：德国促进职业培训的措施涵盖甚广，既有短期计划，又有中期和长期计划，借此个人能获得职业知识与技能。此外，它们还能提供职业发展或职业转变的机会以及职业资格证书。该项资助的先决条件是这些就业服务措施对工作配置是必要的，而且大量的参与者有望随后得到就业安置。然而，近期的劳动力市场改革（哈茨Ⅰ和Ⅱ）缩减了针对个人培训措施的时间与资金额度。这导致采取该项培训措施的人员大量减少（Winkel，2003）。这在一定程度上是由于只有那些能够整合70%的参与者进入劳动力市场的培训措施才能得到资助，并且，就业机构并不热衷于将年老失业者纳入公共培训项目，尤其是当这个群体的高失业率意味着他们缺乏工作前景的时候。

● 测试与短期训练措施：自1998年起，“测试与短期训练措施”已成为就业促进法的一部分。这些培训措施旨在测试求职者的工作能力与工作意愿，并虑及短期培训与试用期培训。他们最多可获得8周的资助。这一措施适用于所有已登记的失业者，尽管有些人并不想接受失业福利。

● 工资补助：分为一般工资补助和与年龄有关的工资补助两种。与年龄有关的补助是作为“整合”的补助（Eingliederungszuschüsse）支付给招聘55岁或以上求职者的公司。作为一种临时性措施，这个年龄限制已经被降低至50岁，有效期至2006年。一般来说，补助的支付期限为24个月，金额是所有已付工资的50%。如果工作机构认为其对工作安置有必要，到2003年，补助金额可增至70%，支付期限也可以增加至60个月。两年之后付款必须减少10%。从2004年起，该项津贴的时限变为36个月。

● 促进自主创业：直到最近，想自主创业的失业人员唯一可获得的资助是于1986年开始实施的所谓“过桥津贴”（bridging allowance）。这是一种由联邦就业机构自愿资助的津贴，其金额相当于失业福利金，但两者只能获得其一。自2004年1月起，虽然仍然没有包括任何投资成本，但这种资助已被赋予法定权利。在业务创办期间，且持有得到批准的代表受益人的商业计划书，失业人员即可获得6个月的付款。2003年，又有一种新的鼓励自主创业的手段被推出，被称为me-incorporated。这种补贴是针对生活成本的资助，而非针对资本投资。

- 提供就业机会的措施：提供就业机会的措施是一个特别的工资补助计划，因为补助很少支付给民营企业，而是支付给公共机构与非营利组织。联邦就业机构支持的项目必须是代表公众利益的，并且是没有这种类型的支持就不能施行的。提供就业机会措施的目的在于给失业者（特别是失业 1 年以上的长期失业者）提供临时就业机会。所支付的资助金额是正常工资的 80%。

这些措施的影响相当复杂。表 8－3 提供了一个年老失业者参与程度的概况。

表 8－3 选定的积极劳动力市场计划和年老员工的劳动力参与率

计　划	年均参与数量,2001	年老失业者比率,50 岁及以上	年均参与数量,2002	年老失业者比率:50 岁及以上	年均参与数量,2003	年老失业者比率,50 岁以上
	所有年龄组	50 岁及以上(%)	所有年龄组	50 岁及以上(%)	所有年龄组	50 岁及以上(%)
培训(长期)	345000	8.0	332000	8.0	259200	5.3
提供就业机会	166500	36.6	125000	40.6	92400	39.9
工资补贴	109400	43.9	120800	49.9	145900	49.9
培训(短期)	51300	14.0	62000	13.0	92700	11.2
创业	43150	11.1	54300	11.0	72100	11.4
独立的措施	66500	12.0	62900	11.0	48700	7.5

资料来源：BA（2002，2003，2004）。

- 资助长期培训的最重要的计划却是年老失业者参与最少的计划。最近，参与率从已经很低的 8% 降至 5%。
- 短期培训措施同样显示出年老失业者的低参与率，并且该比率仍在下降：从 2001 年的 14% 降低至 2003 年的 11%。
- 相比之下，提供就业机会的措施显示出年老失业者的参与率不断增长，参与到这个项目中的年老员工的人数占很大比例。

- 工资补助也显示了年老失业者参与率的上升，2003 年，它以接近 50% 的参与率位居第二。
- 促进自主创业的措施以年老失业者的低参与率为特点。

对于个别措施，年老失业者在短期和长期培训中仍占少数并且常常被排除在外。虽然工资补助与提供就业机会这两项措施的表现超过平均水平，但这些措施常常与沉重的负担或缺少整合到主要劳动力市场的推动机制联系在一起（Frerich and Talor，2005）。对年老员工自主创业的推动是有限的，2003 年的参与率低至 11.4%，即使年老失业者的整合率没有远远低于一般失业者，也需要调整更高的参与率（BA，2004）。

50 岁以上新方案

2005 年，由税收收入资助的所谓“50 岁以上新方案”开始启动。在这个新方案的推进过程中，德国 62 个地区将得到创新项目资助，尤其是改善年老失业者就业状况的自主创业项目的培训与推进。2005 ~ 2007 年，用于这些项目的资金高达 2.5 亿欧元。与此同时，更多的地区将被包含于这一密集且持久的帮助年老员工的网络中，以确保跨区域的交换与学习过程。

由于这个计划刚刚开始，尚无法判断其产出和结果。然而，在联邦就业机构领域一系列能够反映劳动力市场条件广泛差异性的地方性途径被视为一个好的开端。

部分退休

在目前关于劳动力市场与养老金政策的讨论中，年老员工的非全日制工作被视为一个可选的提前退休方法，并被作为鼓励更多年老员工维持就业的政策工具。因此，于 1996 年颁布的《部分退休法》（*Altersteilzeitgesetz*，ATG）的官方目的在于缓和从工作到退休的过渡，并为特定时期内减少工作时间提供机会。此外，它的目的是促进补偿性的招聘，尤其是对失业者或者实习者，进而用更年轻的和失业的劳动者来替代年老员工。这项《部分退休法》的主要特征如下。

- 从 55 岁以后的十年间，可以将工作时间从全天减少到半天。
- 如果能确保周平均工作时间不少于 18 小时，工作时间可以按日、周、月或者年的基础减少。
- 由于非全日制工作导致雇员收入减少，人们可以在失业保险金之外获得补贴，期限最长可以持续六年。
- 为确保收入至少达到最后一次税后薪资的 70% 以及养老金保险缴款的 90% 的水平，补助费用由联邦劳动力办公室来提供。
- 这一补偿的先决条件是可得的非全日制工作必须由失业者或实习者从事。
- 在企业或社会伙伴层面的部分退休协议的持续时间不得少于三年。

过去的几年中，部分退休的案例大幅增加。在 1998 ~ 2003 年这五年间，获得资助的案例数量从大约 1.3 万件增加至 7.5 万件以上。然而，获得资助的案例数量并不能代表德国部分退休的实际情况。因为在所谓的模型中，开始的两年半没有国家补贴，不要求年老员工转换为非全日制工作，取而代之的是两年半的全职工作，然后在退休前剩下的两年半里休假。由于这些案例没有被完全登记，因此统计中需要进行估算。另外，当不想用失业者或实习者代替年老员工的非全日制工作时，公司会使用部分退休，但并不申请国家补贴。这也有助于理解联邦就业机构数据中部分退休的采用率被低估的原因。从社会保障机构获得的数据显示，2003年末，如果包括这些未获资助的案例，大约有23.5万名55～65岁的年老员工使用了部分退休措施。

从这些数据来判断，到目前为止，部分退休法案似乎是成功的。但这并不意味着大量年老员工从工作到退休的逐步过渡已经完成，也不意味着将他们整合于劳动力市场的措施已经成功。该“基本单位模型”与养老保险机会结合在一起，给员工提供了采用部分退休手段即可在60岁退休的机会。这或许应该被更精确地描述为对提前退休的改良性手段，而非逐步退出。联邦统计数据显示：该模型是被雇主和雇员采用的主导性措施。2002年，在所有新近的部分退休并获得资助的案例中，只有11%不属于模型范围。总而言之，部分退休法案并没有被用于增加年老员工非全日制工作时间的选择。

与年龄歧视斗争及年龄意识运动

尽管关于禁止在劳动力市场中实施年龄歧视的欧盟行动早已有之，但德国仅在2004年秋天制定了一个反对年龄歧视法律的草案。这一发展的滞后性一方面是由于政治家或者从事老年政策研究工作的专家们对“年龄歧视”的认识不够，另一方面也是雇主联合会对法律措施强烈反对的结果。这些法律措施被视为官僚的、无效的，而且是限制雇主选择自由的。相反，工会赞成颁布法律来反对劳动力市场中的歧视，尽管关于此的观点具有两面性，因为许多人仍认为促进从劳动力市场中退出的早退计划是被社会接受的。尽管如此，德国在2006年颁布了一项反对年龄歧视的法律，禁止在招聘和培训中有直接或间接的年龄歧视行为。

除了年龄歧视立法，一些已有的联邦新方案明确关注老年劳动者的能力与潜力，进而试图抵消因认为年老员工缺乏效率而产生的歧视行为和偏见。

• 人口变化——公共关系与市场战略：随着“人口与就业”的定向研究的完成，联邦教育与科学部门制定了一个转移项目，旨在于1999～2003年提高公众关于人口变化对就业影响的意识，传播关于如何平衡年龄结构与保持企业创新能力的知识，获得适应年龄的工作与人事政策，并保持就业和为年老员工创造新的职业领域。主要目标群体是企业、雇主、工会、就业服务和区域性发展机构（Buck and Dworschak，2003）。

• 报告老年人状况的第五委员会：在2003年，联邦家庭和老年事务部门成立了关注“提高老年人在经济和社会中的潜能”这一主题的专家委员会。2005年，该委员会提交了报告（Expert Commission，2005）。2006年，联邦老年事务部门将其出版，并推荐了如何保留、促进和使用老年人潜能的方法（特别是在劳动力市场和培训方面）。

• 新的工作质量：2002年，国家新方案《新的工作质量》［*Neue Qualität der Arbeit*（INQA）］发布。INQA是联邦政府、国家、社会伙伴、社会保险伙伴、贝塔斯曼基金会和商业界的联合新方案。基于这一新方案，INQA的合作伙伴试图将人们的兴趣带入工作条件，以改善员工的健康和就业能力；另一方面，也满足竞争性工作的需要，并推动关于未来工作的广泛社会辩论。根据“人口变化和就业”的备忘录以及一个新企业战略和“30岁，40岁，50岁以上——健康工作到老”运动的需要，INQA试图鼓励商业界在年老员工的技能与能力方面开发出更具建设性和现实性的方案。与此同时，公司的健康政策应以保护年轻劳动力的长期工作能力为目标。INQA还为企业提供服务来帮助它们识别和解决因人口变化而产生的问题，例如，人力资源管理开发工具箱（www.demowerkzeuge.de）、最佳实践数据库以及在这一领域支持公司网络进一步发展的专门技术。

社会伙伴的新方案与政策方法

雇主与雇主协会

目前，联邦就业协会的建议书明确提出了延长工作寿命的观点。这些做法将明确聚焦于人口变化的财政后果和近期预测到的技能短缺上。财政后果指的是德国现行的组成社会保障体系的一般结构（Bismarckarian，社会保障模型），紧随人口变化而来的是劳动力成本的自然增加。因此，提高年老员工劳动力参与率的方案是蕴含于消除雇用他们的最严重的“劣势”的框架之中的：高昂的劳动成本（直接的和间接的）。人们认为，由于以工龄为基础的报酬体系和限于特定年龄群的雇员保护（例如反对解雇），对雇主来说，雇用年老员工常常更加昂贵而且缺少吸引力。因此，减少与年龄相关的劳动成本将自动改善年老员工在内部和外部劳动力市场中的就业前景。

联邦就业协会的方案主要涉及税收政策、工业法、职位晋升以及养老金和退休政策。这要求（同样可见 BDA，2002）：

- 解除对劳资双方谈判中保护员工免受解聘的管制。
- 在失业福利计划中减少现存的特定年龄群的特权。
- 在公共工资补贴和创造就业机会计划中减少特定年龄群的特权。
- 撤销对保护年老员工薪资的集体谈判的管制。
- 减少工资中的工龄规定。
- 为年老员工创造“真正”非全日工作。
- 为年老求职者提供临时工作。
- 从 2010 年开始逐步提高法定退休年龄。
- 对退休后工作实施经济激励。

在最近的研究中（来自联邦雇主协会联合实施的“ProAge：应对人口变化的挑战”项目），贝塔斯曼基金会与来自丹麦、荷兰和爱尔兰的雇主组织共同承担经验调查和跨国基准研讨会，以试图加强上述方案（Bertelsmann Stiftung and BDA，2003）。

此外，2002年，BDA还为雇主出版了关于如何在就业方面整合年老员工的观点和方案的指引（BDA，2002）。他们尤其试图去提高关于雇用年老员工所带来的一些好处的意识，例如经验、动机与可靠性。他们还试图给人力资源经理们提供指导，其中涉及灵活的工作时间安排、培训、保健、年轻和年老员工的团队合作以及工作轮换等内容。他们强调，雇主应该使用与绩效相关而不是与年龄相关的标准去招聘与保留年老员工。

然而，在很多情况下，联邦和行业雇主协会试图降低提前退休发生率的想法没能与企业代表，特别是大企业代表达成共识。为适应经济的结构性变化，提前退休在人事政策选择中仍然扮演着重要的战略角色。为了使提前退休长期持续，肆意滥用《年老员工非全日工作法案》（见上）的事情屡见不鲜。这对许多目前已经出现或已经预见到裁员的公司或商业企业来说尤为重要（例如，银行、保险、电信业以及工业部门）。这些企业既要求保持提前退休的选择又希望减少或转移各自的成本。另一个在企业中促进提前退休的流行说法是年老员工严峻的健康状况和退化的职业能力。

此外，雇主似乎在避免为老龄化的劳动力提供培训和保健方面进行投资。新方案仍主要停留在纸上谈兵的阶段，它声称终身学习是雇主和雇员共同的任务，并且宣称工作时间所积累的学分应被用作培训措施（Frerich and Taylor，2005）。

针对年老员工的特定公司措施是年龄一体化政策的信号，目前尚不成熟。最近由联邦劳动力市场研究学会针对典型的公司所做的调研（Bellmann et al.，2003）披露：在所有雇用年老员工的公司中，只有11%的东德公司和12%的西德公司针对年老员工或过渡性退休的特定需要提供了诸如限于特定年龄群/无年龄差异的培训、混龄团队合作和职场适应性训练等综合性措施。这等于是显示了一体化措施及职业生涯管理的可行性及有效性的最佳实践范例（Bertelsmann Stiftung and BDA，2003a）。

工会

工会最近才接受了年老员工劳动力市场政策的变化（见上文）。强大的德国工会，像代表钢铁行业的IG—金属工会，代表公共部门的Ver. di工会，继续明确地要求在财政和社会可接受的条件下保留提前退休的选择。这对IG—金属特别适用，它要求直到2001年3月，“在60岁发放养老金”（*Rente mit 60*）。由此而论，有两个要点需要强调。

- 与“代际连带”相一致的劳动力市场规则。
- 将提前退休作为针对年老员工使劳动世界人性化的工具。

第二点背后的论据是：在某些职业和部门中（如金属加工和专业护理部门），大量老年员工经常面临严峻的健康问题。因此，如果他们愿意的话，这些员工需要可以在社会可接受的条件下提前退休。这对那些面临技术和组织的实质性变革的员工同样适用，特别是在未来没有为他们提供丝毫预期和准备的情况下。另外，社会能接受的提前退休的途径必定会为那些面临严峻失业威胁或长期失业的人保留。对大多数员工来说，提前退休意味着他们现在的生活状况将得到明显改善。

最近，工会越来越关注那些促进老年员工就业以及改善他们就业能力的政策。这一方法被部分接受是因为提前退休的矛盾心理与不一致性。提前退休可能会对未来的劳动者产生消极的影响，甚至可能会引致恶性循环。另外，工会对人口和劳动力老龄化以及现存的年老员工的高失业率的认识已然提高。他们意识到有必要加强年龄一体化政策，并关注灵活就业安排、保健和终身学习（Adamy，2003）。

工会仍然有不同的观点，包括那些赞成年老员工再就业的和那些不赞成的。直到最近，德国“工会会员年老员工政策”也没有官方的指导方针。而联邦工会代表大会发行了下面的手册，它涉及年老员工的战略再定位这一主题。

- 增强年老失业者和年老员工就业能力的指导方针（DGB，2004a）；
- 雇主和人事经理解决老龄化劳动力问题的指导方针（DGB，2004b）；
- 关于将年老员工整合到劳动力市场中的主要问题的战略性文件（DGB，2004c）。

年老员工越来越多地被其他工会看做是发展抑制失业和改善工作条件的政策概念的目标群体。针对年老员工的下列措施可以在就业协议和集体交涉中找到例证（Adamy，2003；DGB，2004c）。

- 促进非全日制工作，也包括打击对非全日工作的歧视；
- 根据年老员工的需要减少并且/或者调整工作时间（例如，年老轮班员工）；
- 开发更进一步的职业培训，明确指向所谓的“劣势”群体；
- 支持由法律措施、规章及财政激励提供支持的健康促进和在公司内部的健康管理；
- 促进年老员工的小组作业。

毫无疑问，工会赞成一个涵盖不仅能逆转提前退休，而且能显著提高年老员工就业能力的综合性措施。此外，之前存在的社会可接受的提前退休途径对那些无法工作到法定领取养老金年龄的年老员工来说仍十分必要。

公司方案

总之，德国企业没有充分意识到它们的员工在不久的将来即将老龄化而且大量与年龄相关的人事问题将会出现。不过，也有一些公司在重新思考年老员工的问题以及劳动力和技能短缺的严重后果。最近，在由“改善生活和工作条件的欧盟基金会”资助的“老龄化劳动力的就业新方案”的项目中，经常可以看到在老龄化管理中优秀的实践范例（Naegele and Walker, 2006）。

在招聘领域中，Fahrion 工程股份有限公司于 2000 年开始关注年老的、资格水平较高的工程师。这个招聘战略变得很有必要，因为很难找到合适的员工，一部分原因是公司非常特殊的任职资格要求，另一部分原因是更大区域范围内的劳动力竞争。公司张贴了一份明确表示要吸引年老工程师、工长和技师的工作广告，写道：“45 岁太老，55 岁没人雇用了吗?”结果，该公司收到了 700 份以上的工作申请。19 个工程师（大多是失业者）被永久性雇用，其中 15 人是在 50 岁以上。即使是今天，公司还能收到那份广告的工作申请。

因为客户需求的差异和变化，在以创新为导向的微技研公司（一个批量生产微型部件和微型系统的制造商）工作就需要永续学习。管理者希望凭借混合团队（比如，根据年龄和性别）获得员工技能与能力的互补，进而促进员工间的知识传递，并消除偏见。这种在工作中持续的、联合的和相互的学习通过所谓的“利益伙伴”而实现。这意味着：如果要成功，如果知识的传授者与获得者都能在知识交换的过程中获益，那么，实实在在的经验交换必须是双向的。不只是年老员工从年轻同事那里学习，后者也同样可以从前者那里学习，比如，在项目艰难的阶段坚持不懈的必要性。

关于健康促进与工作场所设计，一个公共交通公司——纽伦堡

Verkehrs 股份有限公司（VAG）曾提出如何提升年老员工就业能力的问题。“改善公共交通公司司机的工作条件”的项目分析了疾病的发生以及与驾驶健康有关的案例。随后，该公司研发出若干方法，其中“特殊司机群体”被证明是最有效的。一个司机群体是指被安排在同一班次的司机。在这个案件中，不论他们的身体状况如何，减少 57 岁以上司机的工作时间，都是有效的，即年老司机每周减少一个班次的工作（短早班）而工资不受影响。

然而，尽管在德国有一些关于这类优秀实践的知识（同样可见 INQA，2004a/2004b；Clemens，2003；Morschhäuser，2003；Naegele and Krämer，2001），但利益主体将这些知识转化为行动的活动还是很少。大多数德国公司，尤其是中小型公司目前尚未开发这样的知识。最近，93% 的员工人数少于 5 人的公司和 83% 的员工人数在 5 ~ 19 人的公司，没有为它们的年老员工提供具体的工作场所措施（Bellmann et al.，2003；同样可参见 OECD，2005）。此外，只有一半公司愿意雇用年老求职者且没有特殊条件要求，15% 的公司原则上不会雇用年老员工。

部分原因是因为：提前退休计划使得与年龄相关的问题尚不普遍；重组过程中的通常做法仍然是解雇年老员工或让其早退。另外，优秀实践范例的直接移植几乎是不可能的。相反，它们必须适应客户公司的具体需要，从而可能被看做一个适合那个企业的量身定做的年龄管理策略的开端（cf. Naegele and Krämer，2001）。

结　　语

德国已经加强了整合年老员工以及逆转提前退休的相关政策。这蕴含于培育积极的和活跃的战略的一般趋势之中，它的出现以劳动力老龄化为背景，并关注养老金体系未来的资金状况，而且在一定程度上受到在与欧盟水准相对应的开放的合作方式的“道德压力”的影响。在德国，伴随着 Job-Aqtiv-Law 和哈茨改革，针对一般失业者和针对年老失业者的具体支持措施已被实施。作为实施“支持与需求”原则的结果，失业者在求职和接受工作的过程中变得更加积极的要求已得到强化。

之前关于德国年老失业者劳动力市场政策的描述与分析显示：既不“积极”，也不“消极”的劳动力市场政策可以被视为“未来的证据”。关于积极的政策也许有人会说：

- 首先，针对这一目标群体的劳动力市场政策还无法完全满足帮助年老的申请者重新回到原来生活水平的需求，尤其是无法完全提供年老的长期失业者和那些残疾人及患病者的相关福利。与20世纪90年代末的情况相比，有关年老失业者的策略和措施已经发生了明显的变化，但在一般的劳动力市场措施中他们仍属少数，例如对职业培训、自主创业和工作配置活动的促进等。特别是强化终身学习并为所有年龄群体提供培训的战略和具体措施尚不完善。
- 其次，即使采取措施，这些措施也会倒向那些更有优势的和更容易安置的年老失业者。低技能或者伤残的风险群体并不具有代表性。即使是为评估需求，挑选和无谓损失效应也是普遍的。

对年老员工和女性的排斥似乎仍是他们与劳动力市场之间关系的主要特征。过去，由于有提前退休和就业保险作为缓冲，因此，很大程度上并不存在老年人的贫困问题。然而，对以前宽松的提前退休选择的限制以及对失业福利和失业援助的大幅缩减，带走了一系列应对日益恶化的经济条件的最重要的调整机制，进而创造了一个更有压力的环境。在政策辩论中，对社会保障的强调已经变弱。同时，大量的压力被置于对年老员工的就业保护上。

将来，积极就业计划是否能成为合适的替代者仍不得而知。在德国，对于社会伙伴和公共劳动力市场机构的“以年轻人为中心”

的政策的重新思考是从 2001 年才开始的。减少提前退休并没有使积极的劳动力市场措施所需的资金得到相应扩充。相反，年老失业者在培训计划中被忽视的风险却日益严峻，针对这个群体的定向计划和工作配置结构的整体改善是否有效尚未被证实。批评的声音强调：在德国，反对提前退休政策的真实目的是降低养老金成本而不是促进年老员工就业。

工作寿命的延长要求年老员工真正拥有工作更长时间的预期。对个人工作更长时间以及雇主雇用和保留年老员工的激励与准备金，必须通过法律措施加以改善和配合。然而同时，社会可接受的进入提前退休状态的路径需要为那些“在风险中”的年老群体保留，他们继续留职或重新进入劳动力市场的前景是很渺茫的，例如，有严重健康问题的员工、残疾员工以及那些工作压力很大的员工。

而且，即使年老员工的劳动力参与率有所增加，也未必意味着这个年龄群体的工作条件会与年轻员工一样好。“积极老龄化”显示：当处于较窄的工作范围、较低的工资水平的就业危险时期，或者更坏的情况下，长期无效的求职可能会比提前退休更糟。因此，年老员工的就业目标应该被修正为：确保在就业方面对年老员工进行高效和持久的整合，至少要对年老员工的就业条件在质量上的发展状态进行监控。此外，对那些无法顺利找到工作，同时又不能借助提前退休途径的年老失业者，“从福利到工作”的政策可能会增加他们的贫困风险。若没有一个合理的收入基础作为先决条件，这一群体也许会在社区参与和志愿活动中消失。

从这方面来看，从一个反应性的“年老员工政策”到一个预防性的就业促进和保护政策的范式转变是十分必要的，它在老龄化劳动力方面不受年龄限制。不言而喻，这并不意味着未来我们可以做出没有年龄差别的解决方案，例如，针对年老失业者，就可有特殊方案。针对积极改善措施的一系列适当手段是众所周知的，而且其中一部分是被试验过和验证过的。其中包含更新职业资格、终身学习、适应工作时间、健康保护以及对工作和专业的改变，还包括所谓的“第二职业和第三职业”（Naegele，2002）。

这些需求的实现要依靠所有相关群体（政府、员工、工会和工作委员会，当然还包括年老员工本身）的合作。具有预防性特点的协调和整合措施在不同水平上也很必要（举例来说，工作时间和教育政策、健康保护和工效学）。从最近的研究项目和科学会议中得出的以下结论和建议可能会在年老员工政策的战略性转变以及一个更好的、未来导向的年龄管理方法中担当定位基点（Naegele，1999；Rothkirch，2000；Frerichs and Taylor，2005；Naegele and Walker，2006）。

- 老龄化劳动力的提升、就业以及就业能力需要贯穿整个工作生涯的行动（“年龄无涉”的概念）。
- 积极的政策取向应该具有预防性，它能与老年工人早期工作生涯中的典型风险作斗争。应该采用二元的方法，不但要保持整个工作生涯的就业能力，而且要处理一些年老员工的特定风险和问题。
- 跨学科的和相互协调的方法是必要的：教育、健康、培训、休闲、家庭责任、社会保护以及平等机会。这要求关注工作组织和工作环境，而不只是年老员工的能力。
- 在企业和公共政策层面都需要系统的协调方法（例如，培训和工作时间调整、预防性健康保护和职业规划）。应确保国家与工作场所的政策是紧密协调的。
- 然而，企业内部方法是“积极的”和以未来为导向的年龄管理政策的核心。年老员工的工作寿命是否可以延长，主要由企业决定。关于这一点，满足年老员工所需的适当的工作场所安排是非常重要的（例如，工作量、工作时间、工作环境以及工作设计）。
- 虽然整体目标是支持年老员工保留在积极的劳动力市

场中，并避免非自愿地提前退休，但社会可接受的提前退休路径必定会为年老员工中的特殊（“风险”）群体保留（例如，长期失业者、有严重健康问题的员工以及残疾员工）。

也许有人会说：德国仍然在为积极老龄化而开发这样一个综合性战略，以确保人们的工作寿命得以延长，尤其是60岁以后仍然留在工作岗位上，并且在终身学习方面增加了对年老员工的培训路径。

第九章
结论：老年劳动力的愿景

Philip Taylor

朝积极老龄化的方向发展?

年老员工首当其冲地承受了工业化国家应对经济转型和人口老龄化影响的冲击。随着 20 世纪末的工业转型，尽管提前退休的趋势已成为所有工业化国家的共同特征，但提前退休的程度却明显不同。本书包含年老员工的工作参与率下降但不明显的例子（日本与美国），也包括提前退休的极端例子（法国、德国和荷兰）。但不久之后，随着成本不断提高，提前退休已被抛弃，其缺陷也暴露出来，同人口老龄化相关的新的优先考虑的问题也出现了。一个让人不悦的事实是，特别是许多欧洲政府甚至不得不接受的，人口老龄化与提前退休是无法兼容的。尽管对许多人而言，提前退休似乎是行业默认规则，而且几乎四分之一世纪在职场中具有吸引力，但时下流行的观点是：如果工业化国家想保持竞争力，提前退休是站不住脚的（援引自 European Commission，2005a）。欧洲委员会（European Commission，2003）估计，法定退休年龄每推迟一年，预期的公共养老金支出增长将减少相当于 0.6 到 1 个百分点的 GDP。仅由“积极老龄化”引起的纯经济收益将是巨大的。然而，本书的作者中也有一些持消极观点，尤其是那些来自实施早退制度程度甚深的国家的作者。他们认为，积极老龄化至少在不久的将来是可以实现的，并且可以规避年老员工面临困境的风险。

目前，至少多数政策制定者与时事评论员认为，年老员工退休延迟提供了一个明显的但未必容易操作的，旨在解决由人口老龄化引起的社会福利预期支出资金不足和劳动力短缺问题的方法。与此同时，企业方面寻求将延迟退休的社会目标、保障劳动力供给的管理目标和保持竞争力的目标联合在一起。随着其他储备劳动力的枯竭，一些行业部门确实转而聘用年老员工，或者通过认同年长劳动者的能力而使其成为有吸引力的雇佣选择。

因此，延迟退休乍一看似乎前景诱人，尤其会带给年老员工诸如收入和社会参与的好处。据调查，年老员工也觉得这个主意很吸引人。当然，这一定会比过去把年老与提前退休画上等号来得好。如同以往许多人大声疾呼要求早退的权利，今天同样的力量再次出现，为年老员工延迟退休、选择工作方式以及最终何时退出劳动力市场辩论。

然而，这种主张忽略了年老员工经历丰富的事实。毫无疑问，达到退休年龄后继续工作对国家和年老员工都具有潜在的益处。但很容易看出的是，关于取消提前退休并通过鼓励返聘和留住员工的方式，使年老员工留守劳动力市场的主张存在一些缺陷。正如在这本书中 Julie McMullin 及其同事所指出的，政策的改变似乎经常被关注人口老龄化的经济结果驱使，而非被全体老年人的福祉驱使，当然也存在一些相反的看法。同为本书作者的 Frerich Frerichs 和 Gerd Naegele 则更为强硬地批判道：德国反对提前退休的政策的真正目的在于减少公共养老金支出而非增加年老员工的就业机会。同样的，当前的政策环境似乎已经将研究议程的本质严重歪曲，以至于人们几乎没有对当前政策措施提出一丝异议。但是，如果仔细考证则可能发现，当“积极老龄化”应用到劳动力市场时，那些坚持“积极老龄化”的人可能会面临一系列挑战。毕竟，与规则抗辩是很难的，它似乎为每个人都提供了一些东西，但对年老员工而言，则明显存在严重的风险。

为确保这个政策对年老员工有效，一些因素必须起作用。巩固公共政策是前提条件，但 Sol Encel 在本书中将其进展描述为“断断续续的渐进主义”，即使在所谓的老龄化战略文件中也没有表现出一种战略性的方法。一种新型的，但有些犹豫的，而非着眼于整体的政策举措，出现在所有被作为案例讨论的国家中，削弱了政府延迟退休政策的努力。由于其削弱了延迟退休政策的发展前景，本书作者特别指出了提前退休政策的缺陷。在案例涉及的国家中，鉴于雇主们对年老员工的绩效和组织承诺比“工作的权利”更重要的观点表示怀疑，强制性退休并没有被完全废除。比如，Julie McMullin 及其同事指出，“尽管目前不乏关于积极老龄化与延长工作寿命的言论，但在加拿大仍存在包括强制退休及不鼓励年老员工参与劳动的条款”。在荷兰，就鼓励人们在退休后以某种方式保持活跃而言，积极老龄化并不在政策议程上。在日本和英国，只有那些拥有所需技能的人才可能会延迟退休，但其工作质量与安全保障存在问题。所以就这一点来说，积极老龄化显然存在局限性。

到目前为止，实行积极的劳动力市场政策的国家似乎都只取得有限的进展，而且具有争议的是，它可能无法达到真正形成明显差别的获益程度。尤其是像残障的或长期失业的年老员工这样的弱势群体未能得到很好的对待，鉴于申请救济人的绝对数量和他们所面临障碍的复杂性，许多人也不可能得到公平的对待。另一方面，或许可以预见的是，培训者只关注工作表现出色的年老员工而忽视了其他人，其实这部分优秀年老员工在没有政策干预的情况下成功的现象也是常见的。在能找到工作的地方，职业降级（低技能，低工资）现象似乎很普遍。可能有人这样辩驳，职业降级后至少存在转向更好的工作的可能，而失业或不活跃就没有这种可能。遗憾的是，年老员工并没有真正走出低技能、低工资的职业。

更深刻的文化转变，例如向终身学习形式的转变，已经出现在一些职业群体中。但亦如 Freichs 和 Naegele 在本书中所指出的，年老员工仍未大范围地参与到学习和培训中。Auer 和 Fortuny (2000) 强调终身学习的重要性，以应对人口老龄化挑战。第一，这有利于调整劳动者的技能和竞争力以适应劳动力市场的需求。第二，这有助于增强年老员工对劳动力市场的情结。第三，这有利于帮助劳动者克服在达到一定年龄后生产率的下降。然而，对个人发起的中年劳动者职业培训的调查研究表明，参与培训的基本上是那些已经具备一定技能的人。而那些受教育程度较低、被认为最需要接受培训的人却不太可能参与到学习活动中（Elman and O'Rand, 2002; Jamieson et al. , 1998）。可以注意到，对年老员工而言，弹性工作方式可能不利于保持技能不断更新（Platman, 2003）。年老员工往往认为他们不适应新的学习方式，而且对这样的情况也缺乏自信。鉴于意识到终身学习是政策制定者应对人口老龄化带来的经济压力策略的重要支柱（Auer and Fortuny, 2000: 29），这些著述提出了许多困难。尽管在政策制定者当中，终身学习是普遍的观点，但终身学习在劳动力市场中是否真的可行？或是技能的断层终因太大而难以逾越？

因此，尽管从某种程度上，现在年老员工和劳动力市场的联系比过去更紧密了，但他们的可雇用就业能力往往很低。事实上，许多失业者将会退休但缺少从劳动力市场退出的必要的经济资金，尽管从逻辑上推断，比较公平的退休过程应当具备这些条件。尽管这样的建议可能在政策制定者和社会老年医学专家当中难以接受，但至少应该承认，“积极老龄化”没有解决多少失业问题，是对早退尊严的否定。甚至最热情的支持者也必须承认：当年老员工因为年龄歧视、缺乏技能更新或健康欠佳而找不到工作时，就为年老劳动力提供工作的“权利”而言，“积极劳动政策”可能仅仅是迫使许多人以劳动参与的方式表现出“积极”老龄化，但有意义的工作机会却很少或几乎没有指望。

类似的，尽管政策制定者指出工作的益处，但如果不是好工作，那么它很可能削弱成功老龄化的前景。研究表明，被返聘的年老员工的心理健康改善则依赖于劳动合同的安排。而终身聘用的回归将产生比暂时聘用或自我雇用更大的幸福。有趣的是，放弃提前退休似乎未必会带来福祉（Strandh，2000）。显然，许多年老员工可利用的工作机会不能被归类为“良好”，灵活的工作时间有着显而易见的吸引力。但正如 Anne-Marie Guillemard 和 Annie Jolivet 在本书中所指出的，艰难的工作环境和无意义、单调乏味的工作，缺乏学习的机会以及难以得到承认等因素都不利于长期工作。类似地，Sara Rix 在她的章节中指出，尽管经济转向以知识为基础，但仍可以发现许多工人在从事体力劳动或在不安全、令人不快的、缩短他们工作寿命的环境中工作。有很多人缺乏轻松地转到新工作的技能和能力。尽管调查表明，很大一部分年老员工倾向于在不同的环境下延迟退休，而且为了让年老员工真正对延迟退休或退休拥有“弹性”或“选择”，“弹性工作”作为一种政策的灵丹妙药被推崇，但无论退休还是延迟退休都不应使年老员工遭受社会排斥或贫穷的严重风险。正如 Kène Henkens 和 Joop Schippers 在他们的章节中所指出的，尽管工作可能比退休更好，但那些被雇用机会排挤掉的劳动力无论从经济利益方面还是再就业的前景方面，日子都不好过。

新的政策谈及工作到 70 岁或 70 岁以后，这必然会使那些 50 多岁的求职者，或那些因为一系列社会和健康因素活不到 70 岁的人，或是自感寿命 70 岁左右的人产生空洞之感。在官方声明中或最近媒体对年老员工如洪水般泛滥的报道中，这种观点基本上被忽略了。尽管“婴儿潮世代正一次又一次重造他们的世界”是当今经常重复的评论，但这也只是一种经不起仔细考证的观点。事实上对许多年老员工而言，他们的选择严重受限。尽管他们可能被弹性退休吸引，但对许多人而言这并不是一个合适的选择。而且正如本书所述，即便是那些显然具备一系列有价值技能的人，也可能得苦苦抗争才能保持就业。此外，因为一些国家近年来经济一直保持稳健增长，所以对行业提出雇用年老员工的强制规定相对简单易行。

在经济萧条时期如何保持这种状态又是另一码事了。实际上，我们可以推测，灵活多变的政策制定者会在不利的经济条件威胁下再次借助退休手段。

老年劳动力的需求在增加是一个神话吗？

各国政府一直不愿向所有年老员工开放劳动力市场——如果企业愿意，这为弃用他们留下了足够的空间，甚至在已经实行保护措施的英国和美国的情况也表明，雇主有意愿和能力避免雇用年老员工。这似乎反映了这样一个事实，尽管新的公共政策旨在增加老年劳动力的供给，但无法肯定这些政策是否会受到市场的欢迎。正如本书中 Kène Henkens 和 Joop Schippers 的章节与其他最近考虑雇主行为的著述（Taylor，2006）所表明的，即使在经济相对活跃的国家，招募年老员工在雇主的心目中可能不是至关重要的。而 Henekens 和 Schippers 的章节对那些反对企业改变态度和行为的人是一种忠告。这些章节十分明确地表明，尽管积极老龄化在决策者的议程中至关重要，但在企业内部却并不如此。企业高度关注其劳动力的老龄化，但其目的很少指向延迟退休，而且他们对招聘年老员工持有偏见。老年人一般被视为招聘员工的最后选择。

职场的年龄障碍还表现在其他地方。例如，Masato Oka 在本书的章节中表明，公司将仅保留拥有一定技能的年老员工，而 Sara Rix 指出，政策制定者所钟爱的过渡性退休并没有在许多正式的方案中体现出来，相反，存在许多特殊的机会——这表明雇主想要在决定员工去留方面拥有弹性。在本书中提到的公司表明，根本不存在关于对年龄较大的劳动力市场需求强烈的证据。面向年老员工的工作往往附加某些特定的条件。Sara Rix 在本书里很好地进行了阐述，她说：“然而雇主享有相当大的酌情权，这为他们雇用年老员工提供他们所希望的灵活选择。”

从某种程度上看这似乎是矛盾的，尽管社会活动家们关于延迟退休的社会经济利益的观点高度一致，但大部分行业似乎并没有被打动，而年老员工则必须奋起抗争才能保持他们在劳动力市场的一席之地。为什么会这样呢？了解社会历史背景是重要的。很多年前，Alan Walker 和他的同事注意到提前退休在一些工业化国家所起的作用——当经济正经历巨大转型时，让一些年纪较大的劳动者退休，可以为其他人提供保护（Walker，1985；Westergaard，Noble and Walker，1989）。由他和他的同事研究的绝大多数上年纪、冗余的钢铁工人，提前退休有两条途径且主要取决于社会经济地位。有人积极看待提前退休，对不再工作感到如释重负，但也有人不愿意退出工作岗位。他们要工作，但并不被"鼓励"这样做。类似的，还有人主张很多所谓的"提前退休"实际上是一种失业（Casey and Laczko，1989）。其原因很好理解。在夕阳产业中，年老员工人数过多，而在那些经历成长的产业中年老员工人数不足，并且受到对非技术工人需求减少的影响（Jacobs，Kohli and Rein，1991；Trinder，1989）。组织层级扁平化、业务精简化和工作流程重组使得传统的雇佣关系支离破碎，并损害了年老员工维持按年龄阶段划分的职业阶梯的位置优势（Tillsley and Taylor，2001）。

虽然关于这些作者所写的某些制造业和生产业的大规模破坏已经结束，但全球化的力量继续以不利于老年劳动者未来工作前景的方式影响着就业形势。确实，正如前面所提到的，最近一些雇主的举措，通过包括解雇超过一定年龄的员工以应对在全球市场中生存的挑战的计划，很容易让人回想起20世纪80年代和90年代的情况。

20年后，Alan Walker（2005：691）指出，"私营部门的未来竞争力和公共部门的效率将越来越取决于老年劳动力的生产率和绩效"。这种情况终将可能发生，但雇主已经在考虑相反的做法，有些甚至已经采取与之相反的行动。在应对人口老龄化的背景下，如果劳动力供给的选择真的如此受限，那么持有产业危机迫在眉睫观点的人将获得一个强有力的佐证。但至少在某些部门，这样的假设可能并非不现实：在一个全球联系日益紧密的时代，与被认为是风险较大、土生土长而且当然是更老的劳动力相反，更年轻、更廉价而且有技能的劳动力将会受到欢迎。尤其是欧洲的政策制定者描述青年进入劳动力市场的人数萎缩、提前退休持续进行的情况，并得出结论：如果不采取严厉措施，这种情况将不可避免地制约经济增长；重要的是，其他人的注意力被过去十年中增加了一倍的全球劳工供给吸引了，并主张资本将找到廉价劳动力（例如，Freeman，2005；Roach，2004）。这就提出了这样一些问题：由人口改变引起的预期劳动力枯竭是否将会对企业施加如此大的压力，以致反过来导致市场对年老员工的需要；抑或恰好与事实相反，如果有些员工被这样一种想从其他地方获得劳动力供给的动机驱使而被弃用，提前退休至少在形式上将会在劳动力市场中持续。

正如 Kohli 等人（1991）对 20 世纪末年老员工就业的不断变化之形式进行的缜密描绘，可以肯定的是，今天也需要经过深思熟虑的举措。形成一个关于年老员工与全球化经济之间关系的有吸引力的研究议程并非难事。在劳动力流动更加自由，企业和国家都争取最廉价和最熟练的员工之时，对于国家如何保护其更脆弱的公民应该有法律上的明确规定。一个简单的假设，抑或被视为一个建议可能更为恰当，如果政策制定者能做出恰当的回应，如能经历必要的挑战，那么“年龄工程”一定能得到合理的检验。

其他理解雇主对年老员工矛盾态度的线索来自对管理理论的思考。虽然目前政策制定者更愿意企业把雇用年老员工看做投资，但根据 Lyon 等（1998）的理论，这不符合管理人力资源的新方法——强调实现员工的灵活性、组织承诺和“核心”劳动力保留的目标，将企业战略计划与人力资源管理实践结合起来的必要性。虽然对劳动力长期投资的重要性也被强调，但同时也存在对这项投资应该应用在谁身上的选择。企业雇用年老员工可能使新做法的引入提前了相当长一段时间。这可能会在经理人中产生怀疑，他们可能认为他们正在试图建立起来的新的价值体系与已有的意识形态和忠诚相矛盾。这种观点可能为在新企业中招聘比较年轻且缺乏经验的员工，以及在已经建立了并寻求效仿上述运行条件的企业中避免招聘年老员工的做法提供了合理性。根据 Lyon 等的研究，这个观点不但使现有的态度合法化，也提供了一个似乎更加合乎逻辑的、更重要的、以企业为中心的、关于雇用老年员工有明显缺陷的解释。年纪较大的雇员不只是被感觉缺少效率，而且被认为是阻碍企业变革和灵活绩效的严重障碍。根据作者们的说法：

> 再没有比对待年老员工的方式更能概括长期员工投资与大量灵活性之间的矛盾……人力资源管理中的哲学就是在管理中通过加强年龄歧视主义，夸大年老员工的问题，从合理的商业理性的视角，美化了现存的偏见，并怀疑年老员工的组织承诺。（第 57 页）

如果政策制定者希望促成企业雇用年老员工，这样的考虑就十分重要。Taylor 和 Walker（1995）着手年老员工雇用、培训和发展的案例。它包含五大要素。

- 投资回报；
- 防止技能短缺；
- 招聘潜力最大化；
- 应对人口变化；
- 促进多样性。

但人力资源管理理论为管理者提供了一个方便而有力的、使排斥年老员工做法合法化的替代说辞。结果，主张雇用年老员工者普遍使用的理由很大一部分是无效的。例如，人力资源管理理论认为，所谓年老员工的“积极”特征之一，即对公司的记忆和经验，可被视为与雇主不相关的甚至不利的特征。正如 Sennett 所指出的（2006），对年老员工的投资可能并不被雇主偏好，雇主们宁愿从其他地方获得有技术和廉价的劳动力；亦正如 Dickens（1999）指出的，在不同时期对公平举措的呼吁可能各有不同，但都促成了良好的政策制定。在这方面，有限的纵向研究挑战了“职场年老员工的政策是单向的”（Tayler，2006）观点，这应该引起政策制定者和拥护群体的关注。“劳动力冗员的谬论”是对“年老员工就业上的任何增长很可能以损害年轻人的就业为代价”（Funk，2004）的观点的质疑，几乎不符合日常现实中的职场，因为谁去谁留是个困难的抉择。就业水平实在是有限的。甚至是时事评论员“神圣不可侵犯”职责范围内的回应人口变化所导致的迫切流动也受到了挑战。回到最近《经济学家》（2005）中的一篇文章，它认为人口下降可能刺激日本企业在其劳动力使用上更倾向于提高效率，正如已经显示的，全球的总体图景是劳动力供给递增。综上所述，企业案例实际上说服力不强。

此外，近年来已经确定的雇主对年老员工良好做法的一些例子，似乎与对核心和边缘员工的人力资源管理相似，往往表现为降低弱势员工群体的地位。Masato Oka 在他的章节中明确表述了这一点：“再雇用”计划中的这些劳动者薪酬和工作条件从整体上看似乎很差。很多情况下，他们的工资减半，地位降低，而工作时间和任务几乎和退休前相同。此外，“退休员工的工作质量也往往显得差劲。大多数退休后计划似乎很可能不会满足年老员工的需要，因为他们的角色将是含糊不清的，而且在许多情况下不重要”。因此，对政策制定者而言，促进年老员工灵活就业的问题在于，它可能推动许多老员工走向低地位、低技能、不安全和低工资的角色或组织，承受额外的职业健康和安全风险。提高就业水平，可能产生似乎并未经深思熟虑的不良后果。Sara Rix 在本书中指出，传统上认为对年老员工不具高风险或危险的零售工作，其实可能恰恰相反。因此相当讽刺的是，“年老员工积极偏好的工作，似乎局限于政策广泛宣传的企业，主要是零售和餐饮部门”（Duncan，2001：40）。

欧盟委员会（European Commission，2002：27）在承认年老员工的潜在风险时指出，“处于低质量工作岗位的年老员工，进入失业和不活跃状态的转换频率相当高”。对欧盟委员会而言，

> “工作质量和工作环境在人们保留现有工作方面起到很大作用，主要是通过减少工伤事故风险并改善工人的健康，特别是最年老员工的健康。”（European Commission，2005b：8）

Walker（2005）也考虑到了这个问题，他指出：

> “除非限制工作能力的因素得到缓解，并且反对就业准入壁垒，否则积极老龄化不可能广泛实现，并且劳动力年龄多样化也因此不会实现。换句话说，如果工人的健康和工作能力得到保持，那么他们将更有能力，并且也一定会更愿意延长他们的工作寿命。”（第 692 页）

在这里，考虑工作和非工作活动的关系很重要。猜测延迟退休将如何妨碍护理活动或减少公民社会的参与度是有趣的。这激活了一个领域，但却限制了其他领域。Frerich Frerichs 和 Gerd Naegele 在本书中主张，工作福利政策可能增加了老年人的贫困风险，导致他们无法找到工作或从提前退休政策中寻求保护。因此，这些人也将失去社区的参与和志愿服务，良好收入的基础是参与和服务的先决条件。关于年老员工的文献的一个重大缺陷是：强调工作却忽视“生活”。芬兰的“工作能力”的概念提供了一个关于职场和职业、管理结构和行为的全面而协调一致的框架设计，并且提出与工作相关联的或者限制或者有助于继续参与劳动力市场的个人因素（Ilmarinen，2005）。关于为老龄化社会设计工作的文献越来越多（例如，Gay，2005；Heather Hamlyn Research Centre，2005）。从平等的观点看，除了专注于职场设计的新方法，探索年老员工就业目

标的研究也具有极大的价值。伴随着不断变化的劳动力市场前景，在各种就业机会方面持续不平等的现象，将严重削弱那些就业活动只有单一措施的案例。

不过更为乐观的是，很明显有一些雇主投身于此话题。大量令人印象深刻的企业正在专注于调整年老员工的职场，它们不理睬关于一些举措存在捉摸不定本质的论点，警惕基于有限的文献做出雇主参与程度趋势的结论，当效果不是很明显时，对“良好做法”的说法保持谨慎。这显然是伴随着组织和个人产出含糊不清的初期的情况，雇主利益也尚未延伸，只是有限地招聘和保留年龄远超过60岁的人。也许，随着他们对雇用年老员工这一想法的习惯，这种态度会趋于缓和。

促进对年老劳动力的需求意味着应该将注意力集中在雇主身上。在过去的20年间，已经有对雇主的大量的个案研究。其中大部分可被视作宣传而非良好的科学。但是逐渐的，我们会更好地理解影响雇主行为和他们对劳动力老龄化回应的因素。更多的纵向研究、深入的个案研究和行动调查将提供更丰富的阐述。从更广泛的角度看，超越老年学领域的问题研究，特别是对管理和企业更进一步的研究，将极大地有利于上述理解。

介于提前退休和积极老龄化之间

很明显，到目前为止，“年龄自由”的就业更多是一种愿望而非现实。确实，正如Guillemard和Jolivet在本书中所指出的，像推进更大的工作强度的趋势潜在地损害年老员工的未来前景。虽然一些观察家提出年龄自由就业时代到来的观点，但随着全球产业对具有高度弹性、移动性并具备技能的劳动力需求的增长，可能会出现甚至是更大的劳动力市场年龄分割。尽管工业化国家正在老龄化，而且一些评论员将其与劳动力老化做了一个明显的联系，但新的劳动力储备正越来越多地从其他地方被开发。因此，我们还不能肯定地说，一个就业机会的新时期正在向比较年长的人敞开。一种可能的情况是，当劳动者在劳动力市场竞争中失败时，他们再也无法借助提前退休，劳动力市场的不安定性和个人困难增加了。退休过渡期的就业不稳定性的内涵得到了理解（O'Rand，1996）。对于老年人的预测往往不准确。忽略这些特定的研究是令人遗憾的。

如果政府想知道其义务所在，就必须确定限制对年老员工需求的因素。虽然他们很快就能提出来自业界利益的证据，但正如本书所表明的，年老员工面对的连续不利条件的证据随处可见。事实上，如果关注个人福祉，那么现行的很多政策的效果可以说是被严重误导了。更广泛地考虑年老且处于不活跃状态人的需要会很有价值。此外，有必要对年老员工就业的目标进行认真研究。正如英国的案例所指出的，最近年老员工就业率的好转一定程度上可以认为是同辈效应而并非代表着他们命运的一种明显的突然好转，尽管尚无法肯定这种明显的改善会维持下去。目前，似乎往往是充满愿望的想法而不是确凿的证据正在引导政策回应。

那么，公共决策者必须小心谨慎地推动年长者进入他们的能力不被重视的劳动力市场。基于这样的评论或许会得出这样一个结论，在某些国家存在“迷茫的一代”，对他们来说延迟退休概念的提出已经太晚。虽然遗憾，但现实中没有准备就绪的积极化方案能使他们中的许多人工作。这种评价可能被归为失败而被游说团体批评，但似乎已被一些公共政策制定者以相对薄弱的积极措施的形式，至少是默默地承认了。如果从资源配置来衡量政策承诺，那么尤其在澳大利亚、德国和英国，尽管存在大量的浮夸言辞，但似乎年老员工在接受援助方面并未被优先对待。新方案旨在为劳动者职业生涯的关键点提供帮助，以免他们在到达五十多岁时积累了一系列使他们处于不利地位的特征，这些方案很可能比补救行动更有效。但当然，这将需要相当数量的资源积累。与此同时，尽管特别以年老员工为目标的具有良好意图的计划值得嘉奖，但不可避免的是，它们总是惠及少数人。

尽管与积极劳动市场政策的思想体系存在差异，同样必须承认的是，几十年来提前退休政策惠及的群体，应该被给予退休的尊严而不是积极劳动政策的威胁。此外，同样的，我的观点是，有目标的退休途径将在21世纪初不稳定的全球化劳动力市场中继续扮演关键角色。许多行业可能简单地觉得无法支持老龄化劳动力，结果那些迄今为止可能已经离开劳动力市场退休的人，现在反而被迫保持经济上的活跃，但却面对没有工作或就业不足的局面。“积极市场政策”可能带给社会和个人的可观损失已经在本书中其他部分指出。正如早退使一些人受益，但也存在意料之外的消极后果，“积极市场政策”同样有其优点和缺点。不能完全放弃早退，相反，年老员工需要新形式的社会保障，或许不像过去同样的规模，并且也不能简单地滥用其他一些政策工具，比如残疾人补贴（European Commission，2002；OECD，1998）；而需要通过一些除失业保障之外的方法来弥合工作与退休之间的差距，认可老年人所作的贡献并承认他们的未来前景。欧盟委员会的社会保障委员会（Social Protection Committee of the European Commission，2003）承认支持一个良好的年老员工社会安全网的重要性，但只有整体综合方法被商试后它才能被执行。再一次的，这些很重要，但被忽视的领域需要充分考虑。

最后，有必要以一个基本的水准采取行动以改变对老年人与老龄化的思考方式。正如在本书中，Anne-Marie Guillemard 和 Annie Jolivet 在法国的案例中所主张的，Kène Henkens 和 Joop Schippers 在荷兰的案例中所主张的，单独地修改制度框架将不会排除根深蒂固的提前退休的心态。目前在雇主和年老员工中促使态度发生变化的努力是值得的，但是，用 Guillemard 和 Jolivet 的话说，由于“无法着眼于年龄的集体形象以及以塑造行为举止的潜在动机、理由和关系为认知基础”，改革将难以进行。简单地说，“整个社会受到了年龄的困扰”（Young and Schuller，1991：14）。这是一个长期项目，到目前为止步伐小而蹒跚。

与此同时，决策者和评论者需要足够勇敢地接受当前积极老龄化的有限进程，并相应地制定政策回应。因此，虽然仍应该采取许多举措来调整对老年失业者和那些寻求职业生涯改变的人的正式条款，以保护人们不因年龄而受到歧视，提升对雇用年老员工企业的补贴，并全面为老龄化社会再创造工作。不能完全肯定地说劳动力市场能够轻松地或如意地适应工业社会的老龄化，以及在全球变化背景下持续的国民经济的重新配置使诸如年老员工这样的风险群体处于动荡状态。认识到这一点，那么“积极老龄化”应该是一种政策愿望，而不是一种意识形态的桎梏。当然，任何政策工具都不能为老年人的活动和退休提供充足的保障，这些政策同样无法正确引导年老员工面对现代劳动力市场的挑战。

参考文献

导 论

AARP (2000), *American Business and Older Employees*, Washington, DC: AARP.

Access Economics Pty Limited (2001), *Population and the Economy*, Canberra: Commonwealth Department of Health and Aged Care.

Auer, Peter and Mariangels Fortuny (2000), *Ageing of the Labour Force in OECD Countries: Economic and Social Consequences*, Geneva: International Labour Organization.

Baker, Richard (2004), 'Age discrimination: implementing the directive in the EU', accessed at http://lawzone.thelawyer.com/cgi-bin/item.cgi?id=110183&d=pndpr&h=pnhpr&f=pn.

Bass, Scott, Frank Caro and Yung-Ping Chen (eds) (1993), *Achieving a Productive Ageing Society*, London: Auburn House.

Bertelsmann Foundation (2006), *Active Aging in Economy and Society*, Gütersloh, Germany: Bertelsmann Stiftung.

Bohle, Philip and Michael Quinlan (2000), *Managing Occupational Health and Safety*, Melbourne: Macmillan.

Buck, Hartmut and Bernd Dworschak (eds) (2003), *Ageing and Work in Europe. Strategies at Company Level and Public Policies in Selected European Countries*, in the booklet series Demography and Employment, Stuttgart: IRB Verlag.

Buck, Hartmut, Ernst Kistler and Hans G. Mendius (2002), *Demographic Change in the World of Work. Opportunities for an Innovative Approach to Work – A German Point of View*, Stuttgart: Bundesministerium für Bildung und Forschung.

Bundesministerium für Bildung und Forschung (1999), *Congress Ageing and Work*, Berlin, November.

Burniaux, Jean-Marc, Romain Duval and Florence Jaumotte (2004), 'Coping with ageing: a dynamic approach to quantify the impact of alternative policy options on future supply in OECD countries', OECD Economics Department working paper 371, OECD, Paris.

Casey, Bernard (1998), 'Incentives and disincentives to early and late retirement', OECD working paper Awp 3.3, Paris.

Committee for Economic Development (CED) (1999), *New Opportunities for Older Workers*, New York and Washington: CED.

The Commonwealth Fund (1991), *New Findings Show Why Employing Workers Over 50 Makes Good Financial Sense for Companies*, New York: The Commonwealth Fund.

Confederation of German Employers' Associations (2003), *Proage – Facing the Challenge of Demographic Change*, Berlin: Confederation of German Employers' Associations.

Dennis, Helen (1988), *Fourteen Steps in Managing an Aging Workforce*, Lanham, MD: Lexington Books.

Department of Health and Ageing (2002), *National Strategy for an Ageing Australia. An Older Australia, Challenges and Opportunities for All*, Canberra, accessed at www.health.gov.au/internet/wcms/publishing.nsf/Content/ageing-ofoa-agepolicy-nsaa-nsaa.htm-copy2.

Employment and Social Affairs European Commission European Employment Observatory (1999), 'Older workers and the labour market', *Trends*, 33 (Winter), SYSDEM network, Berlin.

Employment and Social Affairs, European Commission (1999), *Active Ageing. Promoting a European Society for All Ages*, Brussels: European Commission.

European Union Task Force on Employment (led by Wim Kok) (2003), *Jobs Jobs Jobs: Creating More Employment in Europe*, Report to the European Council, November, Brussels: European Commission.

European Trade Union Institute (ETUI) (ed.) (2002), *Active Strategies for Older Workers*, Brussels: ETUI.

European Trade Union Institute (ETUI) (ed.) (2003), *A Lifelong Strategy for Active Ageing*, Brussels: ETUI.

Eurolinkage (1997), *Policy Options to Assist Older Workers*, London: Eurolinkage.

European Commission (1999), *Active Ageing. Promoting a European Society for All Ages*, Brussels: European Commission.

European Commission (2001), *Increasing Labour Force Participation and Promoting Active Ageing*, Brussels: European Commission.

European Commission (2002), 'Increasing labour force participation and promoting active ageing', COM(2002) 9 final, Brussels.

European Commission (2003), 'The Stockholm and Barcelona targets: increasing employment of older workers and delaying the exit from the labour market', accessed at http://europa.eu.int/comm/employment_social/employment_analysis/work/exit_en.pdf.

European Council (2001), *Presidency Conclusions, Stockholm, 23 and 24 March*, Brussels: European Council.

European Council (2002), *Presidency Conclusions, Barcelona 15 and 16 March*, Brussels: European Council.

European Foundation for the Improvement of Living and Working Conditions (1992), *Ageing at Work*, Luxembourg: Office for Official Publications of the European Communities.

Financial Times (2006), 'Pushed aside for younger model', 27 April.

Frerichs, Frerich (1996), 'Combating age barriers in job recruitment and training: Federal Republic of Germany', European Foundation for the Improvement of

Living and Working Conditions, working paper no. wp/96/40/EN, Dublin.
Frerichs, Frerich and Philip Taylor (2005), *The Greying of the Labour Market: What Can Britain and Germany Learn from Each Other?*, London: Anglo-German Foundation for the Study of Industrial Society.
The Geneva Association (2002), 'The future of pensions and retirement', *Geneva Association Information Newsletter*.
Green, Francis (2002), 'Work intensification, discretion and the decline in well-being at work', paper prepared for the Conference on Work Intensification, Paris, 20–21 November.
Gruber, Jonathan and David A. Wise (eds) (1999a), *Social Security Systems Around the World*, Chicago, IL: University of Chicago Press.
Gruber, Jonathan and David A. Wise (1999b), 'Social security, retirement incentives and retirement behaviour: an international perspective', Employee Benefit Research Institute issue brief 209, Washington, DC.
Guillemard, Anne-Marie (1996), 'Combating age barriers in job recruitment and training: France', European Foundation for the Improvement of Living and Working Conditions, working paper no. wp/96/41/EN, Dublin.
Guillemard, A-M. (1997), 'Re-writing social policy and changes within the life course organisation: A European perspective', *Canadian Journal on Aging*, **16** (3), 441–64.
Guillemard, Anne-Marie (2001), 'Reforming employment and retirement in an ageing society: difficulties in finding a way out of the end-of-career inactivity trap in France', presentation to the Japan Institute of Labour Workshop/Symposium 2001 – Towards Active Ageing in the 21st Century – Japan/US/EU Joint Program, Tokyo.
Guillemard, Anne-Marie and Dominique Argoud (2004), 'France: A country with a deep early exit culture', in Tony Maltby, Bert de Vroom, Maria-Luisa Mirabile and Einer Øverbye (eds), *Ageing and the Transition to Retirement. A Comparative Analysis of European Welfare States*, Aldershot, UK: Ashgate, pp. 165–85.
Health Education Authority (1994), *Investing in Older People at Work. Contributions, Case Studies and Recommendations*, London: Health Education Authority.
Ilmarinen, Juhani (1999), *Ageing Workers in the European Union*, Helsinki: Finnish Institute of Occupational Health.
Ilmarinen, Juhani (2005), *Towards a Longer Worklife! Ageing and the Quality of Worklife in the European Union*, Helsinki: Finnish Institute of Occupational Health.
Johnson, Paul and Klaus F. Zimmerman (eds) (1993), *Labour Markets in an Ageing Europe*, Cambridge: Cambridge University Press.
Kano, Yasu (2002), *Improving Employment Opportunities for Older Workers*, final report, European Commission, Japanese Ministry of Health, Labour and Welfare, and The Japan Institute of Labour, p. 10.
Kohli, Martin, Martin Rein, Anne-Marie Guillemard and Herman van Gunsteren (eds) (1991), *Time for Retirement – Comparative Studies of Early Exit from the Labour Force*, Cambridge: Cambridge University Press.
Kuhn, Karl (1997), *Design for Integration. Five Case Studies from Germany*, Dortmund: Federal Institute for Occupational Safety.
McGovern, P., D. Smeaton and S. Hill (2004), 'Bad jobs in Britain', *Work and Occupations*, **31** (2), 225–49.
McNair, Stephen and Matt Flynn (2005), 'The age dimension of employment practices: employer case studies', Department of Trade and Industry, Employment Relations, research series no. 42, London.

Naegele, Gerhard (1999), *Active Strategies for an Ageing Workforce*, Luxembourg: Office for Official Publications of the European Communities.

Naegele, Gerhard and Alan Walker (2006), *A Guide to Good Practice in Age Management*, Luxembourg: Office for Official Publications of the European Communities, accessed 12 April, 2007 at http://www.eurofound.eu.int/pubdocs/2005/137/en/1/ef05137en.pdf.

Organisation for Economic Co-operation and Development (OECD) (1998a), *Employment Outlook*, Paris: OECD.

OECD (1998b), *Maintaining Prosperity in an Ageing Society*, Paris: OECD.

OECD (2005), *Ageing and Employment Policies*, synthesis report, Paris: OECD.

Oka, Shinichi (1992), *Older Workers: Conditions of Work and Transition to Retirement*, Tokyo and Geneva: International Labour Office.

Pack, Jochen, Hartmut Buck, Ernst Kistler, Hans G. Mendius, Martina Morschhäuser and Heimfried Wolff (1999), *Future Report Demographic Change*, Bonn: Bundesministerium für Bildung und Forschung.

Pearson, Maggie (1996), *Experience, Skill and Competitiveness. The Implications of an Ageing Population for the Workplace*, Luxembourg: Office for Official Publications of the European Communities.

Performance and Innovation Unit (2000), *Winning the Generation Game: Improving Opportunities for People Aged 50–65 in Work and Community Activity*, London: The Stationery Office.

Prager, Jens U. and Ulrich Schoof (2006), 'Active aging in economy and society – a policy framework', in Bertelsmann Foundation (ed.), *Active Aging in Economy and Society*, Gütersloh, Germany: Bertelsmann Stiftung, pp. 26–37.

Productivity Commission and Melbourne Institute of Applied Economic and Social Research (1999), *Policy Implications of the Ageing of Australia's Population, Conference Proceedings*, Canberra: AusInfo.

Quinlan, M., C. Mayhew and P. Bohle (2001), 'The global expansion of precarious employment, work disorganisation and occupational health: a review of recent research', *International Journal of Health Services*, **31** (2), 335–414.

Reday-Mulvey, Geneviève (2003), 'Encouraging and extending working life – recent policies and best practice in Europe', Geneva Association, Etudes et Dossiers no. 268, Geneva.

Sennett, Richard (2006), *The Culture of the New Capitalism (Castle Lectures in Ethics, Politics & Economics)*, New Haven, CT: Yale University Press.

Sheen, Veronica (2000), *Older Australians A Working Future?*, vol 10, Melbourne: Council on the Ageing.

Sheen, Veronica (2001), *Investing in the Future: Australia's Ageing Workforce*, vol 11, Melbourne: Council on the Ageing.

Sutter, Hannelore (1989), *Training of Older Workers in the Federal Republic of Germany*, Geneva: International Labour Organization.

Taylor, Philip (2002), *New Policies for Older Workers*, Bristol: The Policy Press.

Taylor, Philip (2003), 'Age, labour market conditions and male suicide rates in selected countries', *Ageing and Society*, **23**, 25–40.

Taylor, Philip (2004), 'Age and work: international perspectives', *Social Policy and Society*, **3** (2), 163–70.

Taylor, Philip (2006), 'Employment initiatives for an ageing workforce in the EU-15', Luxembourg: Office for Official Publications of the European Communities, accessed 12 April, 2007 at www.eurofound.eu.int/publications/htmlfiles/ef0639.htm.

Taylor, Philip and Alan Walker (1994), 'The ageing workforce: employers' attitudes

toward older workers', *Work, Unemployment and Society*, **8** (4), 569–91.
Taylor, Philip and Alan Walker (1996a), 'Intergenerational relations in employment', in Alan Walker (ed.), *The New Generational Contract*, London: UCL Press, pp. 159–86.
Taylor, Philip and Alan Walker (1996b), 'Combating age barriers in job recruitment and training: United Kingdom', European Foundation for the Improvement of Living and Working Conditions, working paper no. wp/96/44/EN, Dublin.
Thomas, Andrew, Maggie Pearson and Richard Meegan (1992), *Older Workers: Conditions of Work and Transition to Retirement, United Kingdom*, Geneva: International Labour Office.
Tros, F. (2004), 'Towards "flexicurity" in policies for the older workers in EU-countries?', paper prepared for the IREC Conference, Utrecht, August.
The Victorian, South Australian and Western Australian Equal Opportunity Commissions, and the Australian Employers' Convention (2001), *Age Limits: Age-related Discrimination in Employment Affecting Workers over 45*, Melbourne: Victorian Equal Opportunity Commission.
de Vroom, Bert (1996), 'Combating age barriers in job recruitment and training: United Kingdom', European Foundation for the Improvement of Living and Working Conditions, working paper no. wp/96/42/EN, Dublin.
Walker, Alan (1999), 'The principles and potential of active ageing', keynote introductory report for The European Commission Conference on Active Ageing, Brussels, 15–16 November, p. 2.
Walker, Alan (2002), 'A strategy for active ageing', *International Social Security Review*, **55**, 121–39.
Walker, Alan and Philip Taylor (1998), *Combating Age Barriers in Job-recruitment and Training: A European Portfolio of Good Practice*, Luxembourg: Office for Official Publications of the European Communities.
Working Group on the Implications of Demographic Change (2002), *The Challenge of Longer Life. Economic Burden or Social Opportunity?*, London: The Catalyst Forum.
World Bank (1994), *Averting the Old Age Crisis*, Washington, DC: World Bank.
World Health Organization (WHO) (2002), *Active Ageing: A Policy Framework*, Geneva: WHO.
Worsley, Richard (1996), *Age and Employment: Why Employers Should Think Again About Older Workers*, London: Age Concern England.
Yocum, Katherine L. (1992), *Older Workers: Conditions of Work and Transition to Retirement, USA*, Geneva: International Labour Office.

第 一 章

Andrews, K. (2004), address by Minister for Employment and Workforce Relations Kevin Andrews to the annual conference of the Recruitment and Consulting Services Association, Canberra, 3 August.
Australian Bureau of Statistics (ABS) (1997), *Retirement and Retirement Intentions*, catalogue no. 6238.0, Canberra: ABS.
ABS (2001), *Australian Social Trends 2001*, catalogue no. 4102.0, Canberra: ABS.
ABS (2004), *Australian Social Trends 2004*, catalogue no. 4102.0, Canberra:

ABS.
ABS (2006), *Retirement and Retirement Intentions*, catalogue no. 6238.0, Canberra: ABS.
Bateman, Hazel and John Piggott (1997), 'Private pensions in OECD countries – Australia', OECD Labour Market and Social Policy occasional papers no. 23, Paris: Organisation for Economic Co-operation and Development.
Bateman, Hazel and John Piggott (1999), 'Mandatory retirement provision: the Australian experience', *Geneva Papers on Risk and Insurance*, **24** (1), 95–113.
Bishop, Bronwyn (1999), 'Employment for mature age workers', Minister for Ageing discussion paper, Canberra.
Braybrooke, David and Charles E. Lindblom (1963), *A Strategy of Decision*, New York: Free Press.
Browning, Colette and Hal Kendig (2003), 'Healthy ageing: a new focus on older people's health and well-being', in Paul Liamputtong and Heather Gardner (eds), *Health, Social Change and Communities*, Melbourne: Oxford University Press, pp. 182–205.
Cass, Bettina (1994), 'Social security policy into the 21st century', in Julian Disney and Lynelle Briggs (eds), *Social Security Policy: Issues and Options*, Canberra: Australian Government Publishing Service, p. 10.
Clare, Ross and Ashok Tulpule (1994), '*Australia's ageing society*', Economic Planning and Advisory Council background paper 37, Canberra.
Costello, Peter (2002), *Intergenerational Report 2002–03*, Canberra: Commonwealth of Australia.
Dowrick, A. and P. McDonald (2002), 'Critique of the intergenerational report', Centre for Economic Policy Research occasional paper, Australian National University, Canberra.
Encel, Sol (2001), 'Age discrimination in Australia: law and practice', in Zmira Hornstein (ed.), *Outlawing Age Discrimination*, Bristol: Policy Press, pp. 12–30.
Encel, Sol (2003), *Age Can Work*, Melbourne: Business Council of Australia/ Australian Council of Trade Unions.
Encel, Sol (2004), 'Age discrimination in law and in practice', *Elder Law Review*, **3**, 1–14.
Henderson, Ronald F. (1976), *Final Report of the Poverty Inquiry*, Canberra: Australian Government Publishing Service.
Human Rights and Equal Opportunity Commission (HREOC) (2000), 'Age matters', report by HREOC, Canberra, pp. 43–4.
Ingles, D. (1999), 'Structural ageing, labour market adjustment and the tax-transfer system', Centre for Economic Policy Research conference paper, Australian National University, Canberra.
National Centre for Vocational Education and Research (NCVER) (2005), *The Mature-Aged and Skill Development Activities: A Systematic Review of Research*, Adelaide: NCVER.
Olsberg, Diana (2001), *Missing Out? – Women and Retirement Savings*, Sydney: Research Centre on Ageing and Retirement, University of New South Wales.
Organisation for Economic Co-operation and Development (OECD) (2005), *Ageing and Employment Policies – Australia*, Paris: OECD.
Perry, Julia (2001), *Early Retirement – What is the Problem?*, Sydney: Social Policy Research Centre, University of New South Wales.
Perry, Julia (2002), *Too Young to Go*, Sydney: Ministerial Advisory Committee on Ageing.
Productivity Commission (2005), *Economic Implications of an Ageing Society*,

Canberra: Productivity Commission.
Rosenman, Linda and Jeni Warburton (1997), 'Retirement, retirement incomes and women', in Allan Borowski, Sol Encel and Elizabeth Ozanne (eds), *Ageing and Social Policy in Australia*, Cambridge: Cambridge University Press, pp. 137–56.
Stoller, Alan (ed.) (1960), *Growing Old*, Melbourne: F.W. Cheshire, pp. 55, 60.
Sydney Morning Herald (2004), 'Welfare state of mind to change', 28 October.
World Bank (1994), *Averting the Old Age Crisis*, New York: Oxford University Press.

第二章

Asahi Shin Bun (2006), 2 February and 13 March.
Bass, S. and M. Oka (1995), 'An older worker employment model: Japan's Silver Human Resource Centres', *The Gerontologist*, **35** (5), 679–82.
Cabinet Office (*Naikaku-Fu*) (various), *Kokumin Seikatsu Kiso Chosa* (*Basic Survey on the National Life*), Tokyo: Gyousei.
Cabinet Office (various), *Korei Shakai Hakusho* (*White Paper on Ageing Society*), Tokyo: Gyousei.
Campbell, John C. (1992), *How Policies Change: The Japanese Government and the Aging Society*, Princeton, NJ and Oxford: Princeton University Press.
Hagiwara, M. (1988), *Teinensei no Rekishi* (*History of the Teinen System*), Tokyo: Nihon Rodo Kyokai.
Higuchi, Y. and the Ministry of Finance Policy Research Institute (eds) (2004), *Dankai Sedai no Teinen to Nihon Keizai* (*Retirement of the Baby-boomer Generation and the Japanese Economy*), Tokyo: Nihon-Hyoron-Sha.
Japan Federation of Employers Associations (*Nihon Keieisha Dantai Renmei: Nikkeiren*) (1995), *Shin Jidai no Nihon-teki Keiei* (*The Japanese Style Management in the New Era*), Tokyo: JFEA.
Japan Organization for the Elderly and Persons with Disability (JEED) (2005), *Korei Shakai Tokei Yoran* (*Statistical Abstract on the Aged society*), Tables 9-6 to 9-9.
Japan Institute for Labour Policy and Training (*JIL: Nihon Rodo Kenkyu Kikou*) (2001), 'Guidelines to abolish age limits in the revised employment measures law', *Japan Labour Bulletin*, **40** (11), 4–5, accessed at www.jil.go.jp/
Japan Institute for Labour Policy and Training (2005), 'The law concerning stabilization of employment of older persons: provisional translation by the specialist', accessed 12 April, 2007, at www.jil.go.jp/ english/laborinfo/library/documents/llj_law16.pdf.
Japan Institute for Labour Policy and Training (2006), 'Employers now obligated to employ workers up to age 65', *Japan Labor Flash*, **60**.
Katayama, O. (2005), *Toyota wa Ikanisite Saikyou no Shain wo Tsukuttaka* (*Toyota's Human Resources Development System*), Tokyo: Shodensha.
Kimura, Takeshi and Masato Oka (2001), 'Japan's current policy focus on the longer employment for older people', in V. Marshall, W. Heinz, H. Kruger and A. Verma (eds), *Restructuring Work and the Life Course*, Toronto, Buffalo, NY and London: University of Toronto Press, pp. 348–59.
Kimura, Takeshi, Ikuro Takagi, Masato Oka and Maki Omori (1994), 'Japan: Shukko, Teinen and re-employment', in Frieder Naschold and Bert de Vroom (eds), *Regulating Employment and Welfare; Company and National Policies of Labour Force Participation at the End of Worklife in Industrial Countries*, Berlin

and New York: Walter de Gruyter, pp. 247–307.
Ministry of Health, Labour and Welfare (*MHLW: Kosei-Rodo-Sho*) (various), *Rodo Keizai Hakusho* (*White Paper on Labour Economics*), Tokyo: Nihon Rodo Kenkyu Kikou (JIL).
Ministry of Health, Labour and Welfare (various), *Kani Seimei Hyo* (*Abridged Life Table*), Tokyo: MHLW.
Ministry of Health, Labour and Welfare (various), *Koyo Kanri Chosa Kekka no Gaiyou* (*Summarized Report on the Employment Management Survey*), Tokyo: MHLW.
Ministry of Health, Labour and Welfare (2000), *Heisei 12 Nen Konenreisha Shugyo Jittai Chosa Hokoku* (*Survey Report on the Reality of Employment of Older Persons*, conducted in 2000), Tokyo: Zaimu-sho Insatsu-kyoku (*Ministry of Finance, Stationery Office*).
Ministry of Health, Labour and Welfare (2001), *Rodo Keizai Hakusho* (*White Paper on Labour Economics*), Tokyo: Japan Institute for Labour Policy and Training.
Ministry of Labour (1998), *Heisei 8 Nen Konenreisha Shugyo Jittai Chosa Hokoku* (*Survey Report on the Reality of Employment of Older Persons,* conducted in 1996), Tokyo: Okura-sho Insatsu-kyoku (*Ministry of Finance, Stationery Office*).
Miura, F. (ed.) (1995–2001), *Zusetsu Koreisha Hakusho* (*Illustrated White Paper on the Older Persons*), Tokyo: Zenkoku Shakai Fukusi Kyogikai (*National Council of Organizations for Social Welfare*).
National Institute of Population and Social Security Research (NIPSSR) (2002), *Nihon no Shorai Jinko Suikei 2001–2050* (*Population Projections for Japan, 2001–2050* based on 2000 Census), Tokyo: NIPSSR, accessed at www.ipss.go.jp/pp-newest/02.pdf.
National Institute of Population and Social Security Research (NIPSSR) (2006), *Nihon no Shorai Jinko Suikei* (*Population Projections for Japan* based on 2005 Census), NIPSSR, accessed at www.ipss.go.jp/ pp-newest/03.asp.
Oka, M., and T. Kimura (2003), 'Managing the ageing work force: the interplay between public policies and the firm's logic of action', *The Geneva Papers on Risk and Insurance*, **28** (4), 596–611.
Organisation for Economic Co-operation and Development (OECD) (various), *Employment Outlook*, Paris: OECD, accessed at www.oecd.org.
OECD (2004), *Ageing and Employment Policies, Japan*, Paris: OECD.
Shimizu, T. (1991), *Koreisha Koyo Taisaku no Tenkai* (*The Progress of the Employment Policies for Older Persons*), Tokyo: Rodo Horei Kyoukai.
Silver Human Resource Centre (SHRC) (Zenkoku Silver Jinzai Centre Kyokai) (2006), 'Statistical abstract', accessed at www.zsjc.or.jp/.
Statistics Bureau, Ministry of Internal Affairs and Communications (Somu-sho, Tokei-Kyoku, formerly Management and Coordination Agency, Statistics Bureau) (various), *Rodo-ryoku Chosa* (*Labour Force Survey*), Tokyo, accessed at www.stat.go.jp/data/roudou/3.htm.
Taylor, P., S. Encel and M. Oka (2002), 'Older workers – trends and prospects', *The Geneva Papers on Risk and Insurance*, **27** (4), 512–33.
Yomiuri Shin Bun (2006), 15 March.

第 三 章

Benzie, R. and R. Brennan (2004), 'Mandatory retirement's days are numbered', *The*

Toronto Star, 30 January, p. A7.

Buckler, G. (2003), 'Easing into retirement', *Globeandmail.com*, 12 November, accessed 12 April, 2007 at www.globeandmail.com.

Canadian Human Rights Act Review Panel (2000), *Promoting Equality: A New Vision: The Report of the Canadian Human Rights Act Review Panel*, Ottawa.

Canadian Labour and Business Centre (CLBC), Canadian Labour and Business, and Industry Training and Apprenticeship Commission (2001), *Where Did All the Workers Go? The Challenges of the Aging Workforce*, Ottawa, Ontario: Canadian Labour and Business Centre Industry Training and Apprenticeship Commission.

Canadian Labour Congress (CLC) (2004), 'NAFTA-North American Free Trade Agreement: NAFTA-the social dimensions of North American economic integration', accessed at http://action.web.ca/home/clcpolicy

Carrière, Yves (2000), 'The impact of population aging and hospital days: will there be a problem?' in Ellen M. Gee and Gloria M. Gutman (eds), *The Overselling of Population Aging: Apocalyptic Demography, Intergenerational Challenges, and Social Policy*, Toronto, Ontario: Oxford University Press, pp. 26–44.

CBC News (2004), 'Opposition to mandatory retirement growing: poll', *CBC News Online*, accessed 1 March at www.cbc.ca/stories/print/2004/03/01/business/mandatoryretire_040301

CBC News (2006), 'In depth: retiring mandatory retirement', accessed 20 August, 2007 from www.cbc.ca/news/background/retirement/mandatory_retirement.html.

Connidis, Ingrid Arnet (2001), *Family Ties and Aging*, Thousand Oaks', CA: Sage.

Cooke, M. (2003), 'Population and labour force ageing in six countries', University of Western Ontario Workforce Aging in the New Economy Project working paper (#4), London, Ontario.

Cooke, M., W. Lehmann and J. McMullin (2006) 'Job disruptions of older workers in Canada in the 1990s', paper presented at the Canadian Association on Gerontology meetings, Montreal, October.

de Vroom, Bert (2004), 'The shift from early to late exit: changing institutional conditions and individual preferences: the case of the Netherlands' in Tony Maltby, Bert de Vroom, Maria Luisa Mirabile and Einar Øverbye (eds), *Ageing and the Transition to Retirement: A Comparative Analysis of European Welfare States*, Aldershot, UK: Ashgate, pp. 120–53.

Dubé, V. (2004), 'Sidelined in the labour market', *Perspectives on Labour and Income*, **5** (4), 5–11.

Esping-Andersen, G. (1999), *Social Foundations of Postindustrial Economies*, Oxford: Oxford University Press.

Forum of Labour Market Ministers and Human Resources Development Canada (2002), 'Older workers in the labour market – employment challenges, programs and policy implications', *Workplace Gazette*, **5** (3), 56–7.

Fourzly, M. and M. Gervais (2002), 'Collective agreements and older workers in Canada', Ottawa: Human Resources Development Canada Labour Program.

Gee, E.M. and Gloria M.Gutman (eds) (2000), *The Overselling of Population Aging: Apocalyptic Demography, Intergenerational Challenges, and Social Policy*, Toronto, Ontario: Oxford University Press.

Gillin, C.T. and Thomas R. Klassen (2000), 'Retire mandatory retirement', *Policy Options*, July–August, 59–62.

Gillin, C.T., David MacGregor and Thomas R. Klassen (eds) (2005), *Ageism, Mandatory Retirement, and Human Rights in Canada*, Toronto: Canadian Association of University Teachers and Lorimer Press.

Government of Canada (2004), 'Old age security. Seniors policies and programs database: a collaborative federal/provincial/territorial government initiative', accessed 1 April at www.sppd.gc.ca/sppd-bdppa/english/details.jsp?PROGRAM_ID=204.

Gunderson, Morley (2004), *Banning Mandatory Retirement: Throwing Out the Baby with the Bathwater*, Ottawa: C.D. Howe Institute.

Habtu, Roman (2002), 'Men 55 and older: work or retire?', *Perspectives on Labour and Income*, **3** (12), 27–34, accessed at www.statcan.ca/english/studies/75001/archive/2002/2002-12-03.pdf.

Hewitt Research Advisory (2003), 'Ontario proposes elimination of mandatory retirement', *Hewitt Research Advisory Canadian Research Group Newsletter*, accessed 1 April at www.hewitt.com.

Hicks, Peter (2003), 'New policy research on population aging and life-course flexibility', *Horizons*, **6** (2), 3–6.

Human Resources Development Canada (HRDC) (1999), *Older Worker Adjustment Programs: Lessons Learned – Final Report*, evaluation and data development strategic policy SP-AH093-12-99E, (December), Ottawa: HRDC.

HRDC (2002), *Canada Pension Plan: Retirement Pension*, Ottawa: HRDC.

HRDC (2004a), 'Overview: old age security and Canada Pension Plan', accessed 31 March at www.hrsdc.gc.ca/asp/gateway.asp?hr=/en/isp/pub/overview/oasprog.shtml&hs=ozs.

HRDC (2004b), 'Canada Pension Plan (CPP) – payment rates', accessed 18 April at www.hrsdc.gc.ca/en/isp/pub/factsheets/rates.shtml.

Human Resources and Skills Development Canada (2004c), 'Employment Insurance (EI) and regular benefits', accessed 22 April at www.hrsdc.gc.ca/asp/gateway.asp?hr=en/ei/types/regular.shtml&hs=tyt.

Kieran, Patrick (2001), 'Early retirement trends', *Perspectives on Labour and Income*, **13** (4), 7–13.

Klassen, Thomas R. and C.T. Gillin (1999), 'The heavy hand of the law: the Canadian supreme court and mandatory retirement', *Canadian Journal on Aging*, **18** (2), 259–76.

LeBlanc, L.S. and J.A. McMullin (1997), 'Falling through the cracks: addressing the needs of individuals between employment and retirement', *Canadian Public Policy*, **23** (3), 289–304.

Lipset, S.M. and N.M. Meltz (2004), *The Paradox of American Unionism: Why Americans Like Unions More Than Canadians do, but Join Much Less*, Ithaca, NY: ILR Press.

MacGregor, David (2006), 'Editorial: neglecting elders in the workplace: civil society organizations, ageism, and mandatory retirement, *Canadian Journal on Ageing*, **25** (3), 243–6.

MacKenzie, A. and H. Dryburgh (2003), 'The retirement wave', *Perspectives on Labour and Income*, **4** (2), 5–11.

Maltby, Tony, Bert de Vroom, Maria Luisa Mirabile and Einar Øverbye (eds) (2004), *Ageing and the Transition to Retirement: A Comparative Analysis of European Welfare States*, Aldershot, UK: Ashgate.

Marshall, Victor W. and Margaret M. Mueller (2002), 'Rethinking social policy for an aging workforce and society: insights from the life course', Canadian Policy Research Networks discussion paper no. W/18, Ottawa.

Martin, Sandra E. (2004), 'Mandatory retirement debate far from decided', *National Post*, accessed 1 April at www.canada.com/components/printstory/printstory4.aspx?id=824307ba-218b-,49e7-9.

McMullin, J.A. (2003), 'Workforce aging, older workers and ageism', paper presented at the symposium on New Issues in Retirement, Statistics Canada, Ottawa.

McMullin, J.A. and M. Cooke (2003), 'Workforce ageing: an examination of the age composition of occupations and industries in Canada', paper presented at the annual meetings of the European Sociological Association, Murcia, Spain, September.

McMullin, J.A. and M. Cooke with R. Downie (2004), *Labour Force Ageing and Skill Shortages in Canada and Ontario*, Canadian Policy Research Networks research report W/24, Ottawa.

Mérette, M. (2002), 'The bright side: a positive view on the economics of aging', *IRPP Choices*, **8** (1).

Milke, M. (2004), *Fair Pensions for Future Generations: Tripled Tax Rates & Prospects for Reform. A Taxpayer's Guide to the Canada Pension Plan*, Ottawa: Canadian Taxpayers Federation, accessed 17 August, 2005 at www.taxpayer.com/pdf/Fair_Pensions_For_Future_Generations_March_2004.pdf.

Organisation for Economic Co-operation and Development (OECD) (2000), *Reforms for an Ageing Society*, Paris: OECD.

OECD (2004), 'Labour force survey data', accessed at www1.oecd.org/scripts/cde/default.asp

Office of Human Resources (2003), 'Phased retirement option approved for hospital nurses', Fredericton, NB: Government of New Brunswick, accessed 14 April, 2004 at www.gnb.ca/cnb/news/ohr/2003e0521oh.htm.

Ontario Ministry of Labour (2005), *FAQ: mandatory retirement*, accessed 14 December at www. labour.gov.on.ca/english/news/2005/05-141faq.html.

Policy Research Initiative (2004), 'Population aging and life-course flexibility: the pivotal role of increased choice in the retirement decision', discussion paper.

Quinn, J. (2003, September), 'Main patterns in older workers' emerging responses to recent changes in their environments involving retirement', paper presented at the Statistics Canada Symposium on New Issues in Retirement, Ottawa.

Robson, W.B.P. (2001), *Aging Populations and the Workplace: Challenges for Employers* and *A BNAC Statement*, Winnipeg, Manitoba: The British-North American Committee, accessed 12 April, 2007 at www.cdhowe.org/pdf/BNAC_Aging_Populations.pdf.

Rowe, G. and H. Nguyen (2003), 'Older workers and the labour market', *Perspectives*, catalogue no. 75-001-XPE, (Spring), 55–8.

Social Development Canada (2004), 'Canada Pension Plan (CPP) retirement pension', accessed 29 March at www.sdc.gc.ca.

Social Development Canada (2005), 'Canada Pension Plan disability benefits', catalog no. ISPB 153-10-05E, accessed 16 August, 2007, from www1.servicecanada.gc.ca/en/isp/pub/cpp/disability/benefits/disability.pdf.

Statistics Canada (2003), 'Fact Sheet on Retirement', *Perspectives on Labour and Income*, **4** (9).

Statistics Canada (2004), 'The near-retirement rate', *Perspectives*, (February), 18–22.

Statistics Canada (2005a), 'Labour force participation rates by sex and age group', CANSIM 282-0002, accessed 21 December at www.statcan.ca.

Statistics Canada (2005b), 'Labour force survey estimates, retirement age by class of worker and sex', CANSIM II 282-0051, accessed 13 December at http://dc2.chass.utoronto.ca.

Stone, L.O., C.J. Rosenthal, I.A. Connidis (1998), 'Parent-child exchanges of supports and intergenerational equality', Statistics Canada, cat. no. 89-557-XPE,

Ottawa: Ministry of Industry.
Taylor, Philip (2002), *New Policies for Older Workers*, Bristol: Policy Press.
Taylor, Philip (2004), 'A "new deal" for older workers in the United Kingdom?', in Tony Maltby, Bert de Vroom, Maria Luisa Mirabile and Einar Øverbye (eds), *Ageing and the Transition to Retirement: A Comparative Analysis of European Welfare States*, Aldershot, UK: Ashgate, pp. 186–204.
Teipen, Christine and Martin Kohli (2004), 'Early retirement in Germany', in Tony Maltby, Bert de Vroom, Maria Luisa Mirabile and Einar Øverbye (eds), *Ageing and the Transition to Retirement: A Comparative Analysis of European Welfare States*, Aldershot, UK: Ashgate, pp. 93–119.
Treasury Board of Canada Secretariat (2003), 'Older Workers Pilot Projects Initiative (OWPPI)', accessed 15 April, 2004 at www.tbs-sct.gc.ca/rma/eppi-ibdrp/hrdb-rhbd/h005_e.asp.
Treasury Board of Canada Secretariat (2004), 'Older Workers Pilot Projects Initiative (OWPPI)', accessed 15 April at www.tbs-sct.gc.ca/rma/eppi-ibdrp/hrdb-rhbd/owppi-ippta/2002-2003_e.asp.
Turchansky, Ray (2004), 'Raising the CPP eligibility age won't fly', *Canada.com News*, accessed 11 March, at www.canada.com.
Turcotte, Martin and Grant Schellenberg (2005), 'Job strain and retirement', *Perspectives*, Statistics Canada, cat. no. 75-001-XIE, Ottawa: Statistics Canada.
Underhill, S.C., V.W. Marshall, and S. Deliencourt (1997), 'Options 45, HRDC survey final report, executive summary', *One Voice*, Ottawa.

第 四 章

Baker, Richard (2004), 'Age discrimination: implementing the directive in the EU', accessed at www.lawzone.thelawyer.com/cgi-bin/item.cgi?id=110183&d=pndpr&h= pnhpr&f=pn.
Blake, D. (2003), 'The United Kingdom pension scheme: key issues', accessed at www.lse.ac.uk/ubs/pdf/dpll.pdf.
Cabinet Office (2001), *Towards Equality and Diversity: Implementing the Employment and Race Directives*, London: HMSO.
Cabinet Office Performance and Innovation Unit (2000), *Winning the Generation Game – Improving Opportunities for People Aged 50–65 in Work and Community Activity*, London: HMSO.
Chartered Institute of Personnel and Development (CIPD) (2005), *Who Trains at Work*, London: CIPD.
Comptroller and Auditor General (2003), *Developing Effective Services for Older People*, HC 518 Session 2002–2003, London: The Stationery Office.
Department for Education and Employment (DfEE) (1998), *Action on Age: Report of the Consultation on Age Discrimination in Employment*, Sudbury (UK): DfEE Publications.
Department for Education and Skills (2001), 'Celebrating older learners', accessed at www.lifelonglearning.co.uk/cols/
Department for Education and Skills (2005), *Skills: Getting On in Business, Getting On at Work*, March, http://www.dfes.gov.uk/publications/skillsgettingon/
Department of Trade and Industry (DTI) (2003), *Equality and Diversity: Age Matters*, London: DTI.

DTI (2004), *Fairness for All: A New Commission for Equality and Human Rights*, London: The Stationery Office.

Department for Work and Pensions (DWP) (2002), *Simplicity, security and choice: working and saving for retirement*, London: The Stationery Office.

Department for Work and Pensions (DWP) (2003), 'Simplicity, Security and Choice: Working and Saving for Retirement. Action on occupational pensions', Government Green Paper, June, London.

DWP (2004), *Building on New Deal: Local Solutions Meeting Individual Needs*, London: The Stationery Office.

DWP (2006), *Older Workers: Statistical Information*, Spring 2006, London: DWP, accessed at www.agepositive.gov.uk/publications/Statistical_Information_Spring_2006.pdf.

Disney, R. and S. Smith (2001), The Labour Supply Effect of the Abolition of the Earnings Rule, Institute of Fiscal Studies: London.

Dixon, S. (2003), 'Implications of population ageing for the labour market', *Labour Market Trends*, February, 67–76.

Education and Employment Committee (2001), *Age Discrimination in Employment*, London: The Stationery Office.

Employers' Forum on Age (EFA) (1999), *Employer Awareness of the Code of Practice on Age Diversity: Report on a Survey of Senior Decision Makers in Small and Medium Enterprises*, London: EFA.

Employment Department (1991), *Training Older Workers*, Sheffield:

Foresight Ageing Population Panel (2000), *The Age Shift – Priorities for Action*, London: Department of Trade and Industry.

Glover, Ian and Mohamed Branine (2001), *Ageism, Work and Employment*, Aldershot, UK: Ashgate.

Goldstone, Carol and Deborah Jones (2001), 'Evaluation of the code of practice on age diversity in employment', in *Age Diversity, Summary of Research Findings*, Nottingham: Department for Education and Employment.

Hayward, Bruce, Sally Taylor, Nick Smith and Glenys Davies (1997), *Evaluation of the Campaign for Older Workers*, London: Department for Education and Employment.

Hirsch, Donald (2003), *Crossroads After 50: Improving Choices in Work and Retirement*, York: Joseph Rowntree Foundation.

HM Government (2005), *Opportunity Age. Meeting the Challenges of Ageing in the 21st Century*, accessed at www.dwp.gov.uk/publications/dwp/2005/opportunity_age/Opportunity-Age-Volume1.pdf.

Hotopp, U. (2005), 'The employment rate of older workers', *Labour Market Trends*, February, 73–88.

Houses of Commons Hansard (2007), accessed at www.publications.parliament.uk/pa/cm200607/cmhansard/cm070726/text/70726w0003.htm.

House of Lords Select Committee on Economic Affairs (2003a), *Aspects of the Economics of an Ageing Population*, vol. 1, Norwich: The Stationery Office.

House of Lords Select Committee on Economic Affairs (2003b), *Aspects of the Economics of an Ageing Population*, vol. 2, Norwich: The Stationery Office.

Itzin, Catherine and Christopher Phillipson (1993), *Age Barriers at Work: Maximizing the Potential of Mature and Older People*, Solihull, UK: Metropolitan Authorities Recruitment Agency.

Loretto, Wendy, Sarah Vickerstaff and Phil White (2005), *Older Workers and Options for Flexible Work*, Manchester: Equal Opportunities Commission.

Lyon, P., J. Hallier and I. Glover (1998), 'Divestment or investment? The contradictions of HRM in relation to older employees', *Human Resource Management Journal*, **8** (1), 56–66.

McNair, S. (2006), 'How different is the older labour market? Attitudes to work and retirement among older people in Britain', *Social Policy and Society*, **5** (4), 485–94.

Metcalf, Hilary and Pamela Meadows (2006), *Survey of Employers' Policies, Practices and Preferences Relating to Age*, Department for Work and Pensions research report no. 325, Leeds: Corporate Document Services.

Moore, Joanne, Barbara Tilson and Gill Whitting (1994), 'An international overview of employment policies and practices towards older workers', Employment Department research series no. 29.

Moss, Nicola and Jessica Arrowsmith (2003), *A Review of What Works for Clients Aged Over 50*, London: Department for Work and Pensions.

Naegele, Gerhard and Alan Walker (2006), *A Guide to Good Practice in Age Management*, Luxembourg: Office for Official Publications of the European Communities.

National Statistics (2005), 'Pension trends – archived December 2006: labour market and retirement highlights', accessed 12 April, 2007 at www.statistics.gov.uk/CCI/nugget.asp?ID=1670&Pos=5&ColRank=2&Rank=896.

Platman, K. (2003), 'The self-designed career in later life: a study of older portfolio workers in the United Kingdom', *Ageing and Society*, **23** (3), 281–302.

Pound, Elspeth, Yekaterina Chzhen, Janet Harvey, Monica Magadi, Juliet Michaelson, Steven Finch, Emily Tanner and Sarah Butt (2007), *Evaluation of the Adult Learning Grant Cohort 2 (Wave 2)*, Coventry: Learning and Skills Council.

Robertson, Ivan T., Peter B. Warr, V. Butcher, M. Callinan and P. Bardzil (2003), *Older People's Experience of Paid Employment: Participation and Quality of Life*, Bristol: The Policy Press.

Sennett, Richard (2006), *The Culture of the New Capitalism*, London: Yale University Press.

Taylor, Philip (2002), 'Improving employment opportunities for older workers: developing a policy framework', report to the European Commission, prepared for The Ninth EU-Japan Symposium Improving Employment Opportunities for Older Workers, Brussels, 21–2 March.

Taylor, Philip (2003), 'A New Deal for older workers? The employment situation for older workers in the United Kingdom', in Tony Maltby, Bert de Vroom, Maria-Luisa Mirabile and Einer Øverbye (eds), *Ageing and the Transition to Retirement. A Comparative Analysis of European Welfare States*, Aldershot, UK: Ashgate.

Taylor, Philip (2006), *Employment Initiatives for an Ageing Workforce in the EU-15*, Luxembourg: Office for Official Publications of the European Communities.

Taylor, P. and P. Urwin (2001), 'Age and participation in vocational education and training', *Work, Employment and Society*, **15** (4), 763–79.

Taylor, Philip and Alan Walker (1996), 'Intergenerational relations in employment', in Walker, Alan (ed.), *The New Generational Contract*, London: UCL Press, pp. 159–86.

Taylor, Philip, Christine Tillsley, Julie Beausoleil and Robert Wilson, with Alan Walker (2000), *Factors Affecting Retirement*, London: Department for Education and Employment.

Trades Union Congress (2003), *Setting New Goals: Disabled People, Work and Poverty*, London: Economic and Social Affairs Department.

Trinder, Christopher (1992), *Present and Future Patterns of Retirement*, London: Public Finance Foundation.

Walker, A. (1985), 'Early retirement: release or refuge from the labour market?', *The Quarterly Journal of Social Affairs*, **1** (3), 211–29.
Walker, Alan (2002), 'Active strategies for older workers in the UK', in European Trade Union Institute (ETUI) (ed.), *Active Strategies for Older Workers*, Brussels: ETUI, 403–35.
Westergaard, John, Iain Noble and Alan Walker (1989), *After Redundancy*, Oxford: Polity Press.

第 五 章

AARP (1995), *American Business and Older Workers: A Road Map to the 21st Century*, Washington, DC: AARP.
AARP (1998), *Boomers Look Toward Retirement*, Washington, DC: AARP.
AARP (2000a), *American Business and Older Employees,* Washington, DC: AARP.
AARP (2000b), *Easing the Transition: Phased and Partial Retirement Programs, Highlights*, Washington, DC: AARP.
AARP (2002a), *Impact of Stock Market Decline on 50-70 Year Old Investors*, Washington, DC: AARP.
AARP (2002b), *Staying Ahead of the Curve: The AARP Work and Career Study*, Washington, DC: AARP.
AARP (2003a), *AARP: The Magazine*, November and December.
AARP (2003b), *Staying Ahead of the Curve 2003: The AARP Working in Retirement Study*, Washington, DC: AARP.
AARP (2004a), *Baby Boomers Envision Retirement II: Survey of Boomers' Expectations for Retirement*, Washington, DC: AARP.
AARP (2004b), *Staying Ahead of the Curve 2004: Employer Best Practices for Mature Workers*, Washington, DC: AARP.
AARP (2005), *American Business and Older Employees: A Focus on Midwest Employers*, Washington, DC: AARP.
Adams, Scott and David Neumark (2007), *Age Discrimination in US Labor Markets: A Review of the Evidence*, San Francisco, CA: Public Policy Institute of California.
American Federation of State, County and Municipal Employees (AFSCME) (2001), 'To drop or not to drop,' *Collective Bargaining Reporter*, revised edn, accessed at www.afscme.org/wrkplace/cbr 399_3.htm.
Arias, Elizabeth (2004), 'United States Life Tables, 2004', *National Vital Statistics Reports*, **53** (6), published by the National Center for Health Statistics.
Bass, Scott A. (ed.) (1995), *Older and Active*, New Haven, CT and London: Yale University Press.
Bass, Scott A., Francis G. Caro and Yung-Ping Chen (eds) (1993), *Achieving a Productive Aging Society*, Westport, CT: Auburn House.
Bond, James T., Ellen M. Galinsky, Marcie Pitt-Catsouphes and Michael A. Smyer (2005), 'Context matters: insights about older workers from the National Study of the Changing Workforce', *Research Highlights*, **1**, published by the Center on Aging and Work.
Bovbjerg, Barbara D. (2005), 'Redefining retirement: options for older Americans,' testimony before the Special Committee on Aging, US Senate, GAO-05-620T, Washington, DC, 27 April.
Brown, Kathi (2005), *Attitudes of Individuals 50 and Older Toward Phased*

Retirement, Washington, DC: AARP.
Burkhauser, Richard V., Kenneth A. Couch and John W. Phillips (1996), 'Who takes early social security benefits? The economic and health characteristics of early beneficiaries', *Gerontologist*, **36** (6), 789–99.
Cappelli, Peter (2003), 'Will there really be a labor shortage?', *Organizational Dynamics*, **32** (3), 221–33.
Cappelli, Peter (2005), 'Don't fool yourself: this won't be easy for employers,' in *Commentary on the Metlife Foundation/Civic Ventures New Face of Work Survey*, accessed 12 April 2007 at www.civicventures.org/publications/surveys/new_face_of_work/nfw_commentaries.pdf.
Chen, Yung-Ping and John C. Scott (2006), *Phased Retirement: Who Opts for It and Toward What End?*, Washington, DC: AARP Public Policy Institute.
Civic Ventures (2002), *The New Face of Retirement: An Ongoing Survey of American Attitudes on Aging*, Oakland, CA: Civic Ventures.
Costa, Dora L. (1998), *The Evolution of Retirement*, Chicago, IL: University of Chicago Press.
Couch, Kenneth (1998), 'Late life job displacement', *Gerontologist*, **38** (1), 7–17.
Economic Policy Foundation (EPF) (2001), 'Future labor and skill shortages jeopardize American prosperity,' *Employment Forecast*, 23 October, accessed at www.epf.org/pubs/newsletters/2001/ef20011025.pdf.
Employee Benefit Research Institute (2003), 'Retirement in America,' 2003 Retirement Confidence Survey, accessed 12 April 2007 at www.ebri.org/pdf/surveys/rcs/2003/03fsamer.pdf.
Espo, David (2005), 'Proposal to raise retirement age,' *CBS News*, 15 June, accessed at www.cbsnews.com/stories/2005/06/15/politics/printable701921.shtm.
European Commission (2005), accessed 13 November 2005 at epp.eurostat.cec.eu.int/portal/page?_pageid=1996,39139751&_dad=portal&_schema=PORTAL&screen=welcomeref&open=/strind/emploi&language=en&product=EU_key_indicators&root=EU_key_indicators&scrollto=188.
Farber, Henry (2005), 'What do we know about job loss in the United States? Evidence from the Displaced Workers Survey, 1984–2002,' *Economic Perspectives*, **29** (2), 13–28, accessed 12 April, 2007 at http://64.233.161.104/search?q= cache:kFXk0aMOF_8J:www.chicagofed.org/publications/economicperspectives/ep_2qtr2005_part2_farber.pdf+Farber+%22job+displacement%22+2005& hl=en.
Friedberg, Leora (2000), 'The labor supply effects of the Social Security earnings test', *Review of Economics and Statistics*, **82** (1), 48–63.
Fries, James M. (2005), 'Compression of morbidity: in retrospect and in prospect', *International Longevity Center Issue Brief*, 2 (2).
Gruber, Jonathan and Peter Orszag (2003), 'Does the Social Security earnings test affect labor supply and benefits receipt?', *National Tax Journal*, **56** (4), 755–73.
Haider, Steven and David Loughran (2001), 'Elderly labor supply: work or play?', unpublished paper prepared for the Third Annual Conference of the Retirement Research Consortium, Washington, DC, 17–18 May.
Hipple, Steven (1999), 'Worker displacement in the mid-1990s', *Monthly Labor Review*, **122** (7), 15–32.
HSBC (2005), *The Future of Retirement in a World of Rising Life Expectancies*, London: HSBC Group Head Office, accessed at www.hsbc.com/futureofretirement.
Hutchens, Robert (2003), *The Cornell Study of Employer Phased Retirement Policies: A Report on Key Findings*, Ithaca, NY: Cornell University School of Industrial and Labor Relations.

Johnson, Richard (2002), 'The puzzle of later male retirement', *Economic Review*, (3), 5–26.

Johnson, Richard W. (2005), *Working Longer to Enhance Retirement Security*, Older Americans' Economic Security series brief no. 1, Washington, DC: Urban Institute.

Johnson, Richard W. and Simone G. Schaner (2005), *Value of Unpaid Activities by Older Americans Tops $160 Billion per Year*, Perspectives on Productive Aging series brief no. 4, Washington, DC: Urban Institute.

Johnson and Higgins (1979), *1979 Study of American Attitudes toward Pensions and Retirement*, New York: Johnson and Higgins.

Kaiser Family Foundation (2005), transcript to 2005 White House Conference on Aging, Day One Opening Plenary, 12 December, accessed 12 April 2007 at www.kaisernetwork.org/health_cast/uploaded_files/121205_whcoa_open_transcript.pdf.

Karoly, Lynn and Julie Zissimopoulis (2004), *Self-Employment and the 50+ Population*, Washington, DC: AARP Public Policy Institute.

Knowledge@Wharton (2004), 'Redefining retirement in the 21st century', 16 June, accessed 12 April 2007 at http://knowledge.wharton.upenn.edu/index.cfm?fa=viewfeature&id=996.

Lahey, Joanna N. (2005), 'Do older workers face discrimination?', Boston College Center for Retirement Research issue brief no. 33, Chestnut Hill, MA.

Laitner, John P. and Dmitriy Stolyarov (2005), 'Technological progress and worker productivity at different ages', University of Michigan Retirement Research Center working paper 2005-107, Ann Arbor, MI.

Lawson, Sandra (2005), '60 Is the new 55: how the G6 can mitigate the burden of aging', presentation at Idea Exchange, AARP Global Aging Program, Washington, DC, 30 November.

Leonesio, Michael V. (1990), 'The effects of the Social Security Earnings Test on labor-market activity of older Americans: a review of the evidence', *Social Security Bulletin*, **53** (5), 2–21.

Loughran, David and Steven Haider (2005), 'Do the elderly respond to taxes on earnings? Evidence from the Social Security Earnings Test', RAND Labor and Population working paper WR-223, Santa Monica, CA, accessed at www.rand.org/pubs/working_papers/2005/RAND_WR223.pdf.

Manton, Kenneth G. and XiLiang Gu (2001), 'Changes in the prevalence of disability in the United States black and nonblack population above age 65 from 1982 to 1999', *Proceedings of the National Academy of Sciences*, **98** (11), 6354–9.

Metlife Foundation/Civic Ventures (2005), *New Face of Work Survey*, San Francisco, CA: Civic Ventures.

Morrow-Howell, Nancy, James Hin and Michael Sherraden (eds) (2001), *Productive Aging: Concepts and Challenges*, Baltimore, MD: Johns Hopkins University Press.

Mulvey, Janemarie and Steven Nyce (2004), *Strategies to Retain Older Workers*, University of Pennsylvania, The Wharton School, Pension Research Council working paper PRC WP 2004-13, Philadelphia.

Munnell, Alicia H., Kevin E. Cahill and Natalia A. Jivan (2003), 'How has the shift to 401(k)s affected the retirement age?', Boston College Center for Retirement Research issues in brief IB #13, Chestnut Hill, MA.

National Center for Health Statistics (2005), *Health, United States, 2005*, Hyattsville, MD: National Center for Health Statistics.

National Research Council and Institute of Medicine (2004), *Health and Safety Needs of Older Workers*, Washington, DC: National Academies Press.

Neumark, David (2001), 'Age discrimination legislation in the United States', National Bureau of Economic Research working paper 8152, Cambridge, MA.

Organisation for Economic Co-operation and Development (OECD) (2005a), *Ageing and Employment Policies: United States*, Paris: OECD.

OECD (2005b), *Live Longer, Work Longer*, Paris: OECD.

Quinn, Joseph F. (1998), 'New paths to retirement,' paper presented at the Pension Research Council Conference Forecasting Retirement Needs and Retirement Wealth, Wharton School, University of Pennsylvania, Philadelphia, 27–28 April.

Quinn, Joseph F. (1999), 'Retirement patterns and bridge jobs in the 1990s,' Employee Benefit Research Institute issue brief no. 206, Washington, DC.

Rebick, Marcus (1993), 'The Japanese approach to finding jobs for older people,' in Olivia S. Mitchell (ed.), *As the Workforce Ages*, Ithaca, NY: ILR Press.

Reynolds, Scott, Neil Ridley and Carl E. Van Horn (2005), *A Work-Filled Retirement: Workers' Changing Views on Employment and Leisure*, Newark, NJ: Rutgers University John J. Heldrich Center for Workforce Development.

Rix, Sara E. (1999), 'Social Security reform: rethinking retirement-age policy (A look at raising Social Security's retirement age)', AARP Public Policy Institute issue brief no. 40, Washington, DC.

Rogers, Elizabeth and William J. Wiatrowski (2005), 'Injuries, illnesses, and fatalities among older workers', *Monthly Labor Review*, **128** (10), 24–30.

Rowe, John W. and Robert Kahn (1998), *Successful Aging*, Baltimore, MD: Johns Hopkins University Press.

Sass, Steven A. (2003), 'Reforming the US retirement income system: the growing role of work', Boston College Center for Retirement Research global brief no. 1, Chestnut Hill, MA.

Sincavage, Jessica R. (2004), 'The labor force and unemployment: three generations of change,' *Monthly Labor Review*, **127** (10), 34–41.

Social Security Administration (2005), *Income of the Population 55 or Older, 2002*, Washington, DC: Social Security Administration.

Social Security and Medicare Boards of Trustees (2007), *Status of the Social Security and Medicare Programs: A Summary of the 2007 Annual Reports*, accessed at www.socialsecurity.gov/OACT/TRSUM/trsummary.html.

Song, Jae G. (2003/2004), 'Evaluating the initial impact of eliminating the social security earnings test,' *Social Security Bulletin*, **56** (1), 1–15.

Sterns, Harvey L. and Michael A. McDaniel (1994), 'Job performance and the older worker', in Sara E. Rix (ed.), *Older Workers: How Do They Measure Up?*, Washington, DC: AARP.

Taylor, Humphrey (2002), *The New Vision of Retirement is Very Different Than the Traditional Image of Retirement*, Rochester, NY: The Harris Poll.

Toossi, Mitra (2002), 'A century of change: the US labor force, 1950–2050', *Monthly Labor Review*, **125** (5), 15–28.

Toossi, Mitra (2004), 'Labor force projections to 2012: the graying of the US workforce', *Monthly Labor Review*, **127** (2), 37–57.

Toossi, Mitra (2005), 'Labor force projections to 2014: retiring boomers', *Monthly Labor Review*, **128** (11), 25–44.

US Congress, Congressional Budget Office (1993), *Displaced Workers: Trends in the 1980s and Implications for the Future*, Washington, DC: Congressional Budget Office.

US Congress, Congressional Budget Office (2004a), *Retirement Age and the Need for Saving*, Washington, DC: Congressional Budget Office.

US Congress, Congressional Budget Office (2004b), *Disability and Retirement: The*

Exit of Baby Boomers from the Labor Force, Washington, DC: Congressional Budget Office.

US Congress, Congressional Budget Office (2005), 'Updated long-term projections for Social Security', accessed 12 April 2007 at www.cbo.gov/showdoc.cfm?index=6064&sequence=0.

US Department of Commerce, Bureau of the Census, Housing and Household Economic Statistics Division (2005), 'Health insurance coverage: 2004 – highlights', accessed 12 April 2007 at www.census.gov/hhes/www/hlthins/hlthin04/hlth04asc.html.

US Department of Health and Human Services, National Institute on Aging (1993), 'Health and Retirement Study', press release, 17 June, Washington, DC.

US Department of Labor, Bureau of Labor Statistics (1976), *Employment and Earnings*, **22** (1), Washington, DC: US Government Printing Office.

US Department of Labor, Bureau of Labor Statistics (1981), *Employment and Earnings*, **28** (1), Washington, DC: US Government Printing Office.

US Department of Labor, Bureau of Labor Statistics (1985), *Handbook of Labor Statistics*, Washington, DC: US Government Printing Office.

US Department of Labor, Bureau of Labor Statistics (1986), *Employment and Earnings*, **33** (1), Washington, DC: US Government Printing Office.

US Department of Labor, Bureau of Labor Statistics (1991), *Employment and Earnings*, **38** (1), Washington, DC: US Government Printing Office.

US Department of Labor, Bureau of Labor Statistics (1996), *Employment and Earnings*, **43** (1), Washington, DC: US Government Printing Office.

US Department of Labor, Bureau of Labor Statistics (2001), *Employment and Earnings*, **48** (1), Washington, DC: US Government Printing Office.

US Department cf Labor, Bureau of Labor Statistics (2002), 'Worker displacement, 1999–2001', news release, USDL 02-483.

US Department of Labor, Bureau of Labor Statistics (2004a), 'Worker displacement, 2001–03', news release, USDL 04-1381.

US Department of Labor, Bureau of Labor Statistics (2004b), 'Volunteering in the United States, 2004', news release, USDL 04-2503.

US Department of Labor, Bureau of Labor Statistics (2005a), 'Contingent and alternative employment arrangements, February 2005', news release, USDL 05–1433.

US Department of Labor, Bureau of Labor Statistics (2005b), *Employment and Earnings*, **52** (1), Washington, DC: US Government Printing Office.

US General Accounting Office (2001), *Older Workers: Demographic Trends Pose Challenges for Employers and Workers*, GAO-02-85, Washington, DC: US General Accounting Office.

US General Accounting Office (2003), *Older Workers: Employment Assistance Focuses on Subsidized Jobs and Job Search, but Revised Performance Measures Could Improve Access to Other Services*, GAO-03-350, Washington, DC: US General Accounting Office.

US Government Accountability Office (2005), *Older Workers: Labor Can Help Employers and Employees Plan Better for the Future*, GAO-06-80, Washington, DC: US Government Accountability Office.

Walker, David M. (2005), 'A look at our future: when baby boomers retire,' remarks presented before the 2005 White House Conference on Aging, Washington, DC, 12 December, accessed 12 April 2007 at www.gao.gov/cghome/whitehouse walker 1205/index.html.

Watson Wyatt Worldwide (1999), *Phased Retirement: Reshaping the End of Work*, Washington, DC: Watson Wyatt Worldwide.

Watson Wyatt Worldwide (2004), *Phased Retirement: Aligning Employer Programs with Worker Preferences*, Washington, DC: Watson Wyatt Worldwide, accessed 12 April 2007 at www.watsonwyatt.com/research/printable.asp?id=w-731.

Yakoboski, Paul (1998), 'Debunking the retirement policy myth: lifetime jobs never existed for most workers', Employee Benefit Research Institute issue brief no. 197, Washington, DC.

Yakoboski, Paul and Jennifer Dickemper (1997), 'Increased saving but little planning: results of the 1997 Retirement Confidence Survey', Employee Benefit Research Institute issue brief no. 191, Washington, DC.

第 六 章

Barth, Michael C., William McNaught and Philip Rizzi (1993), 'Corporations and the aging workforce', in Philip H. Mirvis (ed.), *Building the Competitive Workforce: Investing in Human Capital for Corporate Success*, New York: John Wiley and Sons, pp. 156–200.

Blossfeld, H.P., S. Buchholz and D. Hofäcker (eds) (2006), *Globalization, Uncertainty and Late Careers in Society*, London: Routledge.

Chiu, W.C.K., A.W. Chan, E. Snape and T. Redman (2001), 'Age stereotypes and discriminatory attitudes towards older workers: an East-West comparison', *Human Relations*, **54** (5), 629–61.

Dalen, H.P. van and K. Henkens (2002), 'Early retirement reform. Can it and will it work?' *Ageing and Society*, **22** (2), 209–31.

Dalen, H.P. van and K. Henkens (2005), 'The double standard in retirement and work – the case of the Netherlands', *Geneva Papers of Risk and Insurance, Issues and Practice*, **30**, 693–710.

Dulk, L. den (2001), *Work-family Arrangements in Organisations. A Cross-national Study in the Netherlands, Italy, the United Kingdom and Sweden*, Rotterdam: Rozenberg Publishers.

Ester, P., R. Muffels and J. Schippers (eds) (2003), *De organisatie en de oudere werknemer*, Bussum: Coutinho.

Ghent, L.S., S.G. Allen and R.L. Clark (2001), 'The impact of a new phased retirement option on faculty retirement decision', *Research on Aging*, **23** (4), 671–93.

Guillemard, A., P. Taylor and A. Walker (1996), 'Managing an ageing workforce in Britain and France', *Geneva Papers on Risk and Insurance*, **21** (4), 478–501.

Hartog, J. and J. Theeuwes (1985), 'The emergence of the working wife in Holland', *Journal of Labour Economics*, **3** (1 Pt 2), 235–55.

Henkens, K. (2005), 'Stereotyping older workers and retirement: the managers' point of view', *Canadian Journal on Aging*, **24** (4), 35–48.

Henkens, K., Y. van der Grift and J. Siegers (2002), 'Changes in female labour supply in the Netherlands 1989–1998: the case of married and cohabiting women', *European Journal of Population*, **18** (1), 39–57.

Heyma, Arjan (2001), *Dynamic Models of Labour Force Retirement. An Empirical Analysis of Early Exit in the Netherlands*, Amsterdam: Tinbergen Institute and University of Amsterdam.

Imhoff, E. van and K. Henkens (1998), 'The budgetary dilemmas of an aging workforce: a scenario analysis for the public sector in the Netherlands', *European Journal of Population*, **14** (1), 39–59.

Klosse, Saskia (2003), *Moderne sociale zekerheid: efficiency met behoud van fundamentele waarden*, Maastricht: Oratie Maastricht University.

Reday-Mulvey, G. and K. Velladics (2005), 'Employment of older workers in the Netherlands: recent reforms', *European Papers on the New Welfare*, **1** (May), 110–16.

Remery, C., K. Henkens, J.J. Schippers and P. Ekamper (2003), 'Managing an aging workforce and a tight labour market: views held by Dutch employers', *Population Research and Policy Review*, **22** (1), 21–40.

Remery, C., A. van Doorne-Huiskes and J.J. Schippers (2002), 'Labour market flexibility in the Netherlands: looking for winners and losers', *Work, Employment and Society*, **16** (3), 477–96.

Schaeps, M.J.M. and C. Klaassen (1999), *Ouderenbeleid. Een Onderzoek naar Maatregelen in Ondernemingen en Afspraken tussen Sociale Partners met Betrekking tot de Arbeidsparticipatie van Oudere Werknemers*, The Hague: SZW/ Arbeidinspectie.

Sociaal Economische Raad (SER) (1999), *Bevordering arbeidsdeelname ouderen*, Den Haag: SER.

Ministerie van Sociale Zaken en Werkgelegenheid (SZW) (2002), *Verkenning Levensloop*, Den Haag: SZW.

Taylor, P. and A. Walker (1998), 'Employers and older workers: attitudes and employment practices', *Ageing and Society*, **18** (6), 641–58.

Velladics, K., K. Henkens and H.P. van Dalen (2006), 'Do different welfare states produce different individual policy preferences? Opinions on pension reforms in Eastern and Western Europe', *Ageing and Society*, **26** (3), 475–95.

Vlasblom, J.D. and J.J. Schippers (2004), 'Increases in female labour force participation in Europe. Similarities and differences', *European Journal of Population*, **20** (4), 375–92.

Von Nordheim-Nielsen, F. (2005), 'Active ageing: a core policy priority for the European Union', *European Papers on the New Welfare*, **1** (May), 66–78.

Vries, B. de (2005), *Overmoed en onbehagen*, Amsterdam: Uitgeverij Bert Bakker.

Vroom, B. de (2004), 'The shift from early to late exit: changing institutional conditions and individual preferences: the case of the Netherlands', in Tony Maltby, Bert de Vroom, Maria-Luisa Mirabile and Einer Øverbye (eds), *Ageing and the Transition to Retirement: a Comparative Analysis of European Welfare States*, Aldershot, UK: Ashgate, pp. 120–54.

第 七 章

Anglaret, D. and S. Bernard (2003), 'Chômage et retour à l'emploi après cinquante ans: une moindre exposition au chômage, des difficultés pour retourner en emploi', *Premières synthèses*, **45** (1), 1–4.

D'Autume, A., J.-P. Betbèze and J.-O. Hairault (2006), *Les seniors et l'emploi en France*, report to the Conseil d'Analyse Économique, 58, Paris: Documentation Française.

Cahuc, P. (2005), 'Le difficile retour en emploi des seniors', *Document de travail du Centre d'Observation Économique*, **69**.

Commissariat Général du Plan (2002), *2005: le choc démographique, défi pour les professions, les branches et les territoires*, report by the task force Qualifications et Prospective, Paris: Documentation Française.

Conseil d'Orientation des Retraites (2004), *Retraites: les réformes en France et à l'étranger; le droit à l'information – Deuxième rapport*, Paris: Documentation Française.

Conseil d'Orientation des Retraites (2006), *Troisième rapport du Conseil d'orientation des retraites – Retraites: perspectives 2020 et 2050*, Paris: Documentation Française.

Inspection Générale des Affaires Sociales (2004), *Rapport annuel 2004 – Gestion des âges et politiques de l'emploi*, Paris: Documentation Française.

Guillemard, A.-M. (2003), *L'âge de l'emploi – Les sociétés à l'épreuve du vieillissement*, Collection U, Paris: Armand Colin.

Lainé, F. (2003), 'La mobilité professionnelle et salariale des salariés âgés à travers les DADS', *Document d'études DARES*, **66**.

Lerais, F. and P. Marioni (eds) (2004), 'Dossier Âge et emploi. Synthèse des principales données sur l'emploi des seniors', *Document d'études DARES*, **82**.

Minni, C. and A. Topiol (2004), 'Les entreprises face au vieillissement de leurs effectifs', *Économie et Statistique*, **368**, 43–63.

Organisation for Economic Co-operation and Development (OECD) (2005), *Vieillissement et politiques de l'emploi – France*, Paris: OECD.

Quintreau, B. (2001), *Ages et emploi à l'horizon 2010*, report to the Conseil Économique et Social, Paris: Journaux Officiels.

Volkoff, S. and F. Bardot (2004), 'Départs en retraite, précoces ou tardifs: à quoi tiennent les projets des salariés quinquagénaires?', *Gérontologie et Société*, **111**, 71–94.

第 八 章

Adamy, Wilhem (2003), 'Herausforderungen einer älter werdenden Erwerbsbevölkerung. Oder: Wem nutzt eine alternsgerechte Gestaltung der Arbeitswelt?', in U. Engelen-Kefer and K. Wiesehügel (eds), *Sozialstaat – Solidarisch, Effizient, Zukunftssicher*, Hamburg: VSA, pp. 86–103.

BA (Bundesanstalt für Arbeit) (2002), *Eingliederungsbilanz 2001. Bundesergebnisse*, Nürnberg: BA.

BA (Bundesanstalt für Arbeit) (2003), *Eingliederungsbilanz 2002. Bundesergebnisse*, Nürnberg: BA.

BA (Bundesanstalt für Arbeit) (2004), *Eingliederungsbilanz 2003. Bundesergebnisse*, Nürnberg: BA.

BDA (Bundesvereinigung der deutschen Arbeitgeberverbände) (2002), *Ältere Mitarbeiter im Betrieb. Ein Leitfaden für Unternehmer*, Berlin: BDA.

Bellmann, Lutz, Markus Hilpert, Ernst Kistler and Jürgen Wahse (2003), 'Herausforderungen des demographischen Wandels für den Arbeitsmarkt und die Betriebe', *Mitteilungen aus der Arbeitsmarkt- und Berufsforschung*, **2**, 133–49.

Bertelsmann Stiftung and BDA (Bundesvereinigung der Deutschen Arbeitgeberverbände) (Hrsg.) (2003), *Beschäftigungschancen für ältere Arbeitnehmer. Internationaler Vergleich und Handlungsempfehlungen*, Gütersloh: Bertelsmann.

BMGS (Bundesministerium für Gesundheit und Soziale Sicherheit) (2003),

Nachhaltigkeit in der Finanzierung der sozialen Sicherungssysteme, Bericht der Kommission (Rürup-Kommission), Berlin: BMGS.

Brussig, Martin, Mathias Knuth and Oliver Schweer (2006), *Arbeitsmarktpolitik für ältere Arbeitslose. Erfahrungen mit 'Entgeltsicherung' und 'Beitragsbonus'*, IAT Report 2006-02, Gelsenkirchen: Institut Arbeit und Technik.

Buck, Hartmut and Bernd Dworschak (eds) (2003), *Ageing and Work in Europe. Strategies at Company Level and Public Policies in Selected European Countries*, Stuttgart: IAO.

Bundesregierung (2006), *Die Wirksamkeit moderner Dienstleistungen am Arbeitsmarkt. Bericht 2005 der Bundesregierung zur Wirkung der Umsetzung der Vorschläge der Kommission 'Moderne Dienstleistungen am Arbeitsmarkt'*, Berlin: Informations- und Presseamt der Bundesregierung.

Büttner, Renate (2005a), *Zunehmende Erwerbsbeteiligung von Älteren*, Altersübergangsreport 2005-04, Düsseldorf and Gelsenkirchen: Hans-Böckler-Stiftung, Institut Arbeit und Technik.

Büttner, Renate (2005b), *Höhere Erwerbsbeteiligung in Westdeutschland – Mehr Arbeitslosigkeit und Frühverrentungen in Ostdeutschland*, Altersübergangsreport 2005-05, Düsseldorf, Gelsenkirchen: Hans-Böckler-Stiftung, Institut Arbeit und Technik.

Clemens, Wolfgang (2003), 'Modelle und Maßnahmen betrieblicher Anpassung älterer Arbeitnehmer', in Mathias Herfuth, Martin Kohli and Klaus Zimmermann (eds), *Arbeiten in einer alternden Gesellschaft. Problembereiche und Entwicklungstendenzen der Erwerbssituation Älterer*, Opladen: Leske + Budrich, pp. 93–119.

DGB (Deutscher Gewerkschaftsbund) (2004a), *50plus – was nun? Wege in den Job. Ein Ratgeber für Arbeitnehmer/innen ab 50*, Berlin: DGB.

DGB (Deutscher Gewerkschaftsbund) (2004b), *Umdenken erforderlich. Vorbeugung sichert Beschäftigung bis zum Rentenalter*, Berlin: DGB.

DGB (Deutscher Gewerkschaftsbund) (2004c), *Demografischer Wandel. Schritte zu einer alternsgerechten Arbeit*, Berlin: DGB.

Eichhorst, Werner and Cornelia Sproß (2005), *Arbeitsmarktpolitik für Ältere. Die Weichen führen noch nicht in die gewünschte Richtung*, IAB-Kurzbericht 16, Nürnberg: IAB.

Engstler, Heribert (2006), 'Erwerbsbeteiligung in der zweiten Lebenshälfte und der Übergang in den Ruhestand', in Clemens Tesch-Römer, Heribert Engstler and Susanne Wurm (eds), *Altwerden in Deutschland. Sozialer Wandel und individuelle Entwicklung in der zweiten Lebenshälfte*, Wiesbaden: Verlag für Sozialwissenschaften, pp. 85–154.

Expert Commission (2005), 'Potenziale des Alters in Wirtschaft und Gesellschaft. Der Beitrag älterer Menschen zum Zusammenhalt der Generationen', Fünfter Bericht zur Lage der älteren Generation in der Bundesrepublik Deutschland, manuscript, Bericht der Sachverständigenkommission.

Frerichs, Frerich and Gerhard Naegele (1997), 'Discrimination of older workers in Germany: obstacles and options for the integration into employment', *Journal of Ageing and Social Policy*, **9** (1), 89–101.

Frerichs, Frerich and Gerhard Naegele (2001), 'Anhebung der Altersgrenzen und Herausforderungen an die Arbeitsmarktpolitik', in Corinna Barkholdt (ed.), *Prekärer Übergang in den Ruhestand. Handlungsbedarfe aus Arbeitsmarktpolitischer, Rentenrechtlicher und Betrieblicher Perspektive*, Opladen: Westdeutscher Verlag, pp. 73–102.

Frerichs, Frerich and Philip Taylor (2005), *Labour Market Policies for Older*

Workers and Demographic Change. A Comparative Analysis of Policy Approaches in Germany and the United Kingdom, London: Anglo-German Foundation.

Gemeinsame Erklärung (2001), 'Gemeinsame Erklärung des Bündnisses für Arbeit, Ausbildung und Wettbewerbsfähigkeit zu den Ergebnissen des 7. Spitzengespräches am 4. März 2001', Berlin, manuscript.

Hartz, Peter, N. Bensel, J. Fiedler, H. Fischer, P. Gasse, W. Jann, P. Kraijic, I. Kunkel-Weber, K. Luft, H. Schartau, W. Schickler, H.-E. Schleyer, G. Schmid, W. Tiefensee and E. Voscherau (2002), *Moderne Dienstleistungen am Arbeitsmarkt: Vorschläge zum Abbau der Arbeitslosigkeit und zur Umstrukturierung der Bundesanstalt für Arbeit*, Berlin: Kommission Moderne Dienstleistungen am Arbeitsmarkt.

INQA (ed.) (2004a), *Demographic Change and Employment. A Call for New Corporate Strategies*, Dortmund: INQA.

INQA (ed.) (2004b), *30-40-50plus: Gesund arbeiten bis ins Alter. Mit Erfahrung die Zukunft meistern. Altern und Ältere in der Arbeitswelt*, Dortmund: INQA.

Kaldybajewa, Kalamkas (2005), 'Rentenzugang der BfA 2004: Arbeitslosigkeit als wesentlicher Grund für den Rentenzugang bei Frauen und Männern', *Die Angestelltenversicherung*, **52**, 213–21.

Kistler, E. (2004), 'Demografischer Wandel und Arbeitsmarkt – die Debatte muss ehrlicher werden', WSI-Mitteilungen, **2** (5), 71–7.

Morschhäuser, Martina (2003), *Erfolgreich mit älteren Arbeitnehmern. Strategien und Beispiele für die betriebliche Praxis*, Gütersloh: Bertelsmann.

Naegele, Gerhard (1999), *Active strategies for an Ageing Workforce*, conference report to the European Foundation for the Improvement of Living Conditions, Dublin.

Naegele, Gerhard (2002), 'Active strategies for older workers in Germany', in European Trade Union Institute (ETUI) (ed.), *Active Strategies for Older Workers*, Brussels: ETUI, pp. 207–45.

Naegele, Gerhard and Katrin Krämer (2001), 'Recent developments in the employment and retirement of older workers in Germany', *Journal of Aging and Social Policy*, **13** (1), 69–90.

Naegele, Gerhard and Alan Walker (2002), *Ageing and Social Policy: Britain and Germany Compared*, London: Anglo-German-Foundation.

Naegele, Gerhard and Alan Walker (2006), *A Guide to Good Practice in Age Management*, Luxembourg: Office for Official Publications on the European Communities.

OECD (Organisation for Economic Co-operation and Development) (2005), *Ageing and Employment Policies, Germany*, Paris: OECD.

Press and Information Office of the Federal Government (2005), *Coalition Agreement between the CDU, CSU and SPD*, Berlin: Press and Information Office.

Prognos (2002), *Deutschland Report 2002 – 2020*, Basel: Prognos.

Rothkirch, Christoph von (2000), *Altern und Arbeit*, Berlin: Edition Sigma.

Rothkirch and Partner, WSI and ZENIT (2005), *Einstellungen älterer Arbeitnehmer zum Renteneintritt. Eine empirische Untersuchung in nordrhein-westfälischen Betrieben*, Düsseldorf.

Sing, Dorit (2003), *Gesellschaftliche Exklusionsprozesse beim Übergang in den Ruhestand*, Frankfurt am Main: Peter Lang.

Statistisches Bundesamt (2003), Bevölkerung Deutschlands bis 2050, 10 Koordinierte Bevölkerungsvorausberechnung, Wiesbaden.

Winkel, Rainer (2003), 'Verheerende Halbjahresbilanz bei beruflicher Weiterbildung', *Soziale Sicherheit*, **7**, 226–9.

第 九 章

Auer, Peter and Mariangels Fortuny (2000), *Ageing of the Labour Force in OECD Countries: Economic and Social Consequences*, Geneva: ILO.

Casey, B. and F. Laczko (1989), 'Early retired or long-term unemployed? The situation of non-working men Aged 55–64 from 1976 to 1986', *Work, Employment and Society*, **1** (4), 509–26.

Dickens, L. (1999), 'Beyond the business case: a three-pronged approach to equality action', *Human Resource Management Journal*, **9** (1), 9–19.

Duncan, Colin (2001), 'Ageism, early exit, and the rationality of age-based discrimination', in Ian Glover and Mohamed Branine (eds), *Ageism, Work and Employment*, Aldershot, UK: Ashgate, pp. 25–46.

Elman, C. and A.M. O'Rand (2002), 'Perceived job insecurity and entry into work-related training among adult workers', *Social Science Research*, **31**, 49–76.

European Commission (2002), 'Increasing labour force participation and promoting active ageing', COM(2002) 9 final, Brussels.

European Commission (2003), 'Modernising social protection for more and better jobs: a comprehensive approach contributing to making work pay', COM(2003) 842 final, Brussels.

European Commission (2005a), 'Integrated guidelines for growth and jobs (2005–2008)', COM(2005) 141 final, Brussels.

European Commission (2005b), 'Confronting demographic change: a new solidarity between the generations', COM(2005) 94 final, Brussels.

Freeman, R. (2005), *China, India and the Doubling of the Global Labor Force: Who Pays the Price of Globalization?*, 30 August, accessed 12 April, 2007 at www.zmag.org/content/showarticle.cfm?SectionID=15&ItemID=8617.

Funk, L. (2004), 'Employment opportunities for older workers: a comparison of selected OECD countries', *CESifo DICE Report*, **2**, 22–33.

Gay, Jeremy (2005), *Work Well. Inclusive Furniture for Older Office Workers*, London: Heather Hamlyn Research Centre.

Heather Hamlyn Research Centre (HHRC) (2005), *Capture It*, London: HHRC.

Ilmarinen, Juhani (2005), *Towards a Longer Worklife! Ageing and the Quality of Worklife in the European Union*, Helsinki: Finnish Institute of Occupational Health.

Jamieson, A., A. Miller and J. Stafford (1998), 'Education in a life course perspective: continuities and discontinuities', *Education and Ageing*, **13** (3), 213–28.

Kohli, Martin, Martin Rein, Anne-Marie Guillemard and Herman van Gunsteren (1991), *Time for Retirement: Comparative Studies of Early Exit from the Labour Force*, Cambridge: Cambridge University Press.

Lyon, P., J. Hallier and I. Glover (1998), 'Divestment or investment? The contradictions of HRM in relation to older employees', *Human Resource Management Journal*, **8** (1), 56–66.

Organisation for Economic Co-operation and Development (OECD) (1998), *Maintaining Prosperity in an Ageing Society*, Paris: OECD.

O'Rand, A.M. (1996), 'The precious and the precocious: understanding cumulative disadvantage and cumulative advantage over the life course', *The Gerontologist*, **36** (2), 230–38.

Platman, K. (2003), 'The self-designed career in later life: a study of older portfo-

lio workers in the United Kingdom', *Ageing and Society*, **23** (3), 281–302.
Roach, S. (2004), *How Global Labour Arbitrage will Shape the World Economy*, accessed at www.globalagendamagazine.com/2004/stephenroach.asp.
Sennett, Richard (2006), *The Culture of the New Capitalism*, London: Yale University Press.
Strandh, M. (2000), 'Exit routes from unemployment and their impact on mental well-being: the role of the economic situation and the predictability of the life course', *Work, Employment and Society*, **14** (3), 459–79.
Taylor, P. and A. Walker (1995), 'Utilising older workers', *Employment Gazette*, April, 141–5.
Taylor, Philip (2006), *Employment Initiatives for an Ageing Workforce in the EU-15*, Luxembourg: Office for Official Publications of the European Communities.
Tillsley, Christine and Philip Taylor (2001), 'Developing strategies for managing third age workers', in Ian Glover and Mohamed Branine (eds), *Ageism, Work and Employment*, Aldershot, UK: Ashgate, pp. 311–26.
The Economist (2005), 'The sun also rises', 8 October.
The Social Protection Committee (2003), *Promoting Longer Working Lives Through Better Social Protection Systems*, Brussels: European Commission.
Trinder, Christopher (1989), 'Employment after 55', National Institute for Economic and Social Research, discussion paper no. 166, London.
Walker, A. (1985), 'Early retirement: release or refuge from the labour market?', *The Quarterly Journal of Social Affairs*, **1** (3), 211–29.
Walker, A. (2005), 'The emergence of age management in Europe', *International Journal of Organisational Behaviour*, **10** (1), 685–97.
Westergaard, John, Iain Noble and Alan Walker (1989), *After Redundancy*, Oxford: Polity Press.
Young, Michael and Tom Schuller (1991), *Life After Work*, London: HarperCollins.

图书在版编目（CIP）数据

趋向老龄化的劳动力：期待与愿景/（英）泰勒（Taylor，P.）编著；于戈等译.—北京：社会科学文献出版社，2011.6
ISBN 978-7-5097-2124-7

Ⅰ.①趋… Ⅱ.①泰… ②于… Ⅲ.①老年人-劳动力-研究 Ⅳ.①F241

中国版本图书馆 CIP 数据核字（2011）第 102827 号

趋向老龄化的劳动力：期待与愿景

编　　著／〔英〕菲利普·泰勒（Philip Taylor）
译　　者／于　戈　秦　龙 等

出 版 人／谢寿光
总 编 辑／邹东涛
出 版 者／社会科学文献出版社
地　　址／北京市西城区北三环中路甲 29 号院 3 号楼华龙大厦
邮政编码／100029

责任部门／社会科学图书事业部（010）59367156　　责任编辑／童根兴
电子信箱／shekebu@ssap.cn　　责任校对／李　娟
项目统筹／童根兴　　责任印制／岳　阳
总 经 销／社会科学文献出版社发行部（010）59367081　59367089
读者服务／读者服务中心（010）59367028

印　　装／北京季蜂印刷有限公司
开　　本／787mm×1092mm　1/20　　印　张／12
版　　次／2011 年 6 月第 1 版　　字　数／208 千字
印　　次／2011 年 6 月第 1 次印刷
书　　号／ISBN 978-7-5097-2124-7
著作权合同登记号／图字 01-2010-6186 号
定　　价／35.00 元

本书如有破损、缺页、装订错误，请与本社读者服务中心联系更换
▲ 版权所有　翻印必究